ROLF HÜFEL

Werkfrachtführer und Werkspediteur im Güterkraftverkehrsrecht

AF888965

Schriften zum Wirtschaftsrecht

Band 13

Werkfrachtführer und Werkspediteur im Güterkraftverkehrsrecht

Von

Dr. Rolf Höfel

DUNCKER & HUMBLOT / BERLIN

Alle Rechte vorbehalten
© 1973 Duncker & Humblot, Berlin 41
Gedruckt 1973 bei Berliner Buchdruckerei Union GmbH., Berlin 61
Printed in Germany

ISBN 3 428 02860 0

Vorwort

Herrn Prof. Dr. jur. Horst Bartholomeyczik möchte ich für die verständnisvolle Förderung dieser Arbeit und die Anregungen danken, die ich als Teilnehmer seines Seminars für Handels-, Wirtschafts- und Gesellschaftsrecht sowie im persönlichen Gespräch erhalten habe. Mein Dank gilt auch dem Rechtsdezernenten der Bundesanstalt für den Güterfernverkehr — Außenstelle Rheinland-Pfalz —, Herrn Verwaltungsoberrat Theodor Uphues, der mir nicht nur zahlreiche unveröffentlichte Entscheidungen zur Verfügung gestellt, sondern mir gleichfalls anläßlich mehrerer Unterredungen entscheidende Hinweise zum Verständnis der Gesamtproblematik vermittelt hat.

Schließlich danke ich der Rudolf Siedersleben'schen Otto-Wolff-Stiftung in Köln für die großzügige Druckbeihilfe.

Mainz, im November 1972

Rolf Höfel

Inhaltsverzeichnis

Abkürzungsverzeichnis

Abl. A	= Amtsblatt der Europäischen Gemeinschaften
AcP	= Archiv für die civilistische Praxis
a. E.	= am Ende
AnfG	= Gesetz, betreffend die Anfechtung von Rechtshandlungen eines Schuldners außerhalb des Konkursverfahrens v. 21. 7. 1879 (RGBl. S. 277) i. d. F. der Bekanntmachung v. 20. 5. 1898 (RGBl. 709)
AO	= Anordnung
AO 1919	= Abgabenordnung v. 13. 12. 1919 (RGBl. S. 1993)
AO 1931	= Abgabenordnung v. 13. 12. 1919 (RGBl. S. 1993) i. d. F. v. 22. 5. 1931 (RGBl. I S. 161)
BAG	= Bundesanstalt für den Güterfernverkehr, Bundesarbeitsgericht
BAnz.	= Bundesanzeiger
Bayer. ObLG	= Bayerisches Oberstes Landesgericht
Bayer. VGH	= Bayerischer Verwaltungsgerichtshof
BB	= Der Betriebs-Berater
Betr.	= Der Betrieb
BFH	= Bundesfinanzhof
BFHE	= Sammlung der Entscheidungen und Gutachten des Bundesfinanzhofs
BGB	= Bürgerliches Gesetzbuch
BGBl.	= Bundesgesetzblatt
BGH	= Bundesgerichtshof
BGHZ	= Entscheidungen des Bundesgerichtshofs in Zivilsachen
BStBl.	= Bundessteuerblatt (Teil I—III)
BT-Drucks.	= Drucksachen des Deutschen Bundestages
Buchholz	= Sammel- und Nachschlagewerk der Rechtsprechung des Bundesverwaltungsgerichts, herausgegeben von K. Buchholz
BVerfG	= Bundesverfassungsgericht
BVerfGE	= Entscheidungen des Bundesverfassungsgerichts
BVerwG	= Bundesverwaltungsgericht
DAR	= Deutsches Autorecht
DBest. z. NotVO	= Durchführungsbestimmungen über den Überlandverkehr mit Kraftfahrzeugen v. 9. 10. 1931 (RGBl. I S. 572) i. d. F. v. 19. 11. 1931 (RGBl. I S. 687)
DGV	= Der Güterverkehr
DÖV	= Die Öffentliche Verwaltung
DVN A	= Deutsche Verkehrsnachrichten, Ausgabe A
DVO z. GFG	= Verordnung zur Durchführung des Gesetzes über den Güterfernverkehr mit Kraftfahrzeugen v. 27. 3. 1936 (RGBl. I S. 320)

DVZ	= Deutsche Verkehrs-Zeitung
EFG	= Entscheidungen der Finanzgerichte
Eger EE	= Eisenbahn- und verkehrsrechtliche Entscheidungen und Abhandlungen, herausgegeben von Eger
ErbbRVO	= Verordnung über das Erbbaurecht v. 15. 1. 1919 (RGBl. S. 72)
Erl.	= Erläuterung
EVO	= Eisenbahn-Verkehrsordnung v. 8. 9. 1938 (RGBl. II S. 663)
EWG	= Europäische Wirtschaftsgemeinschaft
FamRZ	= Ehe und Familie im privaten und öffentlichen Recht. Zeitschrift für das gesamte Familienrecht
FG	= Finanzgericht
FR	= Finanz-Rundschau
GewArch	= Gewerbearchiv. Zeitschrift für Verwaltungs- und Gewerberecht
GewO	= Gewerbeordnung i. d. F. der Bekanntmachung v. 26. 7. 1900 (RGBl. S. 871)
GewStG	= Gewerbesteuergesetz i. d. F. v. 21. 12. 1954 (BGBl. I S. 473)
GFÄG	= Übergangsgesetz zur Änderung des Gesetzes über den Güterfernverkehr mit Kraftfahrzeugen v. 2. 9. 1949 (WiGBl. S. 306)
GFG	= Gesetz über den Güterfernverkehr mit Kraftfahrzeugen v. 26. 6. 1935 (RGBl. I S. 788)
GG	= Grundgesetz für die Bundesrepublik Deutschland v. 23. 5. 1949 (BGBl. S. 1)
GmbHG	= Gesetz, betreffend die Gesellschaften mit beschränkter Haftung v. 20. 4. 1892 (RGBl. S. 477)
GmbHRdsch	= Rundschau für GmbH
GrEStG	= Grunderwerbsteuergesetz v. 29. 3. 1940 (RGBl. I S. 585)
GruchBeitr.	= Beiträge zur Erläuterung des Deutschen Rechts, begründet von Gruchot
GüKG	= Güterkraftverkehrsgesetz v. 17. 10. 1952 (BGBl. I S. 697)
H-E-P-K	= Hein-Eichhoff-Pukall-Krien
HFR	= Höchstrichterliche Finanzrechtsprechung
HGB	= Handelsgesetzbuch v. 10. 5. 1897 (RGBl. S. 219)
HRR	= Höchstrichterliche Rechtsprechung
i. V. m.	= in Verbindung mit
JR	= Juristische Rundschau
JuS	= Juristische Schulung
JW	= Juristische Wochenschrift
KG	= Kammergericht, Kommanditgesellschaft
KVO	= Kraftverkehrsordnung für den Güterfernverkehr mit Kraftfahrzeugen (Beförderungsbedingungen) v. 30. 3. 1936 (RVerkBl. B S. 151)
LG	= Landgericht
LS	= Leitsatz
MDR	= Monatsschrift für Deutsches Recht
NJW	= Neue Juristische Wochenschrift

NotVO	= Notverordnung. Fünfter Teil, Kapitel V der dritten Verordnung des Reichspräsidenten zur Sicherung von Wirtschaft und Finanzen und zur Bekämpfung politischer Ausschreitungen v. 6. 10. 1931 (RGBl. I S. 558)
OFH	= Oberster Finanzgerichtshof
OHG	= Offene Handelsgesellschaft
OLG	= Oberlandesgericht
OVG	= Oberverwaltungsgericht
PBefG	= Gesetz über die Beförderung von Personen zu Lande v. 21. 3. 1961 (BGBl. I S. 241)
PrOVG	= Preußisches Oberverwaltungsgericht
PrOVGE	= Entscheidungen des Preußischen Oberverwaltungsgerichts
R	= Rückseite
RdA	= Recht der Arbeit
Rdnr.	= Randnummer
RdK	= Das Recht des Kraftfahrers
RFH	= Reichsfinanzhof
RFHE	= Sammlung der Entscheidungen und Gutachten des Reichsfinanzhofs
RG	= Reichsgericht
RGBl.	= Reichsgesetzblatt
RGSt	= Entscheidungen des Reichsgerichts in Strafsachen
RGZ	= Entscheidungen des Reichsgerichts in Zivilsachen
rk.	= rechtskräftige(r, s)
RKT	= Reichskraftwagentarif v. 30. 3. 1936 (RVerkBl. B S. 71)
RMinBl.	= Reichsministerialblatt. Zentralblatt für das Deutsche Reich
RStBl.	= Reichssteuerblatt
RVerkBl.	= Reichs-Verkehrs-Blatt
StAnpG	= Steueranpassungsgesetz v. 16. 10. 1934 (RGBl. I S. 925)
StbJb.	= Steuerberater-Jahrbuch
StBp.	= Die steuerliche Betriebsprüfung
StW	= Steuer und Wirtschaft
Tz.	= Textziffer
UStG 1967	= Umsatzsteuergesetz (Mehrwertsteuer) v. 29. 5. 1967 (BGBl. I S. 545)
UWG	= Gesetz gegen den unlauteren Wettbewerb v. 7. 6. 1909 (RGBl. S. 499)
ver.	= vereinigten
VerkBl.	= Verkehrsblatt, Amtsblatt des Bundesministers für Verkehr
VersR	= Versicherungsrecht. Juristische Rundschau für die Individualversicherung
VG	= Verwaltungsgericht
VGH	= Verwaltungsgerichtshof
VO	= Verordnung
VRS	= Verkehrsrechts-Sammlung
VwGO	= Verwaltungsgerichtsordnung v. 21. 1. 1960 (BGBl. I S. 17)
VZ	= Zeitung des Vereins mitteleuropäischer Eisenbahnverwaltungen

WAV	= Werbe- und Abfertigungsvergütung
WiGBl.	= Gesetzblatt der Verwaltung des vereinigten Wirtschaftsgebietes
WM	= Wertpapier-Mitteilungen, Teil IV
WRP	= Wettbewerb in Recht und Praxis
WuW	= Wirtschaft und Wettbewerb
ZfVerkW	= Zeitschrift für Verkehrswissenschaft

A. Einleitung

I. Die Bedeutung des Güterverkehrs für die Gesamtwirtschaft und seine besonderen Probleme

Die moderne arbeitsteilige Wirtschaft benötigt, um die ständig wachsenden, mannigfaltigen Bedürfnisse der einzelnen Wirtschaftssubjekte erfüllen zu können, ein funktionsfähiges Verkehrswesen, das aufgrund der Gesamtheit seiner Verkehrsmittel die technische Aufgabe der Raumüberwindung in rationeller Weise durchführt[1].

Nach der „Theorie der Besonderheiten des Verkehrs"[2] scheidet ein freier Wettbewerb der einzelnen Verkehrsträger aus, da er zwingend zu einer ruinösen Konkurrenz führen muß. Hinzu kommt entscheidend, daß sich seit der Mitte des neunzehnten Jahrhunderts alle bedeutenden Eisenbahnen in der Hand des Staates befinden. Die Eisenbahn leitete den Prozeß der Industrialisierung ein und führte schließlich zu einem sprunghaften wirtschaftlichen und politischen Aufstieg. Während sie allmählich ein tatsächliches Verkehrsmonopol errang, wurden ihr aber andererseits im Interesse der Allgemeinheit gesetzliche Bindungen wie Betriebs-, Beförderungs- und Tarifpflicht sowie die Pflicht zur Tariföffentlichkeit und die Haftpflicht auferlegt[3].

Demgegenüber konnte sich der Lastkraftwagen nahezu ungehindert von solchen oder ähnlichen Beschränkungen entfalten[4]. Durch seine schnelle und individuelle Einsatzbereitschaft und die Möglichkeit des „Haus-Haus-Verkehrs" bot er erhebliche leistungsmäßige Vorteile, so daß es den Verkehrsbenutzern geraten erschien, sich dieses neuen Verkehrsmittels in immer stärkerem Maße zu bedienen. Nachdem der Kraftwagen sich nach dem ersten Weltkrieg immer mehr gegen das

---

[1] Vgl. BVerfG, Urt. v. 22. 5. 1963 in BVerfGE 16/147 (172).

[2] Vgl. *Storsberg* S. 163 ff.

[3] Vgl. §§ 453 ff. HGB und §§ 3 ff. der Eisenbahn-Verkehrsordnung (EVO) vom 8. September 1938 (RGBl. II S. 663). Eingehend hierzu *Koffka* S. 11 ff.

[4] Ansätze zur staatlichen Reglementierung des Straßengüterverkehrs befanden sich zwar schon in den §§ 37, 76 der Gewerbeordnung vom 21. Juni 1869 (BGBl. des Norddeutschen Bundes S. 245) i. d. F. vom 26. Juli 1900 (RGBl. I S. 871). Diese auf Pferdefuhrwerke zugeschnittenen Bestimmungen konnten aber der technischen Entwicklung des Lastkraftwagens nicht gerecht werden, vgl. *Balfanz* S. 8 f.; *v. Schoenebeck* S. 14 ff.

Beförderungsmonopol der Eisenbahn durchzusetzen begann[5], wurde der Wettbewerb dieser beiden großen Verkehrsträger zu Lande gerade auf dem Sektor des Güterverkehrs zu einem wesentlichen Problem der deutschen Verkehrspolitik[6].

II. Konzessionierung, Kontingentierung und Tarifzwang im GüKG als Mittel zur staatlichen Lenkung des gewerblichen Güterfernverkehrs

Das GüKG[7] setzt die schon mit der NotVO[8] begonnene gewerberechtliche Entwicklung[9] fort und greift weiterhin einschneidend in das Wettbewerbsverhältnis „Schiene-Straße" ein.

Das Gesetz befaßt sich erstmalig mit allen Formen des Güterkraftverkehrs: dem gewerblichen Güterfernverkehr, dem Güternahverkehr und dem Werkverkehr. Wie schon in der NotVO wird als eigentlicher Konkurrent der Eisenbahn der Güterfernverkehr angesehen und den stärksten Beschränkungen unterworfen.

1. Die Konzessionierung des Güterfernverkehrs

Der Güterfernverkehr mit Kraftfahrzeugen ist nach § 8 GüKG genehmigungspflichtig. In den §§ 10, 11 GüKG finden sich sowohl subjektive als auch objektive Zulassungsvoraussetzungen. Die Genehmi-

---

5 Über die Versuche der Reichsbahn, auf gütlichem Wege sowie durch Kampfmaßnahmen den Wettbewerb zu ihren Gunsten zu beeinflussen, vgl. *Balfanz* S. 10 ff.; *Bauer* S. 7 ff.; *Reuter* S. 3 f.; *v. Schoenebeck* S. 15 f.

6 Die Verordnung betreffend Kraftfahrzeuglinien vom 24. Januar 1919 (RGBl. I S. 97), das Gesetz über Kraftfahrlinien vom 26. August 1925 (RGBl. I S. 319) und die Kraftfahrlinienverordnung vom 20. April 1928 (RGBl. I S. 380) stellen die ersten mißglückten Versuche des Gesetzgebers dar, eine sinnvolle Aufgabenteilung zwischen Schiene und Straße herbeizuführen. Diese Gesetze konnten aber allein für den Personenverkehr bedeutsam werden, da die wirtschaftliche Entwicklung gezeigt hat, daß jedenfalls für den Gütertransport der Verkehr auf bestimmten Strecken nur eine untergeordnete Rolle spielt, vgl. *Balfanz* S. 10; *v. Schoenebeck* S. 15.

7 Güterkraftverkehrsgesetz vom 17. Oktober 1952 (BGBl. I S. 697) i. d. F. vom 22. Dezember 1969 (BGBl. I, 1970 S. 2), zuletzt geändert durch das 2. Änderungsgesetz vom 24. Dezember 1971 (BGBl. I S. 2149).

8 Fünfter Teil, Kapitel V der dritten Verordnung des Reichspräsidenten zur Sicherung von Wirtschaft und Finanzen und zur Bekämpfung politischer Ausschreitungen vom 6. Oktober 1931 (RGBl. I S. 558). Über die Mängel dieser Verordnung vgl. *Balfanz* S. 15 f.; *Bauer* S. 14; *Reuter* S. 5; *v. Schoenebeck* S. 17 ff. sowie amtliche Begründung zum Güterfernverkehrsgesetz (GFG) vom 26. Juni 1935, abgedruckt bei *Hein*, GFG, S. 9 ff. und teilweise bei *Balfanz-v. Tegelen*, Einl. Anm. I 5. Über die Kampfmaßnahmen der beiden Verkehrsträger Bahn und Lastkraftwagen während der Geltung der NotVO vgl. *Bauer* S. 11 ff.

9 Vgl. vor allem auch das GFG vom 26. Juni 1935 (RGBl. I S. 788), das zu einer Beruhigung auf dem Verkehrssektor und zu einer vernünftigen Ord-

gung für ein bestimmtes Fahrzeug darf nur erteilt werden, wenn der Unternehmer zuverlässig und fachlich geeignet, die Leistungsfähigkeit des Betriebes gewährleistet, das Fahrzeug nach Bauart und technischem Zustand für den Güterfernverkehr geeignet *und* die Erteilung mit dem öffentlichen Interesse an der Aufrechterhaltung eines geordneten Güterfernverkehrs vereinbar ist.

2. Die Kontingentierung des Güterfernverkehrs

Eine weitere wirkungsvolle Maßnahme zum Schutz der Bundesbahn ist die erstmals durch das GFÄG[10] eingeführte zahlenmäßige Begrenzung der im Güterfernverkehr zugelassenen Kraftfahrzeuge. Nach § 9 GüKG setzt der Bundesminister für Verkehr im Verordnungswege für die einzelnen Arten von Güterfernverkehr[11] mit Zustimmung des Bundesrates Höchstzahlen fest[12], die unter Berücksichtigung des öffentlichen Verkehrsbedürfnisses und der Sicherheit auf den Straßen ermittelt und auf die Bundesländer verteilt werden. Diese Kontingentierung führt zu einer künstlichen Verknappung des zur Verfügung stehenden Gesamtladeraums im Güterfernverkehr[13] und trägt entscheidend dazu bei, der Bundesbahn ein ausreichendes Transportvolumen zu sichern.

3. Der Tarifzwang im Güterfernverkehr

Als das einschneidenste verkehrspolitische Ordnungsinstrument muß aber der in § 22 Abs. 2 GüKG normierte Tarifzwang gewertet werden. Er verpflichtet den Güterfernverkehrsunternehmer, als Entgelt für die Beförderungsleistungen tariflich festgelegte Preise zu fordern und die tariflichen Beförderungsbedingungen einzuhalten[14].

Diese Tarifbindung schränkt die Privatautonomie des Güterfernverkehrsunternehmers und seines Geschäftspartners erheblich ein. Die Vertragsfreiheit, eine der Grundlagen unseres Schuldrechts, ist im

---

nung des Güterfernverkehrs geführt hat, *Balfanz* S. 17; *Bauer* S. 21. Über die Mängel dieses Gesetzes hinsichtlich der Tarifeinhaltung und Tarifüberwachung vgl. *Bauer* S. 20.

[10] Vgl. § 7 des Übergangsgesetzes zur Änderung des Gesetzes über den Güterfernverkehr mit Kraftfahrzeugen (GFÄG) vom 2. September 1949 (WiGBl. S. 306).

[11] Das GüKG unterscheidet zwischen dem allgemeinen Güterfernverkehr (§ 3 Abs. 1 GüKG), dem Bezirksgüterfernverkehr (§ 13 Abs. 1 GüKG) und dem Möbelfernverkehr (§ 37 GüKG).

[12] Vgl. Sechste Verordnung über die Höchstzahlen der Kraftfahrzeuge des Güterfernverkehrs und der Fahrzeuge des Möbelfernverkehrs vom 3. Juli 1970 (BGBl. I S. 1101).

[13] Vgl. *Balfanz-v. Tegelen*, Anm. 1 zu § 9 GüKG; *Stabenow* S. 11 f.

[14] Vgl. Reichskraftwagentarif (RKT) vom 30. März 1936 (RVerkBl. B S. 71) mit seinen bis heute ergangenen Änderungen und Ergänzungen.

Verkehrsrecht nahezu völlig beseitigt[15]. Abgesehen von dem Spielraum, den die Mindest-Höchstentgelte[16] offenlassen, ist es den Parteien verwehrt, die Beförderungspreise und die sonstigen Beförderungsbedingungen frei auszuhandeln. Gerade der Tarifzwang unterscheidet somit die Verkehrswirtschaft grundsätzlich von anderen Bereichen der Wirtschaft, in denen die freie Preisbildung nicht nur zulässig, sondern zur Sicherung marktgerechter Preise und angemessener Leistungen auch wirtschaftspolitisch erwünscht ist[17].

III. Die Begriffe „Werkunternehmen" und „Werkspedition"

In der Regel handelt es sich nun bei den Parteien des Beförderungsvertrages um wirtschaftlich selbständige und voneinander unabhängige Unternehmer. Falls nicht die Voraussetzungen des Werkverkehrs vorliegen, wird der Verlader entweder unmittelbar die Bundesbahn oder einen ihm zuverlässig erscheinenden Unternehmer des gewerblichen Güterverkehrs mit der Beförderung seiner Güter beauftragen oder einen Spediteur zwischenschalten, der dann in eigenem Namen und für Rechnung des Verladers den Beförderungsauftrag erteilt[18]. Dieser Spediteur kann zugleich als Abfertigungsspediteur im Güterfernverkehr für den Frachtführer Abfertigungsdienste verrichten. Dann muß ihm der Unternehmer aus der Fracht die in § 4 AO PR 146/48[19] festgesetzte Werbe- und Abfertigungsvergütung zahlen.

In der Praxis kann man aber häufig beobachten, daß die Verladerschaft sowie Transport- und Speditionsunternehmen eine engere gegenseitige wirtschaftliche, kapitalmäßige oder gesellschaftsrechtliche Bindung anstreben. Solche engeren Beziehungen können schon durch gewohnheitsmäßige Vertragsabschlüsse und langfristige Beschäftigungsverträge, jedoch auch durch Darlehenshingaben geschaffen werden.

---

15 Vgl. *Bärmann* S. 23 ff. Dem Unternehmer von Güterliniennahverkehr ist sogar durch § 90 Abs. 1 Satz 4 GüKG eine Beförderungspflicht auferlegt worden, die der gleichen Verpflichtung in § 22 PBefG sowie im Eisenbahnverkehr dem § 3 Abs. 1 EVO entspricht.

16 Vgl. Nr. 6 der Vorschriften für die Frachtberechnung in RKT Teil II/1 vom 19. Januar 1958 (BAnz. Nr. 15 vom 23. Januar 1958) i. d. F. der VO TSF Nr. 2/70 (BAnz. Nr. 60 vom 1. April 1970), wonach die im RKT vorgesehenen Richtsätze — von ganz wenigen Ausnahmen abgesehen — ab 1. Mai 1970 bis zu 6 % ermäßigt oder um bis 6 % erhöht werden dürfen.

17 *Kanow*, Betr. 1970 S. 2109.

18 Über das Zustandekommen des Verkehrsverhältnisses, die Dauer und Gestaltung der Rechtsbeziehungen im Verkehrsrecht vgl. insbesondere *Bärmann* S. 28 ff.

19 Anordnung PR Nr. 146/48 über den Abfertigungsdienst des Güterfernverkehrs mit Kraftfahrzeugen vom 29. Dezember 1948 (VerkBl. S. 93), zuletzt geändert durch die Verordnung PR Nr. 3/59 (BAnz. Nr. 15 vom 23. Januar 1959).

Zum anderen finden sich vor allem in der Lebensmittel- und Papierbranche sowie auf dem Eisen- und Stahlsektor die mannigfaltigsten gesellschaftsrechtlichen Verflechtungen, die von einer Beteiligung des Verladers als stiller Gesellschafter oder Kommanditist bis hin zu einer Beteiligung als Gesellschafter an einem in der Form einer OHG, GmbH oder AG betriebenen Transport- oder Speditionsunternehmen reichen. Es ist unmöglich, sämtliche vorkommenden Gestaltungsformen zu beschreiben. Zur Veranschaulichung sollen jedoch vier charakteristische Unternehmensverflechtungen dargestellt werden.

1. Die wirtschaftlich engste Verbindung zwischen einem Verladerbetrieb und einem Transportunternehmen besteht dann, wenn ein Einzelkaufmann sowohl einen Produktionsbetrieb als auch ein Güterfernverkehrsunternehmen unter verschiedenen Firmen betreibt. Der Fall ist jedoch in der Praxis äußerst selten.

2. Mit einer für die gestellte Problematik typischen Unternehmensverflechtung mußte sich demgegenüber die Bezirksregierung der Pfalz in ihrem rechtskräftigen Bescheid vom 7. November 1962[20] befassen. Eine KG erwarb von einer OHG zwei Lastkraftwagen, die bislang von der OHG im Werkfernverkehr eingesetzt worden waren. Sie beantragte für diese Fahrzeuge Güterfernverkehrsgenehmigungen, um die Waren der OHG jetzt im gewerblichen Güterfernverkehr befördern zu können. Die KG setzte sich aus dem Komplementär X und den Kommanditistinnen Y und Z zusammen. Gesellschafter der OHG waren die Ehemänner dieser Kommanditistinnen. X trat zugleich als alleiniger Prokurist der OHG auf.

3. Ein weiteres aufschlußreiches Beispiel liefert das rechtskräftige Urteil des LG Lüneburg vom 19. November 1964[21]. Bei der verklagten Spedition handelte es sich um eine GmbH, die im wesentlichen Waren der Firma M abfertigte. Gesellschafter waren M und seine Ehefrau. Von dem Kapital der Beklagten entfielen 75 % auf M, den alleinigen Inhaber der Firma M, und 25 % auf seine Ehefrau. M war zugleich Geschäftsführer der Beklagten. Beide Firmen hatten zusammen ein Büro, einen gemeinsamen Angestellten und dieselben Fernsprechanschlüsse. Die Firma M verrichtete zudem die Buchhaltung der Beklagten.

4. Abschließend darf noch auf das Urteil des BVerwG vom 21. Dezember 1962[22] verwiesen werden. Die Klägerin war als Speditions-GmbH durch Gesellschaftsvertrag zwischen einer Zuckerfabrik-AG und ihrem Direktor gegründet worden. Vom Stammkapital entfielen drei

[20] —335 — 091—.
[21] —1 S 269/64—.
[22] Buchholz BVerwG 442.03, Nr. 1 zu § 34 GüKG.

Viertel auf die Zuckerfabrik, die mit der Klägerin zudem eine zunächst befristete Gewinnabführungs- und Verlustübernahme-Vereinbarung abgeschlossen hatte. Nach der Eintragung in das Handelsregister nahm die Klägerin ihren Geschäftsbetrieb auf dem Gelände der Zuckerfabrik und in deren Geschäftsräumen auf. Die zuständigen Behörden hatten ihren Antrag auf Bestellung zum Abfertigungsspediteur abgelehnt.

Derartige Transport- und Speditionsunternehmen, die in irgendeiner Form mit dem Frachtzahler oder einem sonstigen an der Kostengestaltung des Beförderungsvertrages wirtschaftlich interessierten Dritten vermögensmäßig verbunden sind, bezeichnet man als „Werkunternehmen" und „Werkspeditionen". Die Unternehmer heißen „Werkfrachtführer" und „Werkspediteure".

Die Begriffe haben sich in der Praxis herausgebildet. Eine einheitliche Anwendung dieser Bezeichnungen auf die vorhandenen wirtschaftlich und rechtlich sehr unterschiedlichen Gestaltungen findet sich nicht. Während die Worte „Werkunternehmen" und „Werkspedition" zum Teil nur für Unternehmen gebraucht werden, die in der konkret betriebenen Form unzulässig und mit dem GüKG nicht vereinbar sein sollen, bezeichnen andere jedes Unternehmen so, das in irgendeiner Form mit dem Frachtzahler vermögensmäßig verbunden ist.

Nach diesen letzten Begriffsbestimmungen, die auch in der vorliegenden Untersuchung verwendet werden sollen, könnte es also zulässige und unzulässige Werkunternehmen und Werkspeditionen geben. Die Aufgabe dieser Arbeit besteht darin, zu prüfen, ob überhaupt und gegebenenfalls inwieweit derartige Unternehmensverbindungen den Bestimmungen und Zielvorstellungen des GüKG zuwiderlaufen. Schon in diesem Zusammenhang darf darauf hingewiesen werden, daß die Fragen vorwiegend Bedeutung gewinnen beim Tarifausgleichsverfahren nach § 23 GüKG und bei der Zuverlässigkeitsprüfung gemäß §§ 9 Abs. 1 Nr. 1, 34 Abs. 2 GüKG im Rahmen der Erteilung einer vom Frachtführer beantragten Güterfernverkehrsgenehmigung oder der Bestellung eines Spediteurs zum Abfertigungsspediteur. Denn die Zuverlässigkeit setzt vor allem voraus, daß der Antragsteller für die Tarifehrlichkeit bürgt[23]. So muß beispielsweise einem Speditionsunternehmen, das der Umgehung des tarifmäßigen Beförderungsentgelts gleichkommende Zuwendungen an Dritte machen will, die Bestellung zum Abfertigungsspediteur versagt werden, „weil es nicht im Sinne des Gesetzes liegt, einem Speditionsunternehmen diese Umgehung zu ermöglichen"[24].

---

[23] Vgl. z. B. *H-E-P-K*, Anm. 7 b II zu § 34 GüKG.

[24] BVerwG, Urt. v. 21. 12. 1962 in Buchholz BVerwG 442.03, Nr. 1 (S. 2) zu § 34 GüKG.

Bevor jedoch im einzelnen auf die rechtliche Problematik eingegangen wird, ist es zum Verständnis unumgänglich, zunächst die wirtschaftlichen Beweggründe ausfindig zu machen, die für die Bildung von Werkunternehmen und Werkspeditionen ausschlaggebend sind. Auch erscheint es sachdienlich, vorab die Handhabung der Bundesanstalt für den Güterfernverkehr zusammenfassend darzustellen, da gerade die betroffenen Unternehmer hierüber nur unvollkommen informiert sind.

IV. Zusammenfassung

1. Das GüKG setzt die schon mit der NotVO begonnene gewerberechtliche Entwicklung fort und greift weiterhin einschneidend in das Wettbewerbsverhältnis „Schiene-Straße“ ein. Als eigentlicher Konkurrent der Eisenbahn wird der Güterfernverkehr angesehen und den stärksten Beschränkungen unterworfen.

Der Güterfernverkehr ist genehmigungspflichtig, kontingentiert und tarifgebunden. Der in § 22 Abs. 2 GüKG normierte Tarifzwang — das einschneidenste verkehrspolitische Ordnungsinstrument — verpflichtet den Güterfernverkehrsunternehmer, als Entgelt für die Beförderungsleistungen tariflich festgesetze Preise zu fordern und die tariflichen Beförderungsbedingungen einzuhalten.

2. In der Regel handelt es sich bei den Parteien des Beförderungsvertrages um wirtschaftlich selbständige und voneinander unabhängige Unternehmer. In der Praxis kann man aber häufig beobachten, daß die Verladerschaft sowie Transport- und Speditionsunternehmen engere gegenseitige wirtschaftliche, kapitalmäßige oder gesellschaftsrechtliche Bindungen anstreben.

Derartige Transport- und Speditionsunternehmen, die in irgendeiner Form mit dem Frachtzahler oder einem sonstigen an der Kostengestaltung des Beförderungsvertrages wirtschaftlich interessierten Dritten vermögensmäßig verbunden sind, bezeichnet man als „Werkunternehmen“ und „Werkspeditionen“. Die Unternehmer heißen „Werkfrachtführer“ und „Werkspediteure“.

B. Der wirtschaftliche Hintergrund bei Werkunternehmen und Werkspeditionen

Die wirtschaftlichen Beweggründe, die zur Bildung von Werkunternehmen und Werkspeditionen führen, sind vielfältig. Eine allgemeingültige Aussage wird dadurch erschwert, daß bei den verschiedenen Branchen unterschiedliche Erwägungen im Vordergrund stehen, die zudem im Einzelfall noch erheblich voneinander abweichen können. Dennoch soll versucht werden, diejenigen wirtschaftlichen Motive aufzuzeigen, welche stets mehr oder minder stark ausgeprägt eine engere wirtschaftliche, kapitalmäßige oder gesellschaftsrechtliche Bindung zwischen der Verladerschaft und Transport- und Speditionsunternehmen begünstigen dürften.

I. Der wirtschaftliche Hintergrund bei Werkunternehmen

1. Die Beweggründe der Verladerschaft

Um die wirtschaftlichen Beweggründe der Verladerschaft zu verstehen, die eine engere Verflechtung mit Transportunternehmen nahelegen, muß man sich zunächst die Vorteile einer Eigenbeförderung vergegenwärtigen.

Es wurde bereits darauf hingewiesen, daß der Lastkraftwagen durch seine schnelle und individuelle Einsatzbereitschaft und die Möglichkeit des „Haus-Haus-Verkehrs“ erhebliche leistungsmäßige Vorteile gegenüber der Eisenbahn aufweist. Es entfallen nicht nur die mit dem Zu- und Abrollen und dem Umladen der Sendungen verbundenen Kosten, sondern die Haus-Haus-Lieferung im direkten Kraftwagentransport ermöglicht oft eine zügigere Beförderung. Gerade dieser Zeitersparnis kommt in der heutigen verschärften Wettbewerbssituation eine ausschlaggebende Bedeutung zu.

Diese für den Kraftwageneinsatz ganz allgemein aufgezeigten Gesichtspunkte erhalten ihre besondere Bedeutung bei der Verwendung werkseigener Fahrzeuge. Hier hat es der Verlader vollkommen in der Hand, je nach Dringlichkeit und unter Berücksichtigung der besonderen Kundenwünsche über die Sendungen zu disponieren. Er ist völlig unabhängig von dem starren Güterzugfahrplan der Eisenbahn, den festgelegten Bedienungszeiten seines Gleisanschlusses und den naturgemäß nicht nur ihm zur Verfügung stehenden Güterkraftverkehrsunternehmern. Er muß nicht warten, bis ihm die angeforderten Wagen gestellt werden[1]. Verzögert sich die Be- oder Entladung, sind ihm keine Fristen gesetzt, auch braucht er kein Standgeld zu fürchten. Da zudem seine eigenen branchenkundigen Leute die Kraftfahrzeuge fahren, ist die Gefahr der Fehlleitung der Einzelsendung gering und die denkbar schnellste Beförderung gewährleistet.

Hinzu kommt, daß gerade bei hochwertigen und leicht verderblichen Gütern ein sachgerechter und sicherer Transport unbedingt erforderlich ist. Im Werkverkehr ist es dem Verlader uneingeschränkt möglich, die der konkreten Warenart am besten entsprechende Behandlung und Versendung sicherzustellen. Oft benötigt er für die Beförderung Spezialfahrzeuge unterschiedlichster Art, die der gewerbliche Fuhrunternehmer ihm meist nicht anbieten kann. Auch ist zu bedenken, daß der Verlader aus Zeit- und Kostengründen häufig auf eine den Erfordernissen des Eisenbahnbetriebs entsprechende Verpackung verzichten will[2]. Unverpackte Güter bedürfen jedoch besonders sachgemäßer Behandlung. Sie können nicht ohne weiteres mit anderen Gütern zusammen verladen werden; fachkundiges Personal, das die Sendung begleitet, muß die Be- und Entladung vornehmen[3]. Das ist aber grundsätzlich nur im Eigenverkehr möglich[4].

Andererseits darf nicht verkannt werden, daß für Industrie- und Handelsunternehmen ein Werkverkehr unwirtschaftlich sein kann[5]. Denn die Kapazität der Kraftfahrzeuge wird vor allem bei der Rückfahrt nur selten ausgelastet sein. Auch hat sich die erst am 31. Dezember 1971 ausgelaufene hohe Besteuerung des Werkfernverkehrs als eine schwere finanzielle Belastung für den Verlader dargestellt[6]. Da er zudem im Werkverkehr nicht zugleich Güter für andere mitbefördern darf[7], ist es für ihn aus Kostengründen oft vorteilhafter, die Beförderung durch ein gewerbliches Güterkraftverkehrsunternehmen ausfüh-

---

[1] Vgl *Linden* S. 15, der diesem Gesichtspunkt gerade bei wirtschaftlicher Hochkonjunktur, während der Herbstverkehrsspitze und in Zeiten akuten Wagenmangels besondere Bedeutung beimißt.

[2] Vgl. *Isaac*, RdK 1933 S. 40.

[3] *Linden* S. 16.

[4] Über weitere Vorzüge des Werkverkehrs vgl. *Linden* S. 16, der vor allem noch auf die einfache und reibungslose Abfertigung, die Verfeinerung des Kundendienstes und auf die Möglichkeit hinweist, durch das Begleitpersonal schnellstens über etwaige Marktschwankungen, Geschmackswandlungen, Wettbewerbsangebote, Preistendenzen usw. unterrichtet zu werden.

[5] So schon *Linden*, Der Werkverkehr mit Lastkraftwagen, S. 9.

[6] Vgl. § 4 Nr. 2 des Straßengüterverkehrssteuergesetzes vom 28. Dezember 1968 (BGBl. I S. 1461).

[7] Sog. unechter Werkverkehr, vgl. *H-E-P-K*, Anm. 2 zu § 8 GüKG; *Ruwe*, Anm. 1 zu § 8 GüKG; *Erbs-Kohlhaas*, Anm. 2 zu § 2 GüKG, Anm. 2 zu § 48 GüKG. Verboten ist u. a. auch der Gemeinschaftseinsatz von Werkverkehrsfahrzeugen, vgl. hierzu *Linden* S. 39; *H-E-P-K*, Anm. 13 zu § 48 GüKG; OLG Oldenburg, Beschluß v. 26. 10. 1953 —Ws (B) 179/53—.

ren zu lassen, an dem er sich vermögensmäßig beteiligt. Besonders als Kommanditist oder Gesellschafter an einem in der Form einer OHG, KG, GmbH oder AG betriebenen Transportunternehmen partizipiert er dann an den Gewinnen dieses Unternehmens, das nicht nur seine eigenen Güter, sondern zur Kapazitätsauslastung auch Güter für andere mittransportieren und insoweit wirtschaftlicher als im Werkverkehr arbeiten kann[8].

Je stärker zudem die Einflußmöglichkeit des Verladers auf das Transportunternehmen ist, desto eher ist eine koordinierte, der konkreten Warenart am besten entsprechende Behandlung und zügige Versendung gewährleistet. Annähernd sämtliche Vorteile, die der Werkverkehr bietet, können auch durch eine engere Unternehmensverflechtung sichergestellt werden. So eröffnet sich die Möglichkeit, auf Veranlassung des beteiligten Versenders bestimmte Spezialfahrzeuge im Betrieb einzusetzen, die Waren nach Bedarf unverpackt zu befördern und fachkundiges Personal heranzubilden, das mit der konkreten Warenart vertraut ist. Es erscheint daher wirtschaftlich durchaus verständlich, wenn ein Verlader beispielsweise sogar ein Güterfernverkehrsunternehmen unter besonderer Rechtspersönlichkeit gründet oder sich mit anderen Verladern zu einem Fuhrunternehmen zusammenschließt.

2. Die Beweggründe der Fuhrunternehmer

Der Fuhrunternehmer ist gleichfalls an einer engeren Bindung der Verladerschaft an sein Unternehmen interessiert. Man muß zunächst grundsätzlich bedenken, daß die Tarife die besonderen Verhältnisse und wirtschaftlichen Möglichkeiten des einzelnen Güterfernverkehrsunternehmers nicht gebührend berücksichtigen können[9]. Sie vermögen allenfalls die Interessen des Gewerbes insgesamt oder einzelner Wirtschaftskreise zu wahren[10]. Die Unternehmer, die nicht nur mit der Eisenbahn, sondern auch unter sich und vor allem mit den werks-

---

[8] Vgl. auch *Wölte* S. 74, der darauf hinweist, daß der Hauptvorzug verflochtener Unternehmen in der Möglichkeit des internen Kostenausgleichs zwischen den einzelnen Betriebszweigen zu sehen ist. Denn durch den sog. Mischkalkulationsspielraum kann das verflochtene Unternehmen Gewinne aus dem Absatz eines Produkts zur Kompensation von Verlusten aus dem Verkauf eines anderen Erzeugnisses einsetzen. Diese Grundsätze gelten gleichfalls — wenn auch in abgeschwächter Form — für die Beteiligung eines Verladers an einem Transportunternehmen.

[9] *Kanow*, Betr. 1970 S. 2109.

[10] So sind nach § 22 Abs. 1 Satz 2 GüKG bei der Festsetzung von Mindest-Höchstentgelten unbillige Benachteiligungen landwirtschaftlicher und mittelständischer Wirtschaftskreise sowie wirtschaftlich schwacher und verkehrsungünstig gelegener Gebiete zu verhindern. Auch gestattet § 22 a GüKG jetzt in Ausnahmefällen Sonderabmachungen zwischen dem Unternehmer und dem Absender.

eigenen Verkehren in Wettbewerb stehen, müssen aber bestrebt sein, durch entsprechende Angebote ihren Kundenstamm zu halten und neue Kunden zu gewinnen. Sie werden daher möglichst langfristige Geschäftsverbindungen mit der Verladerschaft anstreben, um wirtschaftlich planen und disponieren zu können.

Das rechtliche Mittel hierzu ist zunächst der Rahmenvertrag, der den Unternehmer zur Übernahme der Beförderungen, den Verlader zur Beförderung mit dem Unternehmer verpflichtet. Um den Verlader zum Abschluß eines Rahmenvertrages zu bewegen, kann der Unternehmer diesem die Anschaffung von Spezialfahrzeugen, die Beschäftigung von fachkundigem Personal oder sogar preisliche Sonderregelungen vorschlagen. In der Form von Mengenvergünstigungen sind Preisnachlässe in der Wirtschaft in derartigen Fällen auch allgemein üblich[11].

Wirtschaftlich noch günstiger ist es jedoch für den Unternehmer, wenn sich der Verlader an seinem Fuhrunternehmen gesellschaftsrechtlich beteiligt. Gerade die im Gesellschaftsvertrag eingeräumte Gewinnbeteiligung wird den Verlader veranlassen, einen Großteil seiner Transporte dann immer demselben Frachtführer anzuvertrauen und davon abzusehen, einen eigenen Werkverkehr aufzuziehen. Der Unternehmer erspart zugleich in nicht unerheblichem Umfang Risiken und Kosten der Werbung und ist in der Lage, seine Einrichtungen wesentlich rationeller auszulasten[12].

II. Der wirtschaftliche Hintergrund bei Werkspeditionen

1. Die Beweggründe der Verladerschaft

Ähnlich wie bei den Werkunternehmen sind die wirtschaftlichen Beweggründe, die einen Verlader veranlassen, engere wirtschaftliche, kapitalmäßige oder gesellschaftsrechtliche Bindungen mit einem Speditionsunternehmen einzugehen, das zugleich im Güterfernverkehr Transporte abfertigt. Die Gewinnbeteiligung führt auch hier dazu, daß die von dem Güterfernverkehrsunternehmer dem Abfertigungsspediteur aus der Fracht gezahlte Werbe- und Abfertigungsvergütung teilweise an den Versender „zurückfließt". Zugleich partizipiert der Versender an den Gewinnen, die das Speditionsunternehmen aus seiner Tätigkeit für andere Versender erwirtschaftet. Dadurch wird ihm vor allem bei einer engeren gesellschaftsrechtlichen Verflechtung ein interner Kostenausgleich ermöglicht.

---

[11] *Kanow*, Betr. 1970 S. 2110. Derartige Preisnachlässe stellen sich jedoch grundsätzlich als eine Tarifumgehung dar.

[12] Vgl. *Wölte* S. 74.

Zudem darf nicht übersehen werden, daß der beteiligte Versender wirkungsvoller auf eine sachgerechte und schnelle Abfertigung seiner Güter durch branchekundiges Personal hinwirken kann. Diesem Umstand muß gerade bei hochwertigen oder leicht verderblichen Gütern eine große Bedeutung beigemessen werden. Auch vermag er den Spediteur eher zu veranlassen, seine eigenen Waren mit Gütern anderer Auftraggeber oder Empfänger zu für ihn preisgünstigen Sammelladungen zusammenzufassen. Schließlich wird er den Spediteur leichter beeinflussen können, gegebenenfalls geeignete Umschlagsanlagen und Lagerhäuser zu errichten oder einen für seine Güter wirtschaftlich sinnvollen Fuhrpark anzuschaffen.

Schon diese aufgezeigten Vorteile verdeutlichen, daß es für einen Verlader zweckmäßig ist, sich stärker an ein Speditionsunternehmen zu binden oder sogar ein eigenes Speditionsunternehmen zu gründen. Wie beim Werkunternehmen ist es auch hier nicht möglich, sämtliche Motive aufzuzählen, die aus der Sicht des Verladers eine Unternehmensverflechtung rechtfertigen. Es sei aber noch angemerkt, daß sich die beim Werkunternehmen aufgezeigten Vorteile mit den Vorzügen einer Werkspedition koordinieren lassen, wenn der Spediteur zugleich einen Güterkraftverkehr betreibt.

2. Die Beweggründe der Spediteure

Im Hinblick auf die bisherigen Ausführungen dürfte es sich erübrigen, die wirtschaftlichen Beweggründe der Spediteure näher zu erläutern. Auch der Spediteur wird eine engere Verbindung mit dem Versender anstreben, um sich einen festen Kundenstamm zu sichern, rationeller arbeiten zu können und damit seine Stellung im Wettbewerb zu verbessern[13]. Wie der Werkfrachtführer erspart auch er in nicht unerheblichem Umfang Risiken und Kosten der Werbung und ist in der Lage, seine Einrichtungen optimal auszulasten, wenn ein Versender den Großteil seiner Transporte nur ihm anvertraut.

III. Zusammenfassung

Die wirtschaftlichen Beweggründe, die zur Bildung von Werkunternehmen und Werkspeditionen führen, sind vielfältig.

1. Die Verladerschaft strebt eine stärkere Einflußmöglichkeit auf Transportunternehmen vor allem deshalb an, um eine koordinierte, der konkreten Warenart am besten entsprechende Behandlung und zügige Versendung zu gewährleisten. Annähernd sämtliche Vorteile, die der

---

[13] Vgl. *v. Tegelen,* BB 1967 S. 480.

Werkverkehr bietet, können durch eine engere Unternehmensverflechtung sichergestellt werden. Bei einer vermögensmäßigen Beteiligung partizipiert der Verlader zudem an den Gewinnen des Fuhrunternehmens, das nicht nur seine eigenen Güter, sondern zur Kapazitätsauslastung zugleich Güter für andere mittransportieren und somit wirtschaftlicher als im Werkverkehr arbeiten kann.

2. Auch bei der Werkspedition führt die Gewinnbeteiligung des Verladers dazu, daß die von dem Güterkraftverkehrsunternehmer dem Abfertigungsspediteur aus der Fracht gezahlte Werbe- und Abfertigungsvergütung teilweise an ihn „zurückfließt". Da er an dem Gesamtgewinn des Speditionsunternehmens teilhat, wird ihm zusätzlich ein interner Kostenausgleich möglich. Hinzu kommt entscheidend, daß der beteiligte Versender wirkungsvoller auf eine sachgerechte und schnelle Abfertigung seiner Güter hinwirken kann.

3. Fuhrunternehmer und Spediteure werden gleichfalls eine engere Verbindung mit der Verladerschaft anstreben, um sich einen festen Kundenstamm zu sichern, rationeller arbeiten zu können und damit ihre Stellung im Wettbewerb zu verbessern.

C. Die Auffassung der Bundesanstalt für den Güterfernverkehr

I. Die Behandlung der Werkunternehmen und Werkspeditionen bis 1960

Obwohl es der Bundesanstalt für den Güterfernverkehr[1] stets bewußt war, daß bei den dargestellten vielfältigen Verflechtungen zwischen der Verladerschaft und Verkehrs- und Speditionsunternehmen insbesondere eine unzulässige Transportverbilligung möglich erschien, unternahmen sie bis zum Jahr 1960 nichts gegen die Bildung von Werkunternehmen und Werkspeditionen[2]. In der Literatur findet sich bis zu diesem Zeitpunkt gleichfalls keine Auseinandersetzung mit der für das gesamte Güterkraftverkehrswesen grundlegenden Problematik. Der Gedanke, daß eine nach bürgerlichem Recht oder Handelsrecht an sich mögliche Gestaltung von Rechtsverhältnissen im Einzelfall zur Tarifumgehung mißbraucht werden konnte, hatte in diesem Spezialrechtsgebiet noch nicht Fuß gefaßt.

II. Das Urteil des BGH vom 3. März 1960

Erstmals mit der Entscheidung des BGH vom 3. März 1960[3] wurde für den Bereich des Straßengüterverkehrs höchstrichterlich ausgesprochen, daß der Grundsatz der Vertragsfreiheit nicht zu einer Tarifumgehung mißbraucht werden darf.

Der Senat mußte beurteilen, ob eine unzulässige Tarifverkürzung vorliegen kann, wenn ein Fernverkehrsunternehmer einer an seinem Unternehmen beteiligten stillen Gesellschafterin als Entgelt für deren „Einlagen" einen bestimmten Anteil des gesamten Bruttofrachtumsatzes gewährt. Die Gesellschafterin hatte zuvor als Zuckergroßhändlerin mit eigenen Kraftfahrzeugen Zuckertransporte im Werkfernverkehr durchgeführt. Ihre Beteiligung an dem Fernverkehrsunternehmen sollte offenbar nur ein Teilstück im Rahmen ihrer beabsichtigten Umstellung vom Zuckergroßhandel auf den Betrieb einer Verkaufsagentur für den Absatz bestimmter Zuckerfabriken sein.

---

[1] Hinsichtlich des Aufbaus, der Aufgaben und der Befugnisse der Bundesanstalt für den Güterfernverkehr vgl. §§ 53 ff. GüKG sowie *Stabenow* S. 25 ff.

[2] Vgl. DVZ Nr. 87 vom 24. Juli 1965.

[3] NJW 1960 S. 1057 ff.

In den Gründen wird zunächst ausgeführt, § 22 Abs. 2 GüKG decke jeden Fall tarifwidriger Zahlungen oder Zuwendungen, und zwar gleichgültig, von wem sie gewährt worden seien oder wer sie erhalten habe. Auch tarifwidrige Zuwendungen an Dritte müßten rückgängig gemacht werden, „wenn ein am Frachtvertrag Beteiligter oder der Dritte selbst als Lieferant, Abnehmer, Vertriebsagent des Lieferanten oder dergleichen an der Niedrighaltung der Beförderungskosten wirtschaftlich interessiert ist“[4].

Vorliegend — so fährt der Senat fort — dürfe eine Tarifumgehung nicht schon deshalb verneint werden, weil die Beteiligung der Gesellschafterin an dem Transportunternehmen ernst gemeint gewesen sei und kein Scheingeschäft vorgelegen habe. Eine solche Betrachtungsweise berücksichtige nicht genügend Sinn und Zweck der §§ 22 Abs. 2, 5 GüKG. Für die Auslegung des § 5 Abs. 1 GüKG sei auf die Grundsätze zurückzugreifen, die zu § 6 StAnpG entwickelt worden seien, da das Verbot der Steuerumgehung dem Umgehungsverbot in § 5 GüKG zum Vorbild gedient habe. Eine Umgehung gesetzlicher Vorschriften liege daher immer dann vor, „wenn die Rechtsfolgen, die sie einem bestimmten, von ihm ins Auge gefaßten Verhalten beilegen, dadurch vermieden werden sollen, daß zur Erreichung eines wirtschaftlichen Erfolges nicht der den Umständen nach gewöhnliche und zweckmäßige Weg, sondern unter Ausnutzung der Vertragsfreiheit ein anderer, den wirtschaftlichen Vorgängen ferner liegender und daher ungewöhnlicher Weg eingeschlagen wird, der an den vom Gesetz angeordneten Rechtsfolgen vorbeiführen soll“[5]. Da § 5 Abs. 1 GüKG für den gesamten Bereich des GüKG gelte, verbiete er auch eine Umgehung des Tarifentgelts; insbesondere seien in Umgehung des Tarifs geleistete Zahlungen und andere Zuwendungen untersagt. Maßgebend für diese Feststellung sei keine formal-juristische, sondern vielmehr in jedem Falle eine wirtschaftliche Betrachtungsweise.

III. Die Behandlung der Werkunternehmen seit 1960

Unter Berufung vor allem auf diese Grundsatzentscheidung des BGH lehnt es die Bundesanstalt seit 1960 ab, eng mit der Verladerschaft

---

[4] BGH, Urt. v. 3. 3. 1960 in NJW 1960 S. 1057 (1058). Da die Formulierung „an der *Niedrighaltung* der Beförderungskosten wirtschaftlich interessiert“ vereinzelt zu Mißdeutungen Anlaß gegeben hatte (vgl. *Trinkaus*, DGV 1965 S. 195), verwendet der BGH in seiner Entscheidung vom 29. Oktober 1962 (NJW 1963 S. 102) einen anderen Ausdruck, indem er von Personen spricht, die „an der Kostengestaltung des Beförderungsvertrages wirtschaftlich interessiert“ sind. Es müsse aber stets ein innerer Zusammenhang zwischen Zuwendung und Beförderungsvertrag bestehen, vgl. auch BGH, Urt. v. 22. 11. 1962 —II ZR 43/61—.

[5] BGH, Urt. v. 3. 3. 1960 in NJW 1960 S. 1057 (1058).

verflochtenen Werkunternehmen eine Güterfernverkehrsgenehmigung zu erteilen. Es wird darauf hingewiesen, die beabsichtigten Güterbeförderungen für den beteiligten Absender seien dem Werkverkehr zuzuordnen, da eine wirtschaftliche Unternehmenseinheit vorliege. Der Werkfrachtführer befördere nicht für „andere". Zudem werden Genehmigungen nicht wiedererteilt oder entzogen, wenn der Unternehmer ausschließlich Güter der Mutterfirma transportiert. Werden jedoch zugleich Waren für unabhängige dritte Verladerbetriebe befördert, kann die Bundesanstalt die Genehmigung oft nicht wegen Nichtausnutzung entziehen[6] oder die Wiedererteilung versagen, obwohl sie dies für wünschenswert halten würde.

Mit dieser Auffassung steht die Bundesanstalt in einem Gegensatz zu der Handhabung der Finanzbehörden, die einer „formellen" Betrachtungsweise zuneigen und trotz enger Verflechtung nicht die höhere Güterkraftverkehrssteuer für den Werkfernverkehr erhoben haben. Um diese nicht zu erklärende Divergenz auszugleichen, neigt die Bundesanstalt seit Ende 1970 dazu, selbst bei einer fast 100 %igen Verflechtung grundsätzlich noch von einer Beförderung für „andere" auszugehen.

Die unterschiedlichen Auffassungen der Bundesanstalt und der Finanzbehörden über die Abgrenzung von Werk- und Güterfernverkehr in engen Verflechtungsfällen zwingt in besonderem Maße dazu, die aufgeworfenen Fragen neu zu durchdenken, zumal eine unterschiedliche Auslegung im Hinblick aus § 1 Abs. 2 des Straßengüterverkehrssteuergesetzes kaum verständlich erscheint. Denn dort war im Gegensatz zu der früheren Regelung[7], die den Finanzbehörden eine Berücksichtigung der steuerrechtlichen Begriffe „Unternehmenseinheit" und „Organschaft" vorschrieb, ausdrücklich angeordnet, daß die Begriffsbestimmungen des GüKG in seiner jeweils geltenden Fassung auch für dieses Gesetz gelten[8].

Kann die Bundesanstalt im konkreten Einzelfall eine wirtschaftliche Unternehmenseinheit nicht bejahen[9], handelt es sich also um einen Fall „bloßer Beteiligung", erfolgt ein Tarifausgleichsverfahren, wenn die Gewinnbeteiligung des an dem Fuhrunternehmen beteiligten Absenders unangemessen hoch erscheint. Eine höhere Gewinnquote als 8 % des effektiv eingebrachten Kapitals wird normalerweise als unangemessen bezeichnet.

---

[6] Vgl. § 78 Abs. 2 Nr. 5 GüKG.

[7] Vgl. § 1 Abs. 3 des Beförderungssteuergesetzes i. d. F. vom 13. Juni 1955 (BGBl. I S. 366) und *Sperling* S. 69—72.

[8] Vgl. auch Nr. 2 und 4 der Allgemeinen Verwaltungsvorschriften zum Gesetz über die Besteuerung des Straßengüterverkehrs vom 28. Januar 1969 (BAnz. Nr. 25 vom 6. Februar 1969, Beilage 3/69).

[9] Sog. Zuordnungstheorie im Einzelfall.

IV. Die Behandlung der Werkspeditionen seit 1960

Für die Behandlung der Werkspeditionen wird zunächst den Verkehrsbehörden durch Rdnr. 84 der Allgemeinen Verwaltungsvorschriften zum Güterkraftverkehrsgesetz vom 25. November 1968[10] vorgeschrieben:

„Eine Speditionsfirma kann nicht zum Abfertigungsspediteur bestellt werden, wenn ihre Tätigkeit nicht auf die Erfüllung der einem Abfertigungsspediteur gegenüber jedem Güterfernverkehrsunternehmer obliegenden Pflicht gerichtet ist, sondern auf die Abfertigung von Transporten für ein bestimmtes Unternehmen mit dem Ziel, die Werbe- und Abfertigungsvergütung wirtschaftlich dem Erwerbsvermögen dieses Unternehmens zufließen zu lassen.“

Im übrigen prüft die Bundesanstalt stets, ob bei einer wirtschaftlichen Betrachtungsweise noch von einer Unternehmenseinheit gesprochen werden kann. Hierbei geht sie bei den Werkunternehmen von Umfang und Gewicht der Verflechtung in personeller, finanzieller, wirtschaftlicher und organisatorischer Hinsicht aus. Auch ist bedeutend, inwieweit dem Spediteur ein Spielraum für eine eigene Willensbildung verbleibt.

Kann eine wirtschaftliche Unternehmenseinheit festgestellt werden, wird seit Anfang 1960 die Bestellung zum Abfertigungsspediteur abgelehnt oder höchstens unter der Bedingung erteilt, die Werbe- und Abfertigungsvergütung nicht für Aufträge des verflochtenen Verladerbetriebs zu fordern[11].

---

10 BAnz. Nr. 227 vom 5. Dezember 1968 —Anlage—. Die Allgemeinen Verwaltungsvorschriften setzen jedoch nicht allgemein gültiges Recht, sondern binden nur die Verwaltungsbehörden, die gesetzlichen Vorschriften in einem bestimmten Verfahren durchzuführen. Der Dritte ist aber insofern an die Allgemeinen Verwaltungsvorschriften gebunden, als er einen ihn begünstigenden Verwaltungsakt nur erreichen kann, wenn er die in den Allgemeinen Verwaltungsvorschriften vorgeschriebene Form beachtet, vgl. *H-E-P-K*, Anm. 2 zu § 103 GüKG. Rdnr. 84 der Allgemeinen Verwaltungsvorschriften richtet sich demgegenüber nur an die Verkehrsbehörden, um eine einheitliche Handhabung zu gewährleisten.

11 So läßt z. B. die Deutsche Bundesbahn denjenigen Unternehmer, der um eine Bestellung zum Abfertigungsspediteur der Deutschen Bundesbahn nachsucht, folgende Erklärung unterzeichnen:

„Wir verpflichten uns, Werbe- und Abfertigungsvergütung nach der Bestellung zum Abfertigungsspediteur für den Kraftwagen-Güterfernverkehr der Deutschen Bundesbahn *nicht für Eigenaufträge* zu fordern.

Unter Eigenaufträgen sind Transportaufträge zu verstehen, bei denen mit uns wirtschaftlich verflochtene Unternehmen an der Niedrighaltung der tarifmäßigen Beförderungsentgelte interessiert sein könnten und durch die an uns zu zahlende Werbe- und Abfertigungsvergütung mittelbar eine Ermäßigung der tarifmäßigen Beförderungsentgelte erreichen würden.

Wir sind davon in Kenntnis gesetzt worden, daß wir gegen § 22 Abs. 2 des Güterkraftverkehrsgesetzes (GüKG) verstoßen würden, wenn wir diese Verpflichtung nicht einhalten, und daß wir die zu Unrecht erhaltene Werbe-

Die vor dem Jahr 1960 bestellten alten Werkspeditionen bleiben jedoch unangefochten[12]. Wird dagegen bei wirtschaftlicher Betrachtungsweise eine Unternehmenseinheit verneint, handelt es sich somit um einen Fall „bloßer Beteiligung“, erfolgt auch hier ein Tarifausgleichsverfahren, wenn die Gewinnbeteiligung unangemessen hoch erscheint.

Diese unterschiedliche Behandlung alter und neuer Werkspeditionen ist besonders unbefriedigend in denjenigen Fällen, in denen ein Antragsteller bereits früher zum Abfertigungsspediteur für die Deutsche Bundesbahn[13] bestellt worden ist und jetzt vergeblich um seine Bestellung zum Abfertigungsspediteur im Güterfernverkehr nachsucht. Auch ist nicht verständlich, warum ein Tarifausgleichsverfahren nur bei geringer Verflechtung durchgeführt wird, obwohl nach der Auffassung der Bundesanstalt gerade bei einer hochgradigen Verflechtung Tarifverstöße evident sein sollen. Eine überzeugende Begründung für diese ungleiche Behandlung alter und neuer Werkspeditionen hat die Bundesanstalt noch nicht gefunden.

V. Zusammenfassung

1. Seit 1960 lehnt es die Bundesanstalt in der Regel ab, eng mit der Verladerschaft verflochtenen Werkunternehmen eine Güterfernverkehrsgenehmigung zu erteilen. Es wird vor allem auf die Grundsatzentscheidung des BGH vom 3. März 1960 (NJW 1960 S. 1057) verwiesen und argumentiert, die beabsichtigten Güterbeförderungen für den beteiligten Absender seien dem Werkverkehr zuzuordnen. Kann eine wirtschaftliche Unternehmenseinheit nicht bejaht werden, erfolgt ein Tarifausgleichsverfahren, wenn die Gewinnbeteiligung des Absenders unangemessen hoch erscheint.

2. Bei Abfertigungsspeditionen wird grundsätzlich ebenfalls die beantragte Bestellung zum Abfertigungsspediteur abgelehnt, falls eine enge finanzielle, organisatorische, räumliche und personelle Verflechtung mit dem Versenderunternehmen vorliegt. Die vor dem Jahr 1960 bestellten Werkspeditionen bleiben jedoch unangetastet. Handelt es sich lediglich um einen Fall „bloßer Beteiligung“, wird auch hier ein Tarifausgleichsverfahren eingeleitet, wenn die Gewinnbeteiligung unangemessen hoch erscheint.

---

und Abfertigungsvergütung auf Grund des § 23 Abs. 1 Satz 1 GüKG an die Deutsche Bundesbahn zurückzuzahlen hätten.“

[12] Vgl. DVZ Nr. 87 vom 24. Juli 1965.

[13] Vgl. § 34 Abs. 4 GüKG und die Anordnung PR Nr. 24/49 über Vergütungen für den Abfertigungsdienst des Güterfernverkehrs mit Kraftfahrzeugen bei der Deutschen Reichsbahn vom 31. März 1949 (Mitteilungsbl. der Verw. für Wirtschaft des ver. Wirtschaftsgebietes 1949 S. 50).

D. Die wirtschaftliche Betrachtungsweise

I. Allgemeine Auslegungsgrundsätze

Die aufgezeigte Handhabung der Bundesanstalt verdeutlicht, daß die Problemlösungen bei Werkunternehmen und Werkspeditionen vordringlich aus der wirtschaftlichen Betrachtungsweise und der Gesetzesumgehung abgeleitet werden. Eine klare Abgrenzung dieser Rechtsfindungsmethoden findet sich jedoch nicht. Oft werden Entscheidungen auf beide Gesichtspunkte gestützt.

Die Prüfung, ob eine Gesetzesumgehung vorliegt, kann aber schon begrifflich erst einsetzen, wenn Umfang und Tragweite der umgangenen Norm genau feststehen[1]. Ergibt nämlich die Auslegung, daß der Gesetzgeber den zu beurteilenden Lebensvorgang mit seinem abstrakt gefaßten gesetzlichen Tatbestand bereits geregelt oder auf eine Normierung absichtlich verzichtet hat, obwohl ihm eine Entscheidung möglich gewesen wäre, stellt sich die Frage nach einer Gesetzesumgehung nicht mehr.

Schon aus diesem Grund erscheint es angebracht, kurz auf die allgemeinen Auslegungsgrundsätze einzugehen, die bei jeder Rechtsfindung ausnahmslos beachtet werden müssen. Eine Erörterung ist auch deshalb notwendig, um klarzustellen, wie sich die im GüKG übereinstimmend befürwortete wirtschaftliche Betrachtungsweise[2] systematisch richtig in die juristische Methodenlehre einordnen läßt.

Am Anfang der Gesetzesanwendung steht immer die Wortinterpretation der einschlägigen Norm. „Meist wird die wörtliche Auslegung der Gesetze mit logischen Mitteln zur rechten Erkenntnis des Sinnes seiner rechtspolitischen Regelung führen und damit die richtige Entscheidung sichern[3].“

---

[1] a. A. *Lehmann-Hübner*, § 29 III 3 (S. 195); *Lange*, § 52 IV 1 (S. 326); *Staudinger-Coing*, § 117 Rdn. 21; *Hartz* S. 28 ff., 37; *Paulick*, StbJb 1963/64 S. 371 ff., die das Problem der Gesetzesumgehung allein mit Hilfe der teleologischen Auslegung lösen wollen. Hiergegen überzeugend *Teichmann* S. 57 ff., 78 ff.

[2] Vgl. vor allem *Zippel*, DGV 1963 S. 347; 1964 S. 28; *Hein*, Anm. 1 zu § 3 NotVO; Anm. 1 zu § 4 GFG sowie die dargestellte Handhabung der Bundesanstalt für den Güterfernverkehr bei Werkunternehmen und Werkspeditionen.

[3] *Bartholomeyczik* S. 36.

Bereits diese Aussage zeigt aber, daß letzlich der Umfang einer Vorschrift nur unter Berücksichtigung der „ratio legis“ bestimmt werden kann. Nach zutreffender Auffassung ist hierbei weder einseitig auf den historischen Willen des Gesetzgebers noch auf den objektiven Willen des Gesetzes, wie er sich allein unter Würdigung der gegenwärtig anerkannten Werturteile und Interessen darbietet, abzustellen[4]. Vielmehr müssen beide Betrachtungsweisen harmonisch miteinander verbunden werden[5]. Es gilt daher, die rechtspolitische Zwecksetzung der Regelung zu ermitteln[6], soweit sie im Gesetz ihren — wenn auch nur unvollkommenen — Ausdruck gefunden hat[7]. Als Erkenntnismittel des rechtspolitischen Zwecks dienen bei neueren Gesetzen vor allem die Gesetzesmaterialien, die systematische und besonders die historische Auslegung[8].

Wird der Wortlaut einer Vorschrift nicht durch diese Auslegungsmittel bestätigt, beginnt die berichtigende Auslegung. Sie kann zu einer ausdehnenden, über den Wortlaut hinausgehenden[9] oder zu einer einschränkenden[10], hinter dem Wortlaut zurückbleibenden Sinndeutung des Gesetzes aus seinem rechtspolitischen Zweck führen[11].

Die vorliegende Untersuchung setzt sich nun nicht zum Ziel, der wirtschaftlichen Betrachtungsweise ihre Berechtigung im GüKG abzusprechen. Die Formel birgt aber die Gefahr in sich, die rechtliche Methode durch außerrechtliche Gesichtspunkte aufzulösen oder doch die Interpretation in einen Methodendualismus abgleiten zu lassen[12].

---

4 Vgl. zu dem Meinungsstreit *Bartholomeyczik* S. 42 ff.; *Teichmann* S. 18 ff.; *Enneccerus-Nipperdey* § 54 II (S. 324 ff.).

5 *Bartholomeyczik* S. 45 f.; *Larenz* S. 298 ff.

6 Es müssen also die berührten Interessen, Rechtswerte und Richtigkeitsgedanken festgestellt werden, vgl. *Bartholomeyczik* S. 47 ff.; *Larenz,* A. T. § 2 III (S. 36).

7 Sog. Andeutungstheorie; vgl. hierzu *Bartholomeyczik* S. 53, 76 f.; *Enneccerus-Nipperdey* § 54 II (S. 329); *Lehmann-Hübner* § 8 II 4 (S. 62); *Palandt-Danckelmann,* Einl. Anm. V 2 a.

8 Über das Verhältnis der Auslegungskriterien zueinander vgl. *Enneccerus-Nipperdey* § 56 I—IV (S. 331 ff.); *Larenz* S. 320 ff.; *Spitaler,* StbJb 1949 S. 271 ff.

9 Sog. extensive Interpretation, vgl. z. B. BGH, Urt. v. 18. 5. 1955 in BGHZ 17/266 (273 ff.); Urt. v. 24. 6. 1955 in BGHZ 18/44 (48 ff.).

10 Sog. restriktive Interpretation, vgl. z. B. BAG GS, Beschluß v. 16. 3. 1962 in Betr. 1962 S. 911.

11 Vgl. *Bartholomeyczik* S. 71 ff.; enger *Larenz* S. 304, nach dem die Auslegung ihre Grenze an dem „noch möglichen“ Wortlaut findet; ebenso z. B. BFH, Urt. v. 30. 1. 1968 in BB 1968 S. 736; differenzierender *Teichmann* S. 39.

12 So *Bühler-Strickroth* § 8 I (S. 158). *Hartz* S. 11 stellt fest, daß im Steuerrecht für viele der Ausdruck ein hohles Schlagwort geworden ist, zu dem man greift, wenn eine überzeugende rechtliche Begründung für die Entscheidung fehlt. Vgl. auch *Steinberg,* StBp 1961 S. 181 ff., der der wirtschaftlichen Betrachtungsweise vorwirft, in vielen Fällen zu einem Instrument willkürlicher Durchsetzung von Ansprüchen und Forderungen geworden zu sein. *v. Tegelen,* BB 1967 S. 483, weist für den Bereich des GüKG gleichfalls zutreffend darauf hin, daß es oft von sehr subjektiven Bewertungen ab-

Wenn man vor allem bedenkt, daß Entscheidungen lediglich mit dem Begriff „wirtschaftliche Betrachtungsweise“ begründet und abweichende Beurteilungen voreilig als „formal-juristisch“ abgetan werden könnten, ist es unumgänglich, diese Methode der Rechtsfindung kritisch zu würdigen und den ihr zukommenden Platz und Rang in der allgemeinen Methodenlehre genau festzulegen.

II. Die wirtschaftliche Betrachtungsweise im Steuerrecht

1. Die Auffassung der älteren Lehre

Ihren augenfälligsten Ausdruck findet die wirtschaftliche Betrachtungsweise im Steuerrecht. Nach § 1 Abs. 2 StAnpG[13] ist bei der Auslegung unter anderem „die wirtschaftliche Bedeutung der Steuergesetze zu berücksichtigen“. § 1 Abs. 3 StAnpG zufolge gilt entsprechendes „für die Beurteilung von Tatbeständen“. Die wirtschaftliche Betrachtungsweise tritt im Steuerrecht also in zwei Erscheinungsformen auf, nämlich als Auslegungsprinzip und als Grundsatz der Sachverhaltswürdigung[14].

Hier soll nur auf § 1 Abs. 2 StAnpG näher eingegangen werden. Sinn und Zweck dieser Vorschrift sind umstritten. Der Meinungsstreit entzündet sich dabei vorwiegend an der Frage, wie bürgerlichrechtliche Tatbestände und Begriffe aufzufassen sind, wenn die Steuergesetze an sie anknüpfen.

§ 1 Abs. 2 StAnpG geht zurück auf § 4 AO 1919[15]. Diese Bestimmung wurde eingeführt, um das Steuerrecht vor einer formalen Begriffsjurisprudenz zu bewahren[16]. Da zudem die Auffassung vorherrschte, das Steuerrecht sei gegenüber dem Zivilrecht ein selbständiges und gleichgeordnetes Rechtsgebiet[17], faßten vor allem Kurt Ball[18] und Enno Becker[19] die Vorschrift gleichzeitig als ein allgemeines Korrektiv der Auslegung bürgerlichrechtlicher Begriffe, somit als Transformationsvorschrift ins spezifisch Steuerrechtliche auf.

2. Die Auffassung der neueren Lehre

Nachdem sich das Zivilrecht jedoch von der um die Jahrhundertwende noch verbreiteten begriffsjuristischen und formalistischen Be-

---

hängt, was als wirtschaftlich üblich, vernünftig und billigenswert anzusehen ist.

[13] Steueranpassungsgesetz vom 16. Oktober 1934 (RGBl. I S. 925).

[14] Vgl. zu § 1 Abs. 3 StAnpG *Böhmer* S. 11 ff. *Tipke*, JuS 1970 S. 152 f. und *Brandt* S. 181 halten diese Bestimmung sogar für verfassungswidrig.

[15] Reichsabgabenordnung vom 13. Dezember 1919 (RGBl. I S. 1993).

[16] *Becker*, Anm. 1 a (a. E.) zu § 4 AO.

[17] Vgl. dazu *Paulick*, Betr. 1968 S. 1868 f.

[18] S. 110 ff., 148 ff.

[19] Anm. 23, 25 zu § 4 AO.

trachtungsweise abgewandt hatte[20], wurde der Bestimmung des § 1 Abs. 2 StAnpG zunehmend eine auf das Steuerrecht beschränkte selbständige Bedeutung abgesprochen. Sie wird heute überwiegend als Ausdruck allgemein geltender Auslegungsgrundsätze angesehen, die jedenfalls kein Prinzip enthält, das die allgemeinen Auslegungsregeln beeinflussen und modifizieren könnte[21].

§ 1 Abs. 2 StAnpG ist daher lediglich als ausdrücklicher Hinweis für das Steuerrecht zu werten, bei der teleologischen Auslegung einer Vorschrift vordringlich die vom Gesetzgeber erfaßten wirtschaftlichen Veranstaltungen und verfolgten wirtschaftlichen Zwecke zu beachten[22].

Diese Zwecke brauchen nicht notwendig finanzwirtschaftlicher Art zu sein. Ebenso können einem Steuergesetz auch volkswirtschaftliche, soziologische oder andere Absichten des Gesetzgebers zum allgemeinen Wohl zugrunde liegen[23]. „In den Fällen, in welchen die sogenannte wirtschaftliche Betrachtungsweise geboten erscheint, handelt es sich in Wirklichkeit um eine rechtliche, und zwar um eine vertiefte steuerrechtliche Betrachtung, für die wirtschaftliche Erwägungen der Rohstoff sind[24].“ Daneben sind die anderen Auslegungsgrundsätze uneingeschränkt anzuwenden[25]. Vor allem darf der Rechtsanwendende sich nicht auf die wirtschaftliche Bedeutung der Steuergesetze oder noch allgemeiner auf die wirtschaftliche Betrachtungsweise berufen und auf wirtschaftliche Gesichtspunkte abstellen, wenn das Gesetz diese nicht selbst hinreichend deutlich zum Ausdruck gebracht hat[26].

---

20 Vgl. *Larenz* S. 17 ff., 61, 128 ff.

21 Vgl. *Littmann*, Rdn. 58, 79 vor § 1; *Paulick*, Gedenkschrift für A. Spitaler S. 169; *Raupach* S. 55; *Sigloch*, BB 1971 S. 213; *Spitaler*, StbJb 1962/63 S. 419; *Steinberg*, StBp 1961 S. 185; *Tipke*, JuS 1970 S. 152; *Tipke-Kruse*, Rdn. 15 zu § 1 StAnpG; *v. Wallis*, Festschrift für O. Bühler S. 253.

Vgl. auch § 21 der österreichischen Bundesabgabenordnung vom 28. Juni 1961 (BGBl. Nr. 194/1961), der die wirtschaftliche Betrachtungsweise als Auslegungsgrundsatz nicht mehr erwähnt.

22 So *Becker-Riewald-Koch*, Anm. 1 Abs. 2 zu § 1 StAnpG; *Brandt* S. 179; *Buchwald*, GmbHRdsch 1955 S. 106; *Hartz* S. 37; *Hensel* S. 52 ff., 99; *Huber-Krebs*, StW 1966 Sp. 632; *Spitaler*, StbJb 1962/63 S. 418 f.; *Tipke-Kruse*, Rdn. 15 zu § 1 StAnpG. Tipke-Kruse berücksichtigen die wirtschaftliche Bedeutung der Steuergesetze aber nicht bei der teleologischen, sondern bei der logisch-systematischen Auslegung.

23 *v. Wallis*, Festschrift für O. Bühler S. 253. Vgl. auch *Raupach* S. 59, der darauf hinweist, daß man zwischen finanz-, volks- und betriebswirtschaftlicher Betrachtungsweise unterscheiden kann.

24 *Spitaler*, StbJb 1949 S. 291. Vgl. auch *Rittner*, FamRZ 1961 S. 5 Fßn. 74 und *Hartz* S. 51, die den Hinweis für erforderlich erachten, daß die wirtschaftliche Betrachtungsweise immer eine rechtliche ist und nicht als Antithese einer rechtlichen Betrachtungsweise aufgefaß werden darf.

25 *v. Wallis*, Festschrift für O. Bühler S. 253; *Spitaler*, StbJb 1962/63 S. 419.

26 *Tipke-Kruse*, Rdn. 15 zu § 1 StAnpG.

3. Die Auffassung des BFH

Etwa Mitte der fünfziger Jahre machte sich auch in der Rechtsprechung des BFH die Tendenz bemerkbar, entgegen der Auffassung des RFH[27] im Interesse der Einheit der Rechtsordnung und der Rechtssicherheit bürgerlichrechtliche Begriffe möglichst im Sinne des bürgerlichen Rechts auszulegen[28]. Dem ist zuzustimmen. Zwar ist bei der ganz überwiegenden Mehrzahl der Steuern Gegenstand der Besteuerung ein wirtschaftlicher Vorgang, ein wirtschaftlicher Zustand oder eine andere wirtschaftliche Veranstaltung im weitesten Sinn[29]. Das Wirtschaftsleben vollzieht sich jedoch in den Formen des bürgerlichen Rechts, das gerade die wirtschaftlichen Lebensbeziehungen ordnet und sich als rechtliche Ausdrucksform der privaten Wirtschaftsordnung darstellt. Wenn das Steuerrecht an das bürgerliche Recht anknüpft, ist dies somit kein Notbehelf, sondern ein natürlicher Vorgang[30].

Es wäre aber verfehlt, hieraus zu folgern, daß vom Steuerrecht übernommene Begriffe stets im Sinne des bürgerlichrechtlichen Begriffsinhalts zu verstehen seien. Auch die aus dem Zivilrecht stammenden Begriffe müssen aus dem jeweiligen Bedeutungszusammenhang, aus dem Zweck und der Funktion der jeweiligen steuerlichen Norm verstanden werden. Es bedarf daher im Einzelfall immer der teleologischen Auslegung, ob eine Bindung an die Rechtsform des Zivilrechts wirklich gemeint ist[31]. Kann ein gegenteiliger Wille des Steuergesetzgebers aber nicht eindeutig festgestellt werden, ist der Begriff so aufzufassen, wie er in der übrigen Rechtsordnung verstanden wird[32].

III. Die wirtschaftliche Betrachtungsweise im Zivilrecht

1. Allgemeine Grundsätze

Die bisherigen Ausführungen zeigen bereits, daß die wirtschaftliche Betrachtungsweise als teleologisches Auslegungskriterium nicht auf das Steuerrecht beschränkt sein kann, obwohl sie lediglich dort ihren gesetzlichen Niederschlag gefunden hat. Kein Rechtsgebiet besteht um

---

27 Vgl. hierzu *Paulick*, Betr. 1968 S. 1868 f.

28 Vgl. die knappe Übersicht bei *Paulick*, Betr. 1968 S. 1869 f. und *Tipke*, JuS 1970 S. 152, beide mit zahlreichen Rechtsprechungshinweisen. Die eigentliche Wendung brachte jedoch das Urteil des BVerfG vom 24. Januar 1962 (BStBl. 1962 I S. 500) betr. § 8 Ziff. 6 GewStG; hiernach müssen Abweichungen von der Ordnungsstruktur des bürgerlichen Rechts in jedem Fall sachlich hinreichend gerechtfertigt sein.

29 *Böhmer* S. 5.

30 *Tipke*, JuS 1970 S. 152.

31 *Raupach* S. 56 ff.; *Flume*, Festschrift für R. Smend S. 73 Fßn. 25.

32 BFH, Urt. v. 23. 7. 1957 in BStBl. 1957 III S. 306; Urt. v. 24. 2. 1961 in BStBl. 1961 III S. 188 (190).

seiner selbst willen, sondern dient dazu, die Beziehungen der Menschen untereinander zu ordnen. Die wirtschaftlichen Beziehungen sind neben Familie und Staat ein Hauptgebiet davon. Um diese wirtschaftlichen Beziehungen rechtlich zutreffend werten zu können, ist es stets erforderlich, die anzuwendenden Rechtssätze auf ihre wirtschaftliche Tragweite und Auswirkung richtig zu begreifen. Das Zivilrecht weist insoweit keine Besonderheiten gegenüber dem Steuerrecht auf[33]. Denn überall dort, wo sich der Gesetzgeber mit wirtschaftlichen Lebensvorgängen und Zielsetzungen befaßt oder diese mit seiner Regelung mittelbar beeinflußt, muß die Auslegung bei der Erforschung des rechtspolitischen Zwecks einer bestimmten Vorschrift in besonders starkem Maße die wirtschaftlichen Gegebenheiten und Folgen beachten, um zufriedenstellende Ergebnisse zu gewinnen[34]. Es bestehen allenfalls graduelle Unterschiede in der Anwendung der wirtschaftlichen Betrachtungsweise, da sich das Zivilrecht anders als das Steuerrecht nicht so häufig mit wirtschaftlichen Sachverhalten befaßt[35].

2. Beispielsfälle

So hat beispielsweise das RG seit seinem Urteil vom 9. März 1928[36] ständig die Ansicht vertreten, daß der Erwerb sämtlicher Geschäftsanteile einer Einmann-GmbH wegen der wirtschaftlichen Bedeutung eines solchen Vertrages im Innenverhältnis rechtlich ebenso wie ein unmittelbarer Erwerb des geschäftlichen Unternehmens der Gesellschaft wirkt und daß deshalb auch auf den Vertrag die Vorschriften über Gewähr für Rechts- und Sachmängel anzuwenden sind. Das Schrifttum hat dem zugestimmt[37].

Auch gebieten es Sinn und Zweck des § 1822 Nr. 3 BGB, die Genehmigung des Vormundschaftsgerichts zu verlangen, wenn ein Mündel alle Geschäftsanteile einer GmbH erwirbt, die ein Erwerbsgeschäft betreibt[38]. Die rechtspolitische Zwecksetzung dieser Norm in ihrer teleologischen Auslegung nötigt zu einer wirtschaftlichen Betrachtungsweise. Wird ein Mündel wirtschaftlich Inhaber des von der GmbH betriebenen

---

[33] Vgl. *v. Wallis*, Festschrift für O. Bühler S. 252, 259; *Littmann*, Die Wirtschaftsprüfung 1951 S. 79.

[34] Vgl. *Sandrock* S. 56.

[35] So *Raupach*, Deutsches Steuerrecht 1962/63 S. 353; enger *Steinberg*, StBp 1961 S. 185, der der wirtschaftlichen Betrachtungsweise im Steuerrecht keine größere Bedeutung als im Zivilrecht einräumt.

[36] RGZ 120/283 (286 ff.).

[37] Vgl. *Kuhn* in BGB-RGRK, § 433 Anm. 130; *Staudinger-Ostler*, § 433 Rdn. 31; *Schilling* in Hachenburg, GmbH-Ges., Anh. 8 nach § 13 GmbHG.

[38] *Staudinger-Engler*, §§ 1821, 1822 Rdn. 68; *Scheffler* in BGB-RGRK, § 1822 Anm. 9; *Soergel-Siebert-Germer*, § 1822 Rdn. 15, 18; *Palandt-Lauterbach*, § 1822 Anm. 4; *Erman-Hefermehl*, § 1822 Anm. 3.

Erwerbsgeschäfts, so kann die Genehmigungspflicht nicht deswegen abgelehnt werden, weil der Mündel rechtlich nicht selbst Träger des Erwerbsgeschäfts ist, sondern die GmbH. Der BGH hebt daher mit Recht darauf ab, daß die Genehmigungspflicht des § 1822 Nr. 3 BGB nur für die Fälle geschaffen ist, bei denen dem Mündel aus der Beteiligung Verpflichtungen und wirtschaftliche Nachteile entstehen können, die über die Nachteile aus seiner Kapitalbeteiligung allein hinausgehen[39].

Darüber hinaus wird nach überwiegender Auffassung ein Handelsgeschäft schon dann im Sinne des § 1822 Nr. 3 BGB erworben, wenn Anteile in einem solchen Umfange erworben werden, daß damit — bei wirtschaftlicher Betrachtungsweise — das Unternehmen im wesentlichen oder zum großen Teil in die Hände des Mündels gelangt und dieser wegen des damit verbundenen Risikos des besonderen Schutzes durch das Erfordernis einer vormundschaftsgerichtlichen Genehmigung bedarf[40].

3. Schlußfolgerungen

Diese Grundsätze dürfen aber nicht verallgemeinert und auf alle gesetzlichen Vorschriften, die sich irgendwie mit dem Erwerb eines Erwerbsgeschäfts befassen und daran Rechtsfolgen anknüpfen, ausgedehnt werden. Vielmehr ist bei jeder einzelnen gesetzlichen Bestimmung zu prüfen, ob auch für sie wirtschaftliche Erwägungen in den Vordergrund zu stellen sind, die eine Gleichstellung rechtfertigen[41].

Die Beispielsfälle ließen sich beliebig vermehren[42]. Schon Anfang der dreißiger Jahre hat Liebisch[43] an Hand zahlreicher Entscheidungen des

---

[39] Vgl. BGH, Urt. v. 28. 1. 1957 in NJW 1957 S. 672 (LS).

[40] *Scheffler* in BGB-RGRK, § 1822 Anm. 11; *Staudinger-Engler*, §§ 1821, 1822 Rdn. 69 mit weiteren Nachweisen.

[41] *Staudinger-Engler*, §§ 1821, 1822 Rdn. 68.

[42] Vgl. z. B. RG, Urt. v. 2. 10. 1931 in RGZ 133/290 ff. (Anfechtung eines Grundstückserwerbs nach dem AnfG); BGH, Urt. v. 16. 4. 1969 in NJW 1969 S. 1046 (Klagebefugnis einer Einkaufsgesellschaft eines Konzerns gemäß § 13 Abs. 1 UWG); Urt. v. 11. 3. 1970 in NJW 1970 S. 1124 ff. (Mieterdarlehen als zurückzuerstattende Mietvorauszahlung nach § 575 a BGB); in allen drei Entscheidungen wird bei der rechtlichen Beurteilung ausdrücklich auf die wirtschaftliche Betrachtungsweise abgestellt. Weitere Rechtsprechungshinweise bei *Tipke*, JuS 1970 S. 152 Fßn. 28; *Kottke* S. 152 ff. Siehe auch *Rittner*, FamRZ 1961 S. 5 ff. (kritische Auseinandersetzung mit der wirtschaftlichen Betrachtungsweise bei § 1365 BGB) und *Otte*, JuS 1970 S. 154 ff. (zu §§ 93, 119 Abs. 2, 459 und 950 BGB). Vgl. zudem *Sandrock* (S. 47 ff.) mit Beispielen aus dem Wirtschaftsstrafrecht und *Ulmer* (WuW 1971 S. 879 f.) mit Beispielen aus dem Kartellrecht. Vor allem *Sandrock* (S. 55) weist unmißverständlich darauf hin, daß es sich bei der wirtschaftlichen Betrachtungsweise um keine besondere, eigenständige Variante der Hermeneutik handelt, sondern daß es bei ihr lediglich um die bewußte Anwendung der ohnehin anerkannten, vor allem auch die teleologische Gesetzeszwecke berücksichtigenden Interessenjurisprudenz geht. Zur wirtschaftlichen Betrachtungsweise bei der Durch-

RG überzeugend dargelegt, daß die wirtschaftliche Betrachtungsweise auch im Zivilrecht anzuwenden und keineswegs auf das Steuerrecht beschränkt ist[44]. Selbst das formstrenge Sachenrecht hat sie in den §§ 993 Abs. 1, 1036 Abs. 2, 1037 Abs. 2 BGB und in § 1 Abs. 2 ErbbRVO ausdrücklich vorgesehen. Eine eingehendere Analyse könnte jedoch keine weiteren Erkenntnisse für die vorliegende Untersuchung vermitteln. Schon die geschilderten unterschiedlichen Sachverhaltskomplexe verdeutlichen hinreichend, daß die Formel „wirtschaftliche Betrachtungsweise" zwar für die Auslegung einen wichtigen Hinweis enthält, jedoch zu pauschal ist, als daß sie als solche zur Begründung von Entscheidungen dienen könnte. „Die Frage, welche wirtschaftlichen Faktoren entscheidungsrelevant sind, muß für jeden Problembereich neu gestellt werden[45]."

IV. Die wirtschaftliche Betrachtungsweise im GüKG

1. Die herrschende Meinung

Im GüKG wird die wirtschaftliche Betrachtungsweise übereinstimmend aus den §§ 5, 22 Abs. 2 Satz 2 GüKG abgeleitet[46]. Eine eingehendere Begründung für diese Schlußfolgerung findet sich nicht. So weist beispielsweise Oppenheimer in seinem Kommentar zur NotVO[47] lediglich darauf hin, daß der Gesetzgeber mit § 3 NotVO zugleich eine wirtschaftliche Betrachtungsweise im Gegensatz zur rein juristisch-formalen eingeführt habe. Auch Hein[48] meint, daß § 4 AO 1919 — der Vorläufer

---

griffsproblematik vgl. *Serick*, Durchsgriffsprobleme S. 19 ff. und *Sonnenberger*, NJW 1965 S. 2033, beide mit weiteren Hinweisen.

[43] S. 3 f. *Liebisch* (S. 2) erwähnt sogar, daß nach einer Äußerung Beckers bei der Beratung der Abgabenordnung mit der Festlegung der steuerrechtlichen Auslegungsregel kein vollkommen neuer Grundsatz aufgestellt werden sollte, sondern daß es sich vielmehr „um einen knappen Ausdruck des Ergebnisses der Rechtsentwicklung, wie solche ihren Niederschlag insbesondere in der Rechtsprechung des Reichsgerichts auf dem Gebiete des bürgerlichen Rechts gefunden hat", handeln würde (vgl. in diesem Sinn auch *Becker*, Anm. 5 zu § 4 AO). Becker habe freilich diesen Ausgangspunkt später in seinem Kampf gegen die Berücksichtigung privatrechtlicher Vorstellungen, Formen und Grundsätze aus dem Auge verloren.

[44] So z. B. unmißverständlich BFH, Urt. v. 9. 5. 1967 in BStBl. 1967 III S. 507 (508): „Maßgebend ist vielmehr die auch außerhalb des Steuerrechts geltende Erkenntnis, daß in den Schranken zulässiger Auslegung der Sinn einer Vorschrift, der wirtschaftliche Zwecke verfolgt, nicht anders erfaßt werden kann als durch Prüfung dieser Zwecke."

[45] *Otte*, JuS 1970 S. 159.

[46] Vgl. vor allem *Zippel*, DGV 1963 S. 347; 1964 S. 28 sowie die dargestellte Praxis der Bundesanstalt für den Güterfernverkehr. Ebenso z. B. Müller, Anm. 1 zu § 5 GüKG; Bayer. ObLG, Beschluß v. 31. 10. 1957 in VRS 15/75; *Mattern*, BB 1965 S. 622.

[47] *Oppenheimer*, NotVO, Einl. III C 2.

[48] Anm. 1 zu § 3 NotVO.

des heutigen § 1 StAnpG — dem Grundgedanken der NotVO entspreche und für die Auslegung des § 3 NotVO unentbehrlich sei. In seinem Kommentar zum GFG findet sich sogar der unmißverständliche Hinweis, daß bei der Auslegung des GFG auf § 1 StAnpG nicht verzichtet werden könne[49]. Nach Zippel[50] soll der Gesetzgeber besonders mit § 22 Abs. 2 GüKG zu erkennen gegeben haben, daß er es nicht bei einer formalen, den wirtschaftlichen Hintergrund außer acht lassenden Tarifgerechtigkeit bewenden lassen wollte[51].

Ob tatsächlich aus den verkehrsgewerberechtlichen Umgehungsbestimmungen die wirtschaftliche Betrachtungsweise für den gesamten Bereich des GüKG abgeleitet oder sogar eine entsprechende Anwendung des § 1 StAnpG befürwortet werden kann, erscheint dogmatisch bedenklich. Die Argumentation birgt zudem die Gefahr in sich, die wirtschaftliche Betrachtungsweise ähnlich der älteren steuerrechtlichen Praxis unkritisch und schrankenlos anzuwenden oder sogar aus der Formel als solcher Entscheidungen abzuleiten.

2. Die Entstehungsgeschichte des § 5 GüKG

Zunächst muß der Feststellung des BGH in seinem Grundsatzurteil vom 3. März 1960[52] widersprochen werden, daß das in § 6 StAnpG ausgesprochene Verbot der Steuerumgehung unmittelbar dem Umgehungsverbot des § 5 GüKG zum Vorbild gedient habe.

Schon im Wortlaut weisen beide Umgehungstatbestände keinerlei Gemeinsamkeiten auf. Die Materialien zum GüKG bestätigen diese Aussage ebenfalls nicht. Bei den Beratungen des Gesetzes standen zwei Entwürfe zur Diskussion, nämlich der unter dem 14. September 1950 dem Deutschen Bundestag vorgelegte Initiativantrag des Bundesrates für ein Gesetz über den Güterkraftverkehr[53] und der am gleichen Tag eingebrachte Regierungsentwurf eines Gesetzes über den Güterfernverkehr mit Kraftfahrzeugen[54]. Während § 6 des Bundesratsentwurfes die §§ 4 GFG, 8 DVO z. GFG[55] zusammenfaßte[56], bestimmte

---

[49] Anm. 1 zu § 4 GFG.

[50] DGV 1964 S. 28.

[51] Vgl. z. B. auch Bayer. ObLG, Beschluß v. 31. 10. 1957 in VRS 15/75: „Dadurch, daß der Gesetzgeber die Schaffung von Scheintatbeständen verbietet, gibt er zu erkennen, daß er eine wirtschaftliche Betrachtungsweise wünscht, die den tatsächlichen Verhältnissen Rechnung trägt."

[52] NJW 1960 S. 1057 (1058); ebenso *Bartholomeyczik*, ZfVerkW 1964 S. 166; *Baumbach-Duden*, Anm. zu § 5 GüKG.

[53] BT-Drucks. Nr. 1344.

[54] BT-Drucks. Nr. 1343.

[55] Verordnung zur Durchführung des Gesetzes über den Güterfernverkehr mit Kraftfahrzeugen vom 27. März 1936 (RGBl. I S. 320).

[56] Vgl. BT-Drucks. Nr. 1344, Begründung zu § 6.

§ 4 des Regierungsentwurfs lediglich, daß Güterfernverkehr auch dann vorliegt, wenn die im jetzigen § 5 Abs. 2 GüKG genannten Voraussetzungen gegeben sind. Das zum Gesetz gewordene Umgehungsverbot entspricht dem § 4 des mündlichen Berichts des Ausschusses für Verkehrswesen vom 25. Juni 1952[57], der diese Vorschrift jedoch nicht erläutert.

Aus den Materialien zum GüKG läßt sich somit im Hinblick auf die vorgeschlagene Formulierung im Bundesratsentwurf sowie auf die Fassung des § 4 Abs. 2 im mündlichen Bericht des Ausschusses für Verkehrswesen nur ableiten, daß dem Umgehungsverbot letztlich die §§ 4 GFG, 8 DVO z. GFG zum Vorbild gedient haben.

§ 4 GFG seinerseits basiert auf § 3 NotVO. Diese auf Anregung des Verbandes Deutscher Verkehrsverwaltungen in die NotVO eingefügte Bestimmung war wiederum dem § 5 AO 1919[58] nachgebildet worden[59]. Das in § 6 StAnpG ausgesprochene Verbot der Steuerumgehung kann daher nicht unmittelbar dem Umgehungsverbot in § 5 GüKG zum Vorbild gedient haben. Beide Vorschriften sind lediglich auf den wesentlich enger gefaßten § 5 AO 1919 zurückzuführen.

§ 5 GüKG darf daher nur dann als Grundlage der im GüKG befürworteten wirtschaftlichen Betrachtungsweise angesehen werden, wenn sich § 5 AO 1919 als Ausfluß dieses Auslegungsprinzips dargestellt hätte.

3. Das Verhältnis des steuerrechtlichen Umgehungsverbots zur wirtschaftlichen Betrachtungsweise

Im Steuerrecht war das Verhältnis von § 5 AO 1919 zu § 4 AO 1919 äußerst umstritten. Da die Problematik bei den §§ 1, 6 StAnpG gleichgelagert ist, soll die Streitfrage an den heute geltenden Bestimmungen erörtert werden.

Zum Teil wird behauptet, das Umgehungsverbot sei nur ein Unterfall oder ein Anwendungsfall des § 1 StAnpG, daher in diesem enthalten und eigentlich überflüssig[60]. Diese Auffassung verkennt aber, daß beide Vorschriften zwar manche Berührungspunkte aufweisen, jedoch auf verschiedenen Ebenen liegen.

§ 1 StAnpG dient allein der Feststellung, ob ein bestimmter Sachverhalt von der Steuernorm erfaßt wird. § 1 Abs. 3 StAnpG hat allenfalls

---

[57] BT-Drucks. Nr. 3515.

[58] § 5 AO 1919 entspricht wörtlich dem § 10 AO 1931 (RGBl. I S. 161), dem unmittelbaren Vorgänger des heutigen § 6 StAnpG.

[59] *Isaac*, Anm. 1 zu § 3 NotVO.

[60] *Ball* S. 131; *Becker*, Anm. 4 b zu § 5 AO; *Hartz* S. 56; *Ott*, StW 1935 Sp. 1140; *Paulick*, StbJb 1963/64 S. 404; *Wacke*, StW 1947 Sp. 47; *Kühn* (6. Auflage), Anm. 5 zu § 6 StAnpG.

noch die Aufgabe, die äußere Form der Rechtsgeschäfte dem wirtschaftlichen Inhalt anzupassen[61]. Demgegenüber stimmen in § 6 StAnpG die wirtschaftliche Durchführung des Rechtsgeschäfts und die hierfür gewählte Form überein. Da aber die wirtschaftliche Form der Durchführung und die äußere Form des Rechtsgeschäfts nicht dem wirtschaftlichen Ziel entsprechen, das die Beteiligten verfolgen, obliegt es dem § 6 StAnpG, sowohl die wirtschaftliche Durchführung als auch die gewählte Form zu mißbilligen. Es darf eine fingierte andere, angemessene Gestaltung der Besteuerung unterworfen werden. Die echte Steuerumgehung setzt daher erst dann ein, wenn die unter Berücksichtigung der wirtschaftlichen Betrachtungsweise ausgelegte Steuernorm den konkreten Sachverhalt nicht mehr erfaßt. Steuerumgehung und wirtschaftliche Betrachtungsweise sind somit scharf zu trennen[62].

Man muß aber bedenken, daß die Frage, was als Mißbrauch im Sinne des § 6 StAnpG anzusehen ist, sich nach den allgemeinen Auslegungsregeln bestimmt, die das ganze Steuerrecht beherrschen[63]. So wandte auch der RFH bei der Deutung des § 5 AO 1919, auf den § 5 GüKG zurückzuführen ist, schon die wirtschaftliche Betrachtungsweise an[64]. Daraus läßt sich aber allenfalls ableiten, daß bei der Auslegung der §§ 5, 22 Abs. 2 GüKG die wirtschaftliche Bedeutung dieser Bestimmungen mitzuberücksichtigen ist. Ob § 1 StAnpG entsprechend für die Auslegung der übrigen Normen des GüKG gilt, ist damit noch nicht beantwortet. Dahingehende Hinweise finden sich auch nicht in den Materialien der verkehrsgewerberechtlichen Gesetze.

4. Die wirtschaftliche Betrachtungsweise als teleologisches Auslegungskriterium

Eine weitere Vertiefung dieser Frage erscheint entbehrlich. Denn es wurde bereits dargelegt, daß § 1 StAnpG kein Prinzip enthält, das die allgemeinen Auslegungsregeln beeinflussen und modifizieren könnte. Selbst bei einer entsprechenden Anwendung dieser Vorschrift wäre daher auf keinen Fall die Argumentation berechtigt — und allein darin

---

[61] Vgl. zu dem Meinungsstreit *Böhmer* S. 12 ff.

[62] So zutreffend *Becker-Riewald-Koch,* Anm. 1 Abs. 5 zu § 6 StAnpG; *Blencke* S. 81; *Böhmer* S. 72 ff.; *Bopp* in Felix, Von der Auslegung und Anwendung der Steuergesetze S. 143; *Ebert,* BB 1957 S. 673; *Huber,* StW 1966 Sp. 399 f.; *Kruse,* StW 1958 Sp. 155 f.; NJW 1970 S. 2187; *Langhorst* S. 84 ff.; *Schuhmann,* BB 1970 S. 1498; *Littmann,* Die Wirtschaftsprüfung 1951 S. 79; *Mattern-Meßmer,* Tz. 2656; *Paulick,* StbJb 1963/64 S. 407 ff.; *Thoma,* Festschrift für O. Bühler S. 243, 246 f.; *Riedel* S. 98; *v. Wallis/Spanner* in Hübschmann-Hepp-Spitaler, Rdn. 7—9 zu § 6 StAnpG; *Viesel* S. 176 f.; unmißverständlich ebenso BFH, Urt. v. 12. 3. 1964 in HFR 1964 S. 266.

[63] Vgl. amtliche Begründung zu § 6 StAnpG (RStBl. 1934 S. 1398 ff., 1401 f.); *Kruse,* StW 1958 Sp. 157.

[64] Vgl. amtliche Begründung zu § 6 StAnpG (RStBl. 1934 S. 1401 f.).

könnte eine Gefahr für die Rechtsanwendung liegen —, die wirtschaftliche Betrachtungsweise als solche gebiete es schon, im GüKG enthaltene Begriffe grundsätzlich abweichend von ihrer sonst üblichen Bedeutung in einem speziell verkehrs- und gewerberechtlichen Sinn zu verstehen. Da das GüKG vordringlich wirtschaftliche Sachverhalte erfaßt, ist es wie überall auch hier geboten, bei der Auslegung wirtschaftliche Gesichtspunkte zu beachten. Dabei muß jedoch bei jedem Problembereich gesondert geprüft werden, welche wirtschaftlichen Faktoren entscheidungsrelevant sind. Denn es kann keine von den jeweiligen gesetzlichen Bestimmungen losgelöste wirtschaftliche Betrachtungsweise „an sich" geben, da die maßgeblichen wirtschaftlichen Aspekte nur aus der in Frage stehenden konkreten Norm abgeleitet werden dürfen. Weder der Hinweis Zippels, eine „wirklichkeitsnahe, undoktrinäre, auf dem Boden der wirtschaftlichen Tatsachen stehende Gesetzesanwendung"[65] sei geboten noch die bloße Formel „wirtschaftliche Betrachtungsweise" sind geeignet, für die Lösung eines bestimmten Problems brauchbare Hilfen zu geben.

Einer in diesem Sinne verstandenen wirtschaftlichen Betrachtungsweise kann im GüKG ihre Berechtigung nicht abgesprochen werden. Sie läßt sich zwar nicht unmittelbar aus den §§ 5, 22 Abs. 2 Satz 2 GüKG ableiten, ergibt sich aber bereits aus der Tatsache, daß der Gesetzgeber mit dem GüKG einen Teil des Wirtschaftslebens ordnet und im Interesse der Allgemeinheit die wirtschaftliche Gestaltungsfreiheit der Betroffenen einschränkt. Bei der Ermittlung des rechtspolitischen Zwecks einer Vorschrift müssen daher stets die berührten wirtschaftlichen Zielsetzungen beachtet werden, soweit das Gesetz erkennbar auf diese abstellt. Man muß sich aber immer bewußt bleiben, daß die wirtschaftliche Betrachtungsweise als teleologisches Auslegungskriterium die übrigen Auslegungsgrundsätze weder verdrängt noch sie beeinflußt.

V. Zusammenfassung

1. Die Problemlösungen bei Werkunternehmen und Werkspeditionen werden vordringlich aus der wirtschaftlichen Betrachtungsweise und der Gesetzesumgehung abgeleitet. Beides ist scharf voneinander zu trennen. Die Prüfung, ob eine Gesetzesumgehung vorliegt, kann erst einsetzen, wenn Umfang und Tragweite der umgangenen Norm genau feststehen.

2. Bei der wirtschaftlichen Betrachtungsweise handelt es sich um ein teleologisches Auslegungskriterium, das die übrigen Auslegungsgrundsätze weder verdrängt noch sie beeinflußt.

---

[65] *Zippel*, DGV 1964 S. 28.

Ihren augenfälligsten Ausdruck findet die wirtschaftliche Betrachtungsweise im Steuerrecht (§ 1 Abs. 2 StAnpG). Sie ist aber nicht auf dieses Rechtsgebiet beschränkt. Überall dort, wo sich der Gesetzgeber mit wirtschaftlichen Lebensvorgängen und Zielsetzungen befaßt oder diese mit seiner Regelung mittelbar beeinflußt, muß die Auslegung bei der Erforschung des rechtspolitischen Zwecks einer bestimmten Vorschrift in besonders starkem Maße die wirtschaftlichen Gegebenheiten und Folgen beachten, um zufriedenstellende Ergebnisse zu gewinnen.

3. Auf keinen Fall ist es statthaft, eine Entscheidung mit der bloßen Formel „wirtschaftliche Betrachtungsweise" zu begründen. Die Frage, welche wirtschaftlichen Faktoren entscheidungsrelevant sind, muß für jeden Problembereich neu gestellt werden.

4. Einer in diesem Sinne verstandenen wirtschaftlichen Betrachtungsweise kann im GüKG ihre Berechtigung nicht abgesprochen werden. Sie läßt sich jedoch nicht unmittelbar aus den §§ 5, 22 Abs. 2 Satz 2 GüKG ableiten. Denn das steuerrechtliche Umgehungsverbot des § 4 AO 1919, auf das § 5 GüKG zurückgeht, hat sich ebensowenig wie § 6 StAnpG als Ausfluß der wirtschaftlichen Betrachtungsweise dargestellt.

E. Die Gesetzesumgehung

I. Die allgemeine Umgehungslehre

1. Der Begriff der Gesetzesumgehung

Als Gesetzesumgehung bezeichnet man den Versuch, die Anwendbarkeit einer zwingenden gesetzlichen Bestimmung (umgangene Norm) in zweckwidriger Weise auszuschließenden (Tatbestandsvermeidung)[1] oder herbeizuführen (Tatbestandserschleichung)[2]. Dies geschieht dadurch, daß der potentielle Normadressat den Normsachverhalt durch tatsächliche Handlungen oder rechtsgeschäftliche Gestaltungen verändert und sich zur Rechtfertigung seines Vorgehens meist auf eine andere spezielle Vorschrift oder zumindest auf die allgemeine Dispositionsfreiheit (Umgehungsnorm) beruft[3].

Eine entwickelte Rechtsordnung kann aber einen Verstoß gegen den Zweckwert der umgangenen Norm und allgemein gegen den Geist der Rechtsordnung nicht untätig hinnehmen. „Dies käme einer Selbstaufgabe des Rechts gleich[4].“ Die Umgehungsdoktrin versucht daher, allgemein gültige Maßstäbe dafür zu liefern, wenn und wie die Umgehung zu bekämpfen ist.

2. Die Gesetzesumgehung als Auslegungsproblem

Im Rahmen dieser Arbeit ist es nicht möglich, die Dogmatik des Umgehungsgeschäfts erschöpfend darzustellen oder sogar von Grund auf

---

[1] Also die Umgehung von Verbots- und Gebotsnormen, vgl. *Römer* S. 30, 33 f.

[2] Also die Umgehung begünstigender Normen (Erlaubnissätze), vgl. *Römer* S. 34 f. Man spricht hier auch von „Aufsichziehen eines Rechtssatzes“, vgl. *Maday* S. 48; *Vetsch* S. 231. Schwierigkeiten bestehen, beide Alternativen der Gesetzesumgehung scharf gegeneinander abzugrenzen. Hat die Umgehungsnorm nur den Charakter einer günstigen Ausnahmeregel, handelt es sich nach *Kuhn* (S. 140 Fßn. 4) um die Modalität der Normvermeidung, nach *Zeiss* (S. 64 f.) jedoch um einen Fall der Normerschleichung. *Teichmann* (S. 48) sieht darin eine bloße Formulierungsfrage. Da aber die genannten Autoren übereinstimmend nur prüfen, ob die günstige Ausnahmebestimmung durch restriktive Interpretation und teleologische Reduktion eingeengt werden und dadurch der allgemeinen Verbots- oder Gebotsnorm wieder Geltung verschafft werden kann, sollte man auch hier nur von Tatbestandserschleichung sprechen. Dies vor allem dann, wenn sich die begünstigende Norm nicht als eine Ausnahmebestimmung darstellt. Die Ansicht von *Vetsch* (S. 233), daß jede begünstigende Vorschrift sich als Ausnahme einer belastenden Norm darstellt, ist abzulehnen, vgl. *Römer* S. 34 f.

[3] Vgl. *Rehbinder* S. 112 f.; *Römer* S. 33 ff.; *Teichmann*, S. 48 ff.; *Zeiss* S. 58.

[4] *Rehbinder* S. 113.

neu zu entfalten[5]. Im Prinzip wird übereinstimmend befürwortet, daß letztlich nur Sinn und Zweck der umgangenen Norm darüber entscheiden können, ob ein bestimmtes tatsächliches oder rechtsgeschäftliches Gestalten als Umgehungshandlung zu qualifizieren ist[6]. Als Folge dieses gemeinsamen Ausgangspunktes wechselte die Behandlung der Gesetzesumgehung entsprechend der herrschenden Rechtstheorien[7].

So griff die Rechtswissenschaft während des Rechtspositivismus und der Begriffsjurisprudenz auf die gemeinrechtliche Lehre vom „agere in fraudem legis“ zurück, da die befürwortete enge Wortauslegung oft zu untragbaren Ergebnissen führte. Es wurde argumentiert, daß ein gesetzliches Verbot nicht nur unmittelbare Zuwiderhandlungen erfasse, sondern auch ein Verhalten in fraudem legis, das auf Umwegen den verbotenen Erfolg anstrebe. Als eigentliches Abgrenzungskriterium zum zulässigen Rechtsgeschäft diente der Umgehungsvorsatz[8].

Nachdem jedoch die Interessen- und Wertungsjurisprudenz[9] die älteren Methodenlehren verdrängten, wurde ein besonderes Rechtsinstitut der Gesetzesumgehung entbehrlich. Es setzte sich die zutreffende Erkenntnis durch, daß die Umgehungsfälle dogmatisch zufriedenstellend allein durch berichtigende Auslegung, Analogie[10] und teleologische Reduktion[11] der umgangenen Norm gelöst werden können[12]. Die Lehre von der Gesetzesumgehung erfüllt daher heute neben der Rechts-

---

[5] Hinsichtlich der geschichtlichen Entwicklung vgl. *Teichmann* S. 3—13; *Römer* S. 10—17.

[6] Vgl. z. B. *Maday* S. 38; *Römer* S. 31, 46; *Walz* S. 53; *Vetsch* S. 12; *Zeiss* S. 58; *Laurenz*, A. T. § 28 II (S. 427).

[7] *v. Gamm*, WuP S. 259.

[8] Vgl. vor allem *Maday* S. 41 mit der Begründung, daß völlig gutgläubige und ahnungslose Personen nicht von außergewöhnlichen rechtlichen Sanktionen betroffen werden dürfen. Auch wird der Umgehungsvorsatz aus den Begriffen „Umgehung“ und „fraus“ abgeleitet, vgl. z. B. *Hueck*, RdA 1953 S. 86. Weitere Hinweise bei *Teichmann* S. 67 f. Fßn. 3—10.

[9] Über die zur Wertungsjurisprudenz fortentwickelte Interessenjurisprudenz vgl. *Larenz* S. 126 ff.

[10] Vgl. hierzu *Bartholomeyczik* S. 79 ff.; *Enneccerus-Nipperdey* § 58 (S. 336 ff.); *Larenz* S. 359 ff.; NJW 1965 S. 4 f.

[11] Vgl. hierzu *Bartholomeyczik* S. 93 ff.; *Enneccerus-Nipperdey* § 59 (S. 344 ff.), der die Bezeichnung „Restriktion“ verwendet; *Larenz* S. 369 ff.; NJW 1965 S. 5.

[12] So grundlegend *Teichmann* S. 64, 78 ff., 105 ff.; ebenso *Enneccerus-Nipperdey* § 190 III (S. 1160 ff.); *Kuhn* S. 145; *Rehbinder* S. 112 f.; *Römer* S. 52 f.;*Soergel-Hefermehl*, § 134 Rdn. 33; *Vetsch* S. 280 ff.; *Zeiss* S. 58 f.; enger *Lange* § 52 IV 1 (S. 326); *Lehmann-Hübner* § 29 III 3 (S. 195); *Staudinger-Coing*, § 117 Rdn. 21; *v. Gamm*, WuP 1961 S. 259 f., die das Problem der Gesetzesumgehung allein durch Auslegung lösen wollen. Es bleibt aber unklar, ob unter dem Begriff „Auslegung“ nicht dennoch die Analogie und teleologische Reduktion eingeschlossen sein sollen. M. E. wäre es zudem dienlich, diejenigen Fälle nicht als Umgehungsgeschäfte zu bezeichnen, die schon durch berichtigende Auslegung gelöst werden können, vgl. insoweit *Teichmann* S. 50 ff.

findung lediglich die Funktion, alle Umgehungssachverhalte unter einem einheitlichen Begriff zusammenzufassen. Irgendwelche eigenständigen Erkenntnisse vermag sie nicht zu vermitteln.

3. Die Umgehungsabsicht

Wenn die Umgehung sich nun nach den Regeln der Gesetzesauslegung richtet, können ihre Folgen nicht dadurch eingeengt werden, daß stets als subjektives Merkmal eine Umgehungsabsicht gefordert wird[13]. Andererseits erscheint es jedoch auch verfehlt, bei sämtlichen Umgehungsfällen schon die objektive Zuwiderhandlung für ausreichend zu erachten[14]. Bereits Ligeropoulo[15] hat zutreffend darauf hingewiesen, daß sich kein allgemeiner Grundsatz über die Notwendigkeit einer Umgehungsabsicht aufstellen läßt, sondern daß es sich vielmehr immer um eine Frage der Auslegung im Einzelfall handelt[16]. Was für das Erbrecht geboten ist, braucht durchaus nicht im Abzahlungsgesetz oder im Arbeitsrecht zu passen[17]. „Es kann immer nur darauf ankommen, Sinn und Tragweite der konkreten Norm im Verhältnis zu einer bestimmten Zuordnungseinheit im Rahmen der Ordnungswahl der jeweiligen Rechtsordnung zu sehen[18].“ Allein die teleologische Zwecksetzung der umgangenen Norm bestimmt somit, wieweit diese reicht und ob bei der Umgehung subjektive Voraussetzungen vorliegen müssen[19].

4. Gesetzesumgehung und Rechtsmißbrauch

Methodisch verfehlt ist es auch, die Gesetzesumgehung durch den Mißbrauch der Umgehungsnorm zu charakterisieren[20]. Zwar setzt sich

---

[13] So zutreffend *Römer* S. 44 ff.; *Teichmann* S. 69 f.; *Zeiss* S. 67 ff.; sämtliche mit eingehenden und überzeugenden Begründungen; ebenso *Enneccerus-Nipperdey* § 190 III 3 (S. 1162); *Vetsch* S. 217 ff.; *Walz* S. 45 ff.

[14] So aber die in Fßn. 13 angeführten Autoren.

[15] S. 113.

[16] *Ligeropoulo* S. 115; *Müller-Freienfels,* AcP 156 S. 537.

[17] So wird z. B. bei der Umgehung des Abzahlungsgesetzes kein Umgehungsvorsatz gefordert, vgl. *Teichmann* S. 69 Fßn. 12 mit Nachweisen; ebenso BAG GS, Urt. v. 12. 10. 1960 in NJW 1960 S. 798 ff. zur Problematik der Kettenarbeitsverträge. Demgegenüber verlangt BGH, Urt. v. 17. 11. 1959 in NJW 1960 S. 524 f. (Aushöhlung von Erbverträgen und gemeinschaftlichen Testamenten) unmißverständlich eine Umgehungs*absicht;* einschränkender jedoch BGH, Urt. v. 20. 4. 1970 in NJW 1971 S. 188 ff. („Wissen des Erblassers, daß seine Verfügung eine Umgehung des Erbvertrages ... zur Folge hat und damit das Testierverbot gegenstandslos macht“); hiergegen *Speckmann,* NJW 1971 S. 177 f. Weitere Rechtsprechungshinweise bei *Teichmann* S. 68 Fßn. 9.

[18] *Müller-Freienfels,* AcP 156 S. 537.

[19] So *können* z. B. auch bei dem Rechtsmißbrauch subjektive Elemente eine wichtige Rolle spielen, da das Verschulden ein wichtiger Wertmaßstab im Rahmen jeder Interessenabwägung ist, vgl. *Hubmann,* AcP 155 S. 117 ff.; *Soergel-Siebert,* § 242 Rdn. 13.

in zunehmendem Maße die Erkenntnis durch, daß der Berechtigte nicht nur gegenüber dem Verpflichteten das Treue- und Sittengebot verletzen[21], sondern gleichfalls eine Norm zweck- und funktionswidrig benutzen kann[22]. Bei einer Gesetzesumgehung wird jedoch der Mißbrauch nicht aus der Umgehungsnorm, sondern gerade aus der Umgehung bestimmt[23]. Denn mißbräuchlich soll die Verwendung des Rechtsinstituts *zur* Umgehung sein. Das setzt aber voraus, daß die Anwendbarkeit der umgangenen Norm bereits feststeht. Gesteht man dies zu, ist es entbehrlich, auf den Institutsmißbrauch zurückzugreifen[24].

Vor allem erlaubt die Verwendung des Mißbrauchsgedankens nur eine negative Aussage. Es kann lediglich erklärt werden, daß die Umgehungsnorm nicht anzuwenden ist, da die ihr immanenten Schranken überschritten worden sind. Eine positive Feststellung, unter welche gesetzliche Vorschrift das Rechtsgeschäft stattdessen subsumiert werden kann, ist damit nicht verbunden[25]. Selbst Römer[26] räumt deshalb ein, daß die Frage des Mißbrauchs für die Umgehung stets nur ein Teilproblem sei, da zuerst der Zweckbereich der möglicherweise umgangenen Norm durch Auslegung und Analogie ermittelt werden müsse[27]. Im übrigen erscheint es schon unabhängig von weiteren Bedenken[28] zweifelhaft, ob es sich hierbei überhaupt um einen Rechtsmißbrauch im

---

20 So aber vor allem *Römer* S. 39 ff., 54 ff., *Kuhn* S. 146 ff.; *Serick*, Rechtsform S. 23 f.

21 Sog. individueller Rechtsmißbrauch, vgl. *Staudinger-Weber*, § 242 Anm. D 19—47.

22 Sog. institutioneller Rechtsmißbrauch, vgl. hierzu *Esser* § 6 II (S. 34 ff.); *Wieacker* S. 34 ff.; *Soergel-Siebert*, Rdn. 12 vor § 226, § 242 Rdn. 12 f., 168 ff.; *Serick*, Rechtsform S. 23 Fßn. 4; *Zeiss* S. 153 ff. Siehe auch *Gernhuber*, Festschrift für W. Schmidt-Rimpler S. 154 ff., 164, der es für besser erachtet, auf den Begriff des institutionellen Rechtsmißbrauchs zu verzichten, da es sich lediglich um eine besondere Form der Gesetzesauslegung handele, die — was zutrifft — gegenüber den allgemeinen Regeln keine Eigenheiten aufweise; ebenso *Teichmann* S. 77; a. A. *Soergel-Siebert*, § 242 Rdn. 170.

23 *Maday* S. 33; *Müller-Freienfels*, AcP 156 S. 536 Fßn. 73.

24 *Rehbinder* S. 114.

25 *Maday* S. 34; *Teichmann* S. 78.

26 S. 31, 58.

27 Vgl. auch *Römer* S. 53, wo er ausführt, daß das Mittel der teleologischen Auslegung zur Umgehungsbekämpfung ausreicht.

28 Vgl. *Maday* S. 34; *Teichmann* S. 78; *Zeiss* S. 64 f. *Zeiss* (S. 64) weist auch darauf hin, daß die meisten Rechtsinstitute des Privatrechts zweckneutral sind. Seiner These (S. 64), daß in Wirklichkeit der Mißbrauch der vermiedenen oder erschlichenen Norm maßgebend sei, muß jedoch insoweit widersprochen werden, als eine Verbots- oder Gebotsnorm nicht im herkömmlichen Sinn mißbraucht werden kann. Es ist ihm aber beizupflichten, daß eine Umgehung begünstigender Normen nur vorliegt, wenn die Voraussetzungen der Vorschrift durch tatsächliche oder rechtsgeschäftliche Handlungen herbeigeführt werden (vgl. S. 66 f.). Findet dagegen derjenige, der sich auf die „scheinbare" Befugnis beruft, den Tatbestand bereits vor, so reduziert sich die Gesetzumgehung auf institutionellen Rechtsmißbrauch.

herkömmlichen Sinn handelt, da die umgangene Norm der Umgehungsnorm keine Innenschranke, sondern eine Außenschranke setzt[29].

Es bestehen aber keine Bedenken gegen ein Verfahren, das nach analoger Anwendung der umgangenen oder teleologischer Reduktion der erschlichenen Norm die zur Umgehung eingesetzten Mittel als rechtsmißbräuchlich bezeichnet[30]. Denn hier wird nicht nach Sinn und Zweck der mißbrauchten Gestaltungsmöglichkeit gefragt, sondern nach Sinn und Zweck der umgangenen oder erschlichenen Norm. Erst dann wird ex post festgestellt, daß der Gebrauch der Gestaltungsmöglichkeit zum Zwecke der Umgehung mißbräuchlich war.

II. Die Gesetzesumgehung nach § 5 GüKG

1. Der Begriff des Scheintatbestandes

Die dargelegten Grundsätze zur Bekämpfung der Gesetzesumgehung können aber nur dann unmittelbar angewandt werden, falls keine speziellen Umgehungsvorschriften eine methodisch andere Beurteilung gebieten. Solche Sonderbestimmungen enthalten die §§ 5, 22 Abs. 2 Satz 2 GüKG.

§ 5 GüKG ordnet für den gesamten Bereich des GüKG an, daß „durch Schaffung von Scheintatbeständen" die Bestimmungen des Gesetzes nicht umgangen werden dürfen[1].

Der Scheintatbestand als Umgehungsmittel wurde erstmals in § 4 GFG[2] neben dem bereits in § 3 NotVO[3] enthaltenen Mißbrauchstatbestand angeführt. Heute findet sich die Formulierung noch in § 6 Abs. 2 der Verordnung PR Nr. 9/66[4] und in § 6 PBefG[5]. Nach allgemeinem

---

29 So *Rehbinder* S. 115.

30 So zutreffend *Zeiss* S. 65.

1 In diesem Zusammenhang soll nur auf die Generalklausel des § 5 GüKG eingegangen werden, zumal die hier maßgebenden Grundsätze uneingeschränkt auch für die Tarifumgehungsvorschrift des § 22 Abs. 2 Satz 2 GüKG gelten, vgl. BGH, Urt. v. 3. 3. 1960 in NJW 1960 S. 1057 (1058).

2 § 4 GFG lautete:
„Durch Mißbrauch von Formen und Gestaltungsmöglichkeiten des bürgerlichen Rechts oder des Handelsrechts sowie durch Schaffen von Scheintatbeständen dürfen die Vorschriften des Gesetzes nicht umgangen werden."

3 § 3 NotVO lautete:
„Durch Mißbrauch von Formen und Gestaltungsmöglichkeiten des bürgerlichen Rechts kann die Genehmigungspflicht nicht umgangen werden."

4 § 6 Abs. 2 der Verordnung PR Nr. 9/66 über Vergütungen im Spediteursammelgutverkehr mit Eisenbahn und Kraftwagen (Kundensatzverordnung 1966) vom 21. September 1966 (BAnz. Nr. 181/66), zuletzt geändert durch die Verordnung PR Nr. 2/71 vom 25. März 1971 (BAnz. Nr. 62 vom 25. März 1971) lautet:
„Durch Mißbrauch von Formen und Gestaltungsmöglichkeiten des bürgerlichen Rechts oder des Handelsrechts sowie durch Schaffen von Schein-

Sprachgebrauch könnte man unter „Scheintatbestand“ zunächst die Scheingeschäfte verstehen, wie sie in § 117 BGB ihre Regelung gefunden haben, als auch die in § 5 Abs. 1 StAnpG erwähnten Scheinhandlungen. Eine dahingehende Auslegung ist jedoch nur sinnvoll, wenn es sich bei den Scheingeschäften und Scheinhandlungen überhaupt um taugliche Umgehungsmittel handelt. Müßte man das verneinen, verbliebe zu prüfen, ob dem Begriff noch eine andere Sinndeutung beigelegt werden kann.

a) Das Scheingeschäft als Umgehungsmöglichkeit

Zum Wesen des Scheingeschäfts gehört es, daß sich die Beteiligten gegenseitig rechtsgeschäftliche Erklärungen abgeben, jedoch darüber einig sind, daß diesen Erklärungen keine Rechtswirkungen zukommen sollen[6]. Den Parteien fehlt der Rechtsbindungswille[7] und damit — falls man, wie meist üblich, den Willen in drei Willensmerkmale trennt[8] — der Geschäftswille[9]. Bei Dritten soll jedoch in der Regel der Anschein erweckt werden, als sei eine bestimmte Rechtsfolge gewollt[10].

Im Gegensatz hierzu wird bei der Gesetzesumgehung kein in Wirklichkeit nicht vorhandener Rechtsbindungswille vorgetäuscht, sondern der Versuch unternommen, durch ernstlich gemeinte Gestaltungen die Anwendbarkeit einer Norm zu vermeiden oder herbeizuführen. Man kann mit Römer[11] davon sprechen, daß bei der Umgehung der potentielle Normadressat den Beurteilenden über die Rechtslage täuschen will. Scheingeschäft und Gesetzesumgehung müssen daher entgegen einer in der älteren Literatur teilweise vertretenen Meinung[12] streng

---

tatbeständen dürfen die Vorschriften dieser Verordnung nicht umgangen werden.“

5 § 6 des Personenbeförderungsgesetzes vom 27. März 1961 (BGBl. I S. 241) lautet:

„Die Verpflichtungen des Unternehmers nach diesem Gesetz werden durch rechtsgeschäftliche oder firmenrechtliche Gestaltungen oder Scheintatbestände, die zur Umgehung der Bestimmungen des Gesetzes geeignet sind, nicht berührt.“

6 BGH, Urt. v. 2. 12. 1958 in NJW 1959 S. 332 (333).

7 Vgl. hierzu BGH, Urt. v. 22. 6. 1956 in BGHZ 21/102 (106 f.).

8 Vgl. insoweit jedoch *Bartholomeyczik*, Festschrift für Hans G. Ficker S. 73 f., der zutreffend ausführt, daß kein besonderes methodisches Bedürfnis dazu besteht, das Erklärungsbewußtsein vom Geschäftswillen zu trennen und in einer besonderen Teilfunktionsbewertung des Willens zu untersuchen.

9 *Staudinger-Coing*, § 117 Rdn. 2.

10 Zum Begriff des Scheingeschäfts gehört nicht notwendig, daß es auf die Täuschung eines Dritten gerichtet ist, vgl. RG, Urt. v. 23. 5. 1917 in RGZ 90/273 (277 f.); *Lehmann-Hübner*, § 34 II 2 (S. 251).

11 S. 20.

12 Vgl. Hinweise bei *Teichmann* S. 8 Fßn. 31, 35, 41, 42.

voneinander getrennt werden[13]. Nicht ernst gemeinte Scheingeschäfte sind bereits nach § 117 Abs. 1 BGB unwirksam, so daß sie schon aus diesem Grund als taugliche Umgehungsmittel ausscheiden[14]. Es ist daher entbehrlich, sie zusätzlich der Regelung des § 5 GüKG zu unterwerfen.

b) Das verdeckte Rechtsgeschäft als Umgehungsmöglichkeit

Wird durch das Scheingeschäft aber ein anderes Rechtsgeschäft verdeckt, so gilt gemäß § 117 Abs. 2 BGB gegebenenfalls das verdeckte Rechtsgeschäft, das dann nach den Vorschriften des GüKG zu beurteilen ist[15].

Hierbei ist zu beachten, daß sich dieses dissimulierte Geschäft als taugliches Umgehungsmittel darstellen kann. Während Vetsch[16] es ablehnt, in solchen Fällen davon zu sprechen, daß hier die Simulation der Umgehung diene, kommen manche Autoren zum gegenteiligen Ergebnis[17]. Auch sie trennen jedoch die Simulation an sich begrifflich klar von der Gesetzesumgehung und wollen lediglich darauf hinweisen, daß beide Rechtsfiguren im Rahmen desselben tatsächlichen Vorgangs gleichzeitig in Erscheinung treten können, indem die Simulation der Umgehung in der Weise beisteht, daß sie eine zusätzlich Tarnung über sie bereitet.

Ob § 5 GüKG das Scheingeschäft als Unterfall des Oberbegriffs „Scheintatbestand" wenigstens in diesem Sinne als mittelbare Umgehungsmöglichkeit kennzeichnen will, kann weder aus dem Wortlaut noch aus der Entstehungsgeschichte dieser Bestimmung abgeleitet werden. Eine solche Auslegung erscheint auch nicht sinnvoll, da sich die Prüfung denknotwendig allein darauf erstrecken kann, ob mittels des verdeckten Rechtsgeschäfts eine zwingende Norm umgangen wird.

c) Die Scheinhandlung als Umgehungsmöglichkeit

Das Verbot der Scheintatbestände meint daher offensichtlich keine Scheingeschäfte, sondern allenfalls tatsächliche Vorgänge und Ver-

---

13 So zutreffend *Maday* S. 34 ff.; *Römer* S. 20 ff.; *Teichmann* S. 7 ff. mit weiteren Literaturhinweisen auf S. 9 FBn. 43; *Staudinger-Coing*, § 117 Rdn. 1 e; *Walz* S. 53 f. und *Mattern-Meßmer*, Tz. 2644, die deshalb § 5 Abs. 1 GüKG für widerspruchsvoll und unrichtig erachten.

14 Gleiches gilt auch für Willenserklärungen, die von § 116 BGB erfaßt werden. Kennt der Erklärungsempfänger den geheimen Vorbehalt, ist die Willenserklärung nach § 116 Satz 2 BGB nichtig und scheidet daher als taugliches Umgehungsmittel aus. Andernfalls liegt § 116 Satz 1 BGB zufolge eine wirksame Gestaltung vor, die nicht als „Scheintatbestand" im weitesten Sinne zu qualifizieren ist.

15 So *Balfanz-v. Tegelen*, Anm. 1 zu § 5 GüKG.

16 S. 16 f.

17 Vgl. z. B. *Bertram* S. 42.

haltensweisen, die den äußeren Schein des Tatbestandes einer dem Interessierten günstigen Norm vortäuschen sollen[18]. Dies würde, so führen Balfanz-v. Tegelen[19] an, bei geschäftlichen Niederlassungen gelegentlich versucht werden. Auch Hein-Eichhoff-Pukall-Krien[20] erwähnen den vorgetäuschten Standort als Umgehungsmittel dafür, die Nahzone für den erlaubten Nahverkehr gesetzwidrig zu verschieben. Als weiteres Beispiel nennen sie noch den Scheinsitz zur Erlangung einer Genehmigung für Güterfernverkehr in einem Land, dessen Genehmigungshöchstzahl noch nicht ausgeschöpft ist[21]. Der Scheinhandlung kommt aber für die Umgehung gleichfalls keine selbständige Bedeutung zu.

Das Gesetz verlangt häufig bestimmte Tathandlungen (Realakte) allein oder in Verbindung mit inneren Tatsachen (gemischte Realakte) und knüpft hieran besondere Rechtsfolgen. Diese Rechtsfolgen treten jedoch nicht wie bei den Willenserklärungen deshalb ein, weil sie gewollt sind, sondern entstehen kraft Gesetzes[22]. Fehlt nun ein gefordertes sachliches oder persönliches Merkmal, können die sich danach bestimmenden Rechtsfolgen nicht eintreten[23]. So liegt beispielsweise ein Wohnsitz nach § 7 BGB nur vor, wenn der Wille vorhanden ist, den Ort des tatsächlichen Niederlassens zum Mittelpunkt der Lebensverhältnisse zu machen. Wird dieses persönliche Merkmal nur vorgetäuscht, wird somit nur ein Scheinwohnsitz gegründet, ist in Wirklichkeit kein Wohnsitz im Rechtssinne gegeben. Ähnliche Erwägungen gelten für den Sitz des Unternehmens und die geschäftliche Niederlassung gemäß § 6 GüKG[24].

Es zeigt sich demnach, daß die angeführten Beispiele für Scheinhandlungen gleichfalls nicht als typische Umgehungsfälle angesehen werden können, da sie allein durch Auslegung der betreffenden Normen zu lösen sind. Es ist entbehrlich und sogar methodisch verfehlt, die Problematik auf § 5 GüKG zu verlagern.

---

[18] So *Balfanz-v. Tegelen,* Anm. 1 a. E. zu § 5 GüKG unter Hinweis auf BFH, Urt. v. 10. 2. 1965 —II 114/62 U—.

[19] Anm. 1 a. E. zu § 5 GüKG; ebenso schon *Gülde,* Anm. 4 zu § 4 GFG.

[20] Anm. 6 c zu § 5 GüKG; ebenso schon *Hein,* Anm. 1 zu § 4 GFG.

[21] *H-E-P-K,* Anm. 6 d zu § 5 GüKG.

[22] Entsprechendes gilt für geschäftsähnliche Handlungen. Für diese Rechtshandlungen im engeren Sinn ist wesentlich, daß der Wille nur auf das Bewirken des tatsächlichen Erfolges gerichtet zu sein braucht, an den das Gesetz von sich aus den rechtlichen Erfolg knüpft. Eine scheinbare Rechtswirkung kann hier nicht erzeugt werden. Wenn der Erklärende nicht den Willen hat, die Rechtsfolgen beispielsweise einer Mahnung — die volle Fälligkeit — herbeizuführen, tritt diese Rechtsfolge dennoch kraft Gesetzes ein.

[23] Es ist daher entbehrlich und verfehlt, den gesamten Komplex der Scheintatbestände nach den Grundsätzen des § 117 BGB zu behandeln, wie dies *Fielitz-Meier-Montigel* (Anm. 5 zu § 6 PBefG) befürworten.

[24] An diese Voraussetzugen knüpft § 6 GüKG die Standortwahl, vgl. im einzelnen *H-E-P-K,* Anm. 4 ff. zu § 6 GüKG.

So werden auch die in § 5 Abs. 1 StAnpG erwähnten Scheingeschäfte und Scheinhandlungen dogmatisch richtig nicht in dem steuerrechtlichen Umgehungsverbot des § 6 StAnpG als Umgehungsmöglichkeiten aufgeführt. Warum bereits der Gesetzgeber des GFG die Scheintatbestände in § 4 GFG erwähnt hat, obwohl ihm die Regelung im StAnpG vor Augen gestanden und ihm sogar mittelbar als Vorbild gedient hat, ist unverständlich. Die gleichlautende Formulierung in § 6 PBefG kann gleichfalls nicht zur Klärung beitragen, da sich den Gesetzesmaterialien eine Begründung für die Fassung dieses Paragraphen nicht entnehmen läßt[25]. Falls der Bezeichnung „Scheintatbestand" im heutigen § 5 GüKG noch ein weitergehender Sinn beigelegt werden kann, sollte darauf verzichtet werden, Scheingeschäfte und Scheinhandlungen in den erörterten Bedeutungen als erfaßte Umgehungsmöglichkeiten zu werten.

d) Der Mißbrauchstatbestand als Umgehungsmöglichkeit

Bei der weiteren Begriffsbestimmung muß an § 5 Abs. 2 GüKG angeknüpft werden, der zwei Beispiele eines Scheintatbestandes nennt. Es handelt sich in § 5 Abs. 2 Nr. 1 GüKG einmal um die Übereignung des Gutes an den Unternehmer, damit die Beförderung als Werkverkehr nicht der Genehmigung zum Güterfernverkehr oder der Erlaubnis zum Güternahverkehr unterliegen soll[26]. Zum anderen erwähnt § 5 Abs. 2 Nr. 2 GüKG die gebrochene Abfertigung innerhalb der Nahzone, damit die zwei aneinanderstoßenden Beförderungen im Nahverkehr nicht als Fernverkehr behandelt werden sollen, um sowohl den Genehmigungszwang als auch den Tarifzwang zu umgehen[27].

Die beiden Umgehungsmöglichkeiten wurden bereits in § 8 Nr. 2 und 3 DVO z. GFG und in § 5 Nr. 1 und 3 DBest. z. NotVO[28] als typische Beispiele mißbräuchlicher Rechtsgestaltungen aufgeführt. Wenn der Gesetzgeber des GüKG diese Mißbrauchsfälle jetzt als Scheintatbestände kennzeichnet, folgt daraus zwingend, daß er unter „Scheintatbestand" den Mißbrauch von Formen und Gestaltungsmöglichkeiten des bürgerlichen Rechts oder des Handelsrechts verstanden haben wissen will.

Diese Auslegung läßt sich auch unbedenklich mit dem Wortlaut des § 5 Abs. 1 GüKG vereinbaren. Denn bei einer mißbräuchlichen Verwendung von ernstlich gemeinten Formen und Gestaltungsmöglichkeiten

---

[25] In der BT-Drucks. Nr. 1450 (3. Wahlperiode), die die letzte Formulierung vor der Verabschiedung des Gesetzes enthält, ist kein Hinweis gegeben; die Drucksachen Nr. 831 (2. Wahlperiode) und Nr. 255 (3. Wahlperiode) stellen nur fest, daß sich die neue Formulierung eng an den alten § 6 PBefG anlehne.

[26] *H-E-P-K*, Anm. 6 a zu § 5 GüKG; *Ruwe*, Anm. 2 a zu § 5 GüKG.

[27] *H-E-P-K*, Anm. 6 b zu § 5 GüKG; *Ruwe*, Anm. 2 b zu § 5 GüKG.

[28] Durchführungsbestimmungen über den Überlandverkehr mit Kraftfahrzeugen vom 9. Oktober 1931 (RGBl. I S. 572) i. d. F. vom 19. November 1931 (RGBl. I S. 687).

handelt der potentielle Normadressat der umgangenen Norm ohne Recht, so daß er nur scheinbar sein Vorgehen auf eine Umgehungsnorm stützen kann. Er beruft sich gleichfalls auf einen Scheintatbestand im weitesten Sinn und benutzt diesen als Umgehungsmöglichkeit.

Nicht überzeugen kann die überwiegend vertretene Argumentation, das Gewicht des § 5 GüKG liege auf dem Verbot der Umgehung und nicht auf dem Scheintatbestand als Beispiel eines Umgehungsmittels. Daher müsse der Mißbrauchstatbestand Anwendung finden, obwohl diese Formulierung nicht mehr in das GüKG aufgenommen worden sei[29]. Auch ist nicht ersichtlich, warum diese Schlußfolgerung für Tarifverstöße sich schon aus § 22 Abs. 2 Satz 2 GüKG ergeben soll[30]. Die zwar zutreffende Feststellung, es sei selbstverständlich, daß jeder Mißbrauch gesetzwidrig ist[31], kann gleichfalls nicht zur Klärung beitragen, warum der Mißbrauch gerade als Umgehungsmittel gewertet werden muß. Derartige Begründungen sind allenfalls geeignet, die vorgenommene Sinndeutung des Begriffs „Scheintatbestand" zusätzlich zu erhärten.

Fraglich bleibt, wann ein Mißbrauch von Formen und Gestaltungen des bürgerlichen Rechts oder des Handelsrechts und somit ein Scheintatbestand im Sinne des § 5 GüKG vorliegt. Da im Hinblick auf die Entstehungsgeschichte des § 5 GüKG nicht zu bestreiten ist, daß die zum steuerrechtlichen Umgehungsverbot entwickelten Grundsätze für die Auslegung der verkehrsgewerberechtlichen Umgehungsnorm maßgeblich mitzuberücksichtigen sind[32], sollen zunächst die zu § 6 StAnpG vertretenen Meinungen dargelegt werden.

2. Die Auslegung des Mißbrauchsbegriffs

a) Die zu § 6 StAnpG vertretenen Meinungen

§ 6 Abs. 1 StAnpG entspricht wörtlich dem § 5 Abs. 1 AO 1919, ohne jedoch wie in § 5 Abs. 2 AO 1919[33] den Gestaltungsmißbrauch zu

---

[29] So *H-E-P-K*, Anm. 3 a und b zu § 5 GüKG; *Balfanz-v. Tegelen*, Anm. 1 zu § 5 GüKG; a. A. *Mattern* (BB 1965 S. 622), nach dem sich die Bedeutung des § 5 GüKG darin erschöpfen soll, Scheinsachverhalte im Bereich des GüKG nicht anzuerkennen.

[30] So aber BGH, Urt. v. 3. 3. 1960 in NJW 1960 S. 1057 (1058).

[31] So *Ruwe*, Anm. 1 a zu § 5 GüKG.

[32] So ausdrücklich BGH, Urt. v. 3. 3. 1960 in NJW 1960 S. 1057 (1058); OLG Hamburg, Urt. v. 13. 12. 1967 in DGV 1968 S. 206; *Hein*, Anm. 1 zu § 3 NotVO; *Isaac*, Anm. 1 zu § 3 NotVO; *Müller*, Anm. 1 zu § 3 NotVO. Vgl. auch *Bing* (JW 1931 S. 3299), der — soweit ersichtlich — als einziger Bedenken anmeldet, ob der dem Steuerrecht nachgebildete Mißbrauchstatbestand im Verkehrsgewerberecht sinnvoll ist.

[33] § 5 Abs. 2 AO 1919 lautete:
„Ein Mißbrauch im Sinne des Abs. 1 liegt vor, wenn
1. in Fällen, wo das Gesetz wirtschaftliche Vorgänge, Tatsachen und Ver-

umschreiben. Die alte Definition wurde nicht mehr übernommen, da die Rechtsprechung wegen der drei erschöpfenden Voraussetzungen zunehmend dazu übergegangen war, nur § 4 AO 1919 und die daraus abgeleitete wirtschaftliche Betrachtungsweise zur Bekämpfung der Steuerumgehung heranzuziehen. Der Gesetzgeber wollte den Mißbrauchsbegriff jetzt unter die allgemeine Auslegungsregel des § 1 StAnpG stellen und es Rechtsprechung und Lehre überlassen, die Generalklausel auszufüllen[34].

Diese entnahmen einen Anhaltspunkt für die Deutung der Generalklausel aus § 6 Abs. 2 StAnpG, wonach bei einem Mißbrauch die Steuern so zu erheben sind, „wie sie bei einer den wirtschaftlichen Vorgängen, Tatsachen und Verhältnissen angemessenen rechtlichen Gestaltung zu erheben wären". Als entscheidendes Merkmal wurde das Wort *„angemessen"* angesehen und daraus abgeleitet, daß ein Mißbrauch vorliegt, wenn die gewählte rechtliche Gestaltung unangemessen erscheint[35]. Bis heute ist aber äußerst umstritten, wie dieser gesetzlich ebenfalls nicht erläuterte unbestimmte Rechtsbegriff näher konkretisiert werden kann.

Der RFH stützte die meisten seiner Entscheidungen allein oder vordringlich darauf, welche Beweggründe den Steuerpflichtigen veranlaßt hatten, einen bestimmten Weg zu beschreiten. Eine Gestaltung wurde dann als angemessen gewertet, wenn sie durch wirtschaftlich beachtliche Gründe gerechtfertigt war[36]. Diese Gründe durften jedoch nicht außerbetrieblicher Art sein[37].

Demgegenüber lehnt es der BFH in seinem Urteil vom 22. August 1951[38] ab, entscheidend auf die Motive der Beteiligten abzustellen.

---

hältnisse in der ihnen entsprechenden rechtlichen Gestaltung einer Steuer unterwirft, zur Umgehung der Steuer ihnen nicht entsprechende, ungewöhnliche Rechtsformen gewählt oder Rechtsgeschäfte vorgenommen werden, und

2. nach Lage der Verhältnisse und nach der Art, wie verfahren wird oder verfahren werden soll, wirtschaftlich für die Beteiligten im wesentlichen derselbe Erfolg erzielt wird, der erzielt wäre, wenn eine den wirtschaftlichen Vorgängen, Tatsachen und Verhältnissen entsprechende rechtliche Gestaltung gewählt wäre, und ferner
3. etwaige Rechtsnachteile, die der gewählte Weg mit sich bringt, tatsächlich keine oder nur geringere Bedeutung haben."

[34] Vgl. amtliche Begründung zu § 6 StAnpG, RStBl. 1934 S. 1398 ff., 1401 f.; *v. Wallis/Spanner* in Hübschmann-Hepp-Spitaler, Rdn. 1 zu § 6 StAnpG.

[35] Gegen dieses methodische Vorgehen wenden sich — soweit ersichtlich — nur *Mattern-Meßmer* (Tz. 2660) mit der Begründung, es würde hierbei unzulässigerweise von der Rechtsfolge auf die Voraussetzung geschlossen.

[36] Vgl. RFH, Urt. v. 11. 8. 1937 in RFHE 42/29 (30); weitere Rechtsprechungshinweise bei *Böhmer* S. 92 Fßn. 134—137.

[37] Vgl. RFH, Urt. v. 30. 9. 1936 in RFHE 40/131 (134).

[38] BFH, Urt. v. 22. 8. 1951 in BFHE 55/449 (453).

Wesentlich soll vielmehr sein, ob die getroffenen Vereinbarungen tatsächlich durchgeführt worden sind[39].

Letztlich werden die Beweggründe aber stets beachtet. Denn bei der überwiegend geforderten Steuerumgehungsabsicht[40] muß immer festgestellt werden, ob die gewählte Gestaltung nicht durch andere wirtschaftlich beachtliche und deshalb anzuerkennende Beweggründe veranlaßt worden ist. § 6 Abs. 1 StAnpG scheidet somit aus, wenn der Steuerpflichtige an der vorgenommenen Gestaltung ein „vernünftiges, rechtlich nicht zu mißbilligendes Interesse" hat[41]. In seiner Entscheidung vom 14. März 1962[42] lehnt der BFH sogar eine Steuerumgehung ab, „wenn berechtigte Interessen des Steuerpflichtigen, gleich welcher Art, die gewählte Rechtsgestaltung rechtfertigen". Entgegen der engeren Auffassung des RFH braucht es sich also nicht einmal um wirtschaftliche Gründe zu handeln, um einem bestimmten Vorgehen den rechtsmißbräuchlichen Charakter zu nehmen[43].

Es finden sich aber auch Urteile, die in Anlehnung an die alte Gesetzesfassung auf das Merkmal der *ungewöhnlichen* Gestaltung oder Vereinbarung abstellen, um den dem Mißbrauch gleichgestellten Begriff „unangemessen" auszufüllen. Eine Steuerumgehung soll vorliegen, wenn ein nach bürgerlichem Recht ungewöhnlicher Weg zur Erreichung eines bestimmten Ziels gewählt wird[44]. Dabei bezeichnet die Rechtsprechung teilweise eine Gestaltung dann als ungewöhnlich, wenn in der Lage des Steuerpflichtigen nach rechtlichen und wirtschaftlichen Gesichtspunkten nicht die benutzte Rechtsform, sondern eine andere *zwingend* war[45].

---

[39] Ebenso BFH, Urt. v. 3. 12. 1957 in BFHE 66/66 (80 f.); Urt. v. 26. 5. 1959 in BFHE 69/157 (159); Urt. v. 19. 2. 1960 in BFHE 70/422 (425); Urt. v. 8. 11. 1960 in BFHE 71/706 (713); Urt. v. 31. 1. 1961 in BFHE 72/571 (573); Urt. v. 11. 4. 1961 in BFHE 73/231 ff.

[40] Vgl. BFH, Urt. v. 14. 10. 1964 in BStBl. 1964 III S. 667 (669); Urt. v. 2. 3. 1966 in BStBl. 1966 III S. 509 (510); *Becker-Riewald-Koch*, Anm. 2 b zu § 6 StAnpG; *Blencke* S. 72; *Hensel* S. 99; *Kühn*, Anm. 3 zu § 6 StAnpG; *Mattern-Meßmer* Tz. 2666; *Riedel* S. 91; *Schuhmann*, BB 1970 S. 1497; *Tipke-Kruse*, Rdn. 5 zu § 6 StAnpG; *v. Wallis/Spanner* in Hübschmann-Hepp-Spitaler, Rdn. 33 ff. zu § 6 StAnpG; a. A. *Böhmer* S. 104 ff.; *Littmann*, Rdn. 129 vor § 1; *Paulick*, StbJb 1963/64 S. 407.

[41] Vgl. BFH, Urt. v. 11. 11. 1955 in BStBl. 1955 III S. 395 (wenn der Umweg „durch einen besonderen wirtschaftlichen Zweck gerechtfertigt sein könnte"); Urt. v. 9. 12. 1959 in HFR 61/34 (36); Urt. v. 26. 10. 1960 in HFR 61/228; Urt. v. 1. 9. 1965 in HFR 66/15 (17) (beachtliche Gründe nichtsteuerrechtlicher Art).

[42] BStBl. 1962 III S. 206 (207).

[43] Ebenso ausdrücklich *Bopp* in Felix, Von der Auslegung und Anwendung der Steuergesetze S. 141; *Littmann*, Rdn. 129 vor § 1; *Kühn*, Anm. 1 zu § 6 StAnpG.

[44] Vgl. RFH, Urt. v. 2. 2. 1934 in RStBl. 1934 S. 918 (919); BFH, Urt. v. 12. 8. 1953 in BStBl. 1953 III S. 284 (286); Urt. v. 11. 11. 1955 in BStBl. 1955 III S. 395; Urt. v. 22. 1. 1960 in BStBl. 1960 III S. 111 (112).

[45] Vgl. RFH, Urt. v. 19. 9. 1933 in RFHE 34/194 (197); BFH, Urt. v. 7. 10. 1950 in BStBl. 1951 III S. 12 (14); Urt. v. 20. 8. 1954 in BStBl. 1954 III S. 336 (338);

Neuerdings wird aber die Tendenz erkennbar, den ungewöhnlichen Weg als solchen noch nicht zu verwerfen. Entscheidend muß vielmehr hinzukommen, „daß durch diesen ungewöhnlichen Weg ein steuerlicher Erfolg erreicht werden soll, der bei sinnvoller, Zweck und Ziel der Rechtsordnung berücksichtigender Auslegung vom Gesetz mißbilligt wird“[46].

Im Schrifttum sind die Auffassungen gleichfalls geteilt[47]. Während überwiegend auf die *ungewöhnliche* Gestaltung abgestellt wird[48], hält Bopp[49] einen Mißbrauch dann für gegeben, wenn sich der Steuerpflichtige einer rechtsgeschäftlichen Gestaltung bedient, die mit der *üblichen*, vom Gesetz gekennzeichneten Interessenlage nicht übereinstimmt. Nach Hensel[50] ist ausschlaggebend, ob die Beteiligten Rechtsformen vermeiden, die der Gesetzgeber als *typisch* für die erreichte wirtschaftliche Lage angesehen hat.

Diese Interpretationen des Mißbrauchsbegriffs stoßen jedoch zunehmend auf Kritik[51]. Böhmer[52] erachtet allein das Verhältnis zwischen dem wirtschaftlichen Inhalt einer Gestaltung und dem wirtschaftlichen Hintergrund für wesentlich. Er lehnt einen Mißbrauch ab, wenn die Gestaltungen einfach, zweckmäßig und übersichtlich sind und die wirtschaftlichen Ziele auf einem mehr oder minder geraden Weg verfolgen und verwirklichen. Ähnlich formuliert v. Wallis[53], der eine Wertung des Verhältnisses zwischen der Gestaltung und den Beweggründen, Zielen und weiteren Umständen, mit denen sie zusammen den wirtschaftlichen Hintergrund bilden, befürwortet. Auch Blencke[54]

Urt. v. 11. 10. 1955 in BStBl. 1956 III S. 11 (12); Urt. v. 20. 3. 1956 in BStBl. 1956 III S. 179, wobei die Rechtsprechung „zwingend“ im Sinne von „dringend geboten“ versteht, vgl. *Teichmann* S. 73.

[46] BFH, Urt. v. 2. 3. 1966 in BStBl. 1966 III S. 509 (510) = NJW 1966 S. 2427 (2428); ebenso BFH, Urt. v. 8. 12. 1965 in BStBl. 1966 III S. 148 (150); Urt. v. 20. 10. 1965 in BStBl. 1965 III S. 697 (698) = NJW 1966 S. 271 (272); Urt. v. 14. 10. 1964 in BStBl. 1964 III S. 667 (669).

[47] Vgl. *Schuhmann*, BB 1970 S. 1496 f., der einen kurzen, aber erschöpfenden Überblick über den Meinungsstand gibt.

[48] *Becker-Riewald-Koch*, Anm. 2 a Abs. 7 zu § 6 StAnpG; *Bühler-Strickrodt* § 11 II (S. 197); *Kühn*, Anm. 1 zu § 6 StAnpG (bis zur 6. Auflage); *Raupach* S. 70; *Thoma*, Festschrift für O. Bühler S. 242; *Langhorst* S. 33 f.; *Wacke*, StW 1947 Sp. 44.

[49] In Felix, Von der Auslegung und Anwendung der Steuergesetze S. 140.

[50] S. 95 ff.

[51] Vgl. *Blencke* S. 71 f.; *Böhmer* S. 89 f.; *Ebert*, BB 1957 S. 674; *Kottke* S. 138; *Mattern-Meßmer* Tz. 2664; *Oswald*, Deutsches Steuerrecht 1966 S. 465; *Paulick*, StbJb 1963/64 S. 391; *Schuhmann*, BB 1970 S. 1497; *Tipke-Kruse*, Rdn. 4 zu § 6 StAnpG; *Viesel* S. 102 f.; *v. Wallis/Spanner* in Hübschmann-Hepp-Spitaler, Rdn. 27 zu § 6 StAnpG.

[52] S. 98; ebenso *Riedel* S. 87 f.; *Viesel* S. 104; *Schuhmann*, BB 1970 S. 1497; FG Hamburg, Urt. v. 7. 5. 1962 in EFG 1963 S. 95 (96).

[53] FR 1959 S. 319; ebenso *v. Wallis/Spanner* in Hübschmann-Hepp-Spitaler, Rdn. 28 zu § 6 StAnpG.

[54] S. 72.

prüft, ob die im einzelnen Fall getroffenen Maßnahmen den wirtschaftlichen Endabsichten der Beteiligten entsprechen.

Demgegenüber hält Paulick[55] es für entscheidend, ob die im Einzelfall gewählte Gestaltung mit dem Sinn und Zweck der Steuergesetze übereinstimmt oder ob sie gegen die ratio legis der umgangenen Norm verstößt[56]. Nach ihm stellt sich das Mißbrauchsproblem also lediglich als ein Problem der Gesetzesauslegung und Sachverhaltswürdigung dar.

b) Die zu § 5 GüKG vertretenen Meinungen

Die Ausführungen zum steuerrechtlichen Umgehungsverbot veranschaulichen, daß sich Rechtsprechung und Lehre immer wieder veranlaßt sehen, die herkömmlichen Definitionen in Frage zu stellen und die Generalklausel durch neue Kriterien schärfer abzugrenzen. Demgegenüber scheint der verkehrsgewerberechtliche Mißbrauchstatbestand des § 5 GüKG keinen Widerspruch herauszufordern. Fast übereinstimmend wird die *ungewöhnliche* Gestaltung als charakteristisches Merkmal der Umgehung angesehen[57]. Vertiefende oder gar kritische Stellungnahmen finden sich nicht. Lediglich geringfügige Nuancen in den Definitionen deuten an, daß der Mißbrauchsbegriff auch hier als problematisch empfunden wird.

Es wurde bereits dargelegt, daß der BGH einen Mißbrauch dann annimmt, wenn ein „den wirtschaftlichen Vorgängen ferner liegender und daher ungewöhnlicher Weg eingeschlagen wird, der an den vom Gesetz angeordneten Rechtsfolgen vorbeiführen soll“[58]. Vom potentiellen Normadressaten wird somit verlangt, einen wirtschaftlichen Erfolg auf einem den Umständen nach *gewöhnlichen* und *zweckmäßigen* Weg zu erreichen. Auch Gülde[59] erachtet es für den Mißbrauch als entscheidend, „daß Rechtsformen für wirtschaftliche Vorgänge gewählt

---

[55] StbJb 1963/64 S. 391 ff.

[56] Ebenso *Lukas* S. 99 ff. und wohl auch Flume, Betr. 1970 S. 77.

[57] Vgl. BGH, Urt. v. 3. 3. 1960 in NJW 1960 S. 1057 (1058); BVerwG, Urt. v. 28. 6. 1963 in Buchholz BVerwG 442.03, Nr. 1 zu § 5 GüKG; OLG Hamburg, Urt. v. 13. 12. 1967 in DGV 1968 S. 206; OLG Hamm, Beschl. v. 8. 9. 1971 in DAR 1972 S. 54; *Balfanz-v. Tegelen*, Anm. 1 zu § 5 GüKG; *Erbs-Kohlhaas*, Anm. 1 zu § 5 GüKG; *H-E-P-K*, Anm. 2 a zu § 5 GüKG; *Lütkes-Meier-Wagner*, Anm. 4 zu § 5 GüKG; *Münz-Haselau-Herrmann-Liebert*, Anm. 1 zu § 5 GüKG. Ebenso schon zu § 3 NotVO *Göller* S. 18; *Hein*, Anm. 1 zu § 3 NotVO; *Müller*, Anm. 1 zu § 3 NotVO; *Isaac*, Anm. 1 zu § 3 NotVO.
Ebenso schon zu § 4 GFG *Gülde*, Anm. 4 zu § 4 GFG; *Hein*, Anm. 1 zu § 4 GFG; *Reuter* S. 80.
Im Personenbeförderungsrecht wird ebenfalls einhellig der Mißbrauch durch die „ungewöhnliche“ Gestaltung charakterisiert, vgl. *Bidinger*, Anm. 2 a zu § 6 PBefG; *Fielitz-Meier-Montigel*, Anm. 3 zu § 6 PBefG; *Greif*, Rdn. 3 zu § 6 PBefG; *Müller*, Anm. 1 zu § 6 PBefG; *Oppelt*, Anm. zu § 6 PBefG.

[58] BGH, Urt. v. 3. 3. 1960 in NJW 1960 S. 1057 (1058).

[59] Anm. 3 und 4 zu § 4 GFG.

werden, für welches sie gewöhnlich nicht bestimmt sind". Oft wird daneben auch auf das Merkmal des *üblichen* Weges abgestellt[60].

Andere Autoren neigen mehr dazu, die ungewöhnliche Gestaltung ausdrücklich mit den wirtschaftlichen Beweggründen zu koppeln. So verstehen Lütkes-Meier-Wagner[61] unter Mißbrauch den Gebrauch ungewöhnlicher Rechtsformen, die den „wirklichen Verhältnissen und Zielen nicht entsprechen und ohne einen wirtschaftlichen Rechtfertigungsgrund nur zum Zwecke der Umgehung der Genehmigungspflicht gewählt werden". Ähnlich formuliert Hein[62], der es als verboten erachtet, „einen an sich genehmigungspflichtigen Verkehr durch ungewöhnliche, den wirtschaftlichen Verhältnissen nicht entsprechende Rechtsformen gegenüber den mit der Ordnung des Verkehrs betrauten Behörden zu verschleiern". Ob eine Rechtsform ungewöhnlich ist, müsse „lediglich nach ihrer Notwendigkeit zur natürlichen Befriedigung eines wirtschaftlichen Bedürfnisses beurteilt werden". Auch Hein-Eichhoff-Pukall-Krien[63] sehen in Abweichungen vom üblichen, wirtschaftlich gerechtfertigten Verhalten dann keinen Verstoß gegen § 5 Abs. 1 GüKG, wenn die Umgehungsabsicht fehlt. Jedoch müsse die „Abweichung wenigstens einem einsehbaren, wirtschaftlich gerechtfertigten Bedürfnis entsprechen, also zweckmäßig sein". Bidinger[64] räumt gleichfalls ein, daß die wirtschaftlichen Gründe, die für eine bestimmte Form ausschlaggebend waren, eine bedeutsame Rolle spielen können.

Eine differenzierendere Betrachtungsweise findet sich demgegenüber bei Reuter[65]. Er hebt hervor, daß zunächst geprüft werden müsse, ob Sinn und Zweck des Gesetzes überhaupt diesen Vorgang mit in seinen Wirkungskreis ziehen wollen. Erst dann könne das Augenmerk darauf gerichtet werden, „inwieweit man sich bei dem Vorgang etwa gewisser Formen und Möglichkeiten bediente, die für den erstrebten Gesamterfolg und unter den obwaltenden Umständen nicht als gebräuchlich bezeichnet werden können". Noch klarer weisen Balfanz-v. Tegelen[66], die sich im übrigen der Mißbrauchsdefinition des BGH anschließen, darauf hin, daß bei der Ermittlung des mit der jeweiligen verkehrsgewerberechtlichen Vorschrift erstrebten Zieles oder Zustandes stets

---

[60] *Bidinger*, Anm. 2 a zu § 6 PBefG; *Greif*, Rdn. 2 zu § 6 PBefG; *H-E-P-K*, Anm. 2 a zu § 5 GüKG; *Oppelt*, Anm. zu § 6 PBefG.

[61] Anm. 4 zu § 5 GüKG.

[62] Anm. 1 zu § 4 GFG; wörtlich ebenso schon Anm. 1 zu § 3 NotVO.

[63] Anm. 3 c zu § 5 GüKG.

[64] Anm. 2 a zu § 6 PBefG.

[65] S. 80. Vgl. auch *Müller*, Anm. 2 zu § 5 GüKG („Maßnahmen, darauf zielend, die Anwendung des Gesetzes durch ein vom Recht mißbilligtes Verhalten zu vermeiden"). Zu allgemein *Dalcke-Fuhrmann-Schäfer* (Anm. 1 zu § 5 GüKG), nach denen ein Scheintatbestand vorliegt, wenn „ein Tatbestand durch einen anderen verdeckt und dadurch ein anderer Tatbestand vorgespiegelt werden soll".

[66] Anm. 1 zu § 5 GüKG.

festgestellt werden müsse, „ob das geplante Rechtsgeschäft die Absichten des GüKG durchkreuzt“ und „daß das Verhalten des Täters nicht durch vernünftige wirtschaftliche Gründe gerechtfertigt ist“.

c) Eigene Stellungnahme

Die Vielfalt der dargelegten Meinungen zeigt bereits, daß eine allgemeingültige Definition des Mißbrauchsbegriffs kaum möglich sein wird[67]. Wie bei jeder Generalklausel dürfte es auch hier nur sinnvoll sein, die Bedeutung der Umgehungsvorschrift in einem möglichst praktischen Grundgedanken zusammenzufassen und im Interesse der Rechtssicherheit generelle Leitlinien aufzuzeigen, die eine klare Abgrenzung zwischen erlaubter und mißbräuchlicher Gestaltung gestatten.

Mit der zum steuerrechtlichen Umgehungstatbestand fast einhellig vertretenen Auffassung kann davon ausgegangen werden, daß ein Mißbrauch auch im verkehrsgewerberechtlichen Sinn dann vorliegt, wenn die von dem potentiellen Normadressaten gewählte rechtliche Gestaltung *unangemessen* ist. Fraglich bleibt aber, ob die von Rechtsprechung und Lehre zur Konkretisierung dieses unbestimmten Rechtsbegriffs erarbeiteten Einzelkriterien sich für eine dogmatisch zufriedenstellende Problemlösung eignen.

aa) Der ungewöhnliche Weg

Verfehlt erscheint es zunächst, bei der Deutung des Merkmals „unangemessen“ auf den „ungewöhnlichen“, „unüblichen“ oder „atypischen“ Weg abzustellen.

Ein Weg kann nur dann als ungewöhnlich bezeichnet werden, wenn mindestens zwei Wege zur Erreichung eines wirtschaftlichen Ziels gegeben sind und einer als der gewöhnliche zu gelten hat. Es muß also eine gewisse Übung bestehen, bestimmte wirtschaftliche Ziele auf einem konkreten Weg zu verwirklichen. Erst wenn sich eine solche Übung durch wiederholten Gebrauch bestimmter Formen und Gestaltungsmöglichkeiten herausgebildet hat, ist eine Abweichung hiervon ungewöhnlich[68].

Ein ungewöhnlicher Weg liegt daher nicht vor, wenn erst neuerdings ein Bedürfnis für eine bestimmte Veranstaltung besteht oder wenn das Bedürfnis außerordentlich gering ist, so daß derartige Gestaltungen überaus selten sind[69]. Dennoch kann sich sowohl der zu einem

---

[67] Vgl. *Schuhmann*, BB 1970 S. 1496.

[68] *v. Wallis/Spanner* in Hübschmann-Hepp-Spitaler, Rdn. 27 zu § 6 StAnpG; *Riedel* S. 81.

[69] *Böhmer* S. 89.

bisher unbekannten wirtschaftlichen Erfolg führende als auch der selten vorkommende Weg als Gesetzesumgehung darstellen, wenn sich feststellen läßt, daß die umgangene Norm diese Veranstaltung ebenfalls in ihren Wirkungsbereich einbezogen wissen will. Andererseits wird jeder ungewöhnliche Weg zu einem gewöhnlichen, wenn er sich nur oft genug wiederholt[70]. Eine Gestaltung darf aber nicht wegen der auftretenden Häufigkeit ihren mißbräuchlichen Charakter verlieren[71]. Schon diese Konsequenz verdeutlicht, daß die Ungewöhnlichkeit nicht zum Maßstab dafür gemacht werden sollte, ob Handlungen der einzelnen im Rechtsverkehr als zulässig oder unzulässig gewertet werden.

Entscheidender als diese mehr formalistische Argumentation ist jedoch die Überlegung, daß es nach materiellem Steuerrecht grundsätzlich jedem freisteht, einen Weg nach eigener, freier Wahl zu einem erstrebten wirtschaftlichen Erfolg zu beschreiten. Die steuerlichen Normen umschreiben bestimmte Lebenssachverhalte, die der üblichen Gestaltung des Wirtschaftslebens angepaßt sind. Der Gesetzgeber geht demnach bei der Formulierung des Gesetzes von den Normalfällen aus und schafft so Regeltatbestände[72]. Es gibt aber kein allgemeines Verbot, wirtschaftliche Erfolge auf anderen als den vom Gesetzgeber für üblich gehaltenen Rechtswegen zu erreichen[73].

Im Gegensatz zu der im Steuerrecht grundsätzlich geltenden Gestaltungsfreiheit schreibt zwar das GüKG häufig wie z. B. in den §§ 22, 48 GüKG bestimmte Gestaltungen zwingend vor. Im übrigen steht es jedoch auch hier den Beteiligten frei, ihre wirtschaftlichen Verhältnisse nach Belieben zu regeln. Gerade in diesen nicht vorgezeichneten Gestaltungen soll jedoch der Mißbrauch gefunden werden. So wird beispielsweise gefragt, ob sich trotz formeller Beachtung der gesetzlich geforderten Voraussetzungen eine gesellschaftsrechtliche Beteiligung und die damit zusammenhängende Gewinnausschüttung als Tarifumgehung oder eine enge Verflechtung rechtlich selbständiger Unternehmen als Umgehung der Werkverkehrsbestimmungen darstellen.

Setzt man nun „unangemessen" gleich „ungewöhnlich", „unüblich" oder „atypisch", würde man die Betroffenen zwingen, ihre Geschäfte stets in ausgetretenen Bahnen abzuwickeln und jegliche schöpferische Eigeninitiative auf wirtschaftlichem Gebiet zu unterlassen[74]. Es gäbe

---

[70] *Kottke* S. 138.

[71] Vgl. *Kühn*, Anm. 2 zu § 6 StAnpG; *Riedel* S. 82.

[72] Vgl. *v. Wallis*, FR 1960 S. 9; *v. Wallis/Spanner* in Hübschmann-Hepp-Spitaler, Rdn. 2 zu § 6 StAnpG; *Viesel* S. 100.

[73] Vgl. *Kottke* S. 142; *Lukas* S. 30; *Riedel* S. 84; *Schuhmann*, BB 1970 S. 1493; *v. Wallis*, FR 1960 S. 9.

[74] *Blencke* S. 71; *Lukas* S. 29; *Riedel* S. 82; *Schuhmann*, BB 1970 S. 1497; *Tipke-Kruse*, Rdn. 4 zu § 6 StAnpG; *Viesel* S. 102 f.

heute wegen § 6 StAnpG weder eine Sicherungsübereignung noch eine Einmanngesellschaft, weder eine GmbH & Co. noch eine im Wege der Betriebsaufspaltung geschaffene Doppelgesellschaft[75]. In allen diesen Fällen wurde ein ungewöhnlicher Weg beschritten, um bestimmte wirtschaftliche oder steuerliche Ziele zu erreichen. „Das Genie geht den ungewöhnlichen Weg, für die Nachwelt wird er zum Gemeinplatz[76].“ Neue wirtschaftliche Erkenntnisse und Notwendigkeiten müssen es den am Wirtschaftsleben Beteiligten gestatten, selbst zur Erreichung bereits bekannter Ziele Wege einzuschlagen, die im praktischen Leben noch nicht beschritten worden sind. Weder das steuerrechtliche noch das verkehrsgewerberechtliche Umgehungsverbot dürfen dem entgegenstehen und schöpferische Phantasie, Gestaltungskraft und Vorstöße in wirtschaftliches Neuland behindern. Eine ungewöhnliche Gestaltung ist nicht notwendig unangemessen[77], das allgemein übliche nicht immer angemessen[78]. Der ungewöhnliche Weg kann sich daher als eine mißbräuchliche Verwendung von Gestaltungsmöglichkeiten erweisen, er braucht es aber nicht zu sein.

Daß die Deutung des Gestaltungsmißbrauchs als ungewöhnlicher oder unüblicher Weg keine sachgerechten Problemlösungen ermöglicht, erhellt vor allem die im Güterkraftverkehrsrecht bis vor kurzem noch äußerst umstrittene Frage, ob die gewerbliche Vermietung von Last- und Nutzkraftwagen zum Selbstfahren an Gewerbetreibende, die mit den gemieteten Fahrzeugen Waren für ihren eigenen gewerblichen Bedarf befördern, sich als ungenehmigter gewerblicher Güterfernverkehr durch den Vermieter und als Umgehung des § 48 a. F. GüKG durch den Mieter darstellt. Der Ausfall eines Wagens durch Unfall oder die Bewältigung einer seltenen, jedenfalls nicht periodisch auftretenden Beförderungsspitze im Güterverkehr veranlaßte die Unternehmer in jüngster Zeit immer häufiger, ihren Beförderungsbedarf durch die Miete eines Lastwagens für einige Tage, jedenfalls nicht für periodisch wiederkehrende feste und längere Zeiträume zu decken[79]. Die Bundesanstalt erblickte darin eine unübliche Veranstaltung und bejahte einen Gestaltungsmißbrauch[80].

---

75 *Paulick*, StbJb 1963/64 S. 387.

76 *Kottke* S. 138.

77 *Blencke* S. 71; *Böhmer* S. 90; *Ebert*, BB 1957 S. 674; *Oswald*, Deutsches Steuerrecht 1966 S. 465; *Tipke-Kruse*, Rdn. 4 zu § 6 StAnpG; *v. Wallis/Spanner* in Hübschmann-Hepp-Spitaler, Rdn. 27 zu § 6 StAnpG.

78 *Paulick*, StbJb 1963/64 S. 387.

79 Vgl. *Bartholomeyczik*, ZfVerkW 1964 S. 151 f.

80 Vgl. Schreiben der BAG an den Gesamtverband der Kfz.-Vermieter Deutschlands e.V. in Düsseldorf vom 8. Mai 1962 —ICH 250/48—; ebenso *Streit*, BB 1964 S. 1027 ff.; *H-E-P-K*, Anm. 8 zu § 48 GüKG; *Ruwe*, Anm. 2 zu § 48 GüKG. Hiergegen überzeugend *Bartholomeyczik*, ZfVerkW 1964 S. 160 ff.; BB 1964 S. 1029 ff.; *Balfanz-v. Tegelen*, Anm. 1 zu § 48 GüKG; OLG

Da die kurzfristige Anmietung aus betriebswirtschaftlichen Rationalisierungsgründen jedoch dringend geboten ist[81] und aus § 48 a. F. GüKG kein Verbot abzuleiten war, andere als die gesetzlich erwähnten Gestaltungen bei der Eigenbeförderung zu verwenden, kann diese Schlußfolgerung nicht rechtens sein. Der Gesetzgeber sah sich deshalb auch veranlaßt, diese Streitfrage auf legislatorischem Weg zu entscheiden. Durch eine Neufassung des § 48 Abs. 1 Nr. 4 a. F. GüKG[82] wurde klargestellt, daß ein Ersatzfahrzeug für die Dauer eines kurzfristigen Ausfalls des sonst im Werkverkehr verwendeten Kraftfahrzeugs und für Lastwagen ohne Anhänger mit einer zulässigen Nutzlast von weniger als 4000 kg ohne Verstoß gegen gesetzliche Bestimmungen eingesetzt werden kann[83].

bb) Die wirtschaftlich vernünftigen Gründe

Die von der Bundesanstalt praktizierte und an dem erwähnten Beispielsfall verdeutlichte Auslegung des § 5 GüKG widerspricht zudem den meisten von Rechtsprechung und Lehre erarbeiteten Definitionen des verkehrsgewerberechtlichen Mißbrauchsbegriffs. Eine genauere Analyse der vertretenen Meinungen zeigt nämlich, daß das Merkmal „ungewöhnlich" letztlich in einem differenzierenderen Sinn als bisher dargestellt verstanden wird. Es soll nicht allein ausschlaggebend sein, daß die konkrete Gestaltung üblicherweise nicht für bestimmte wirtschaftliche Veranstaltungen Verwendung findet, sondern es muß hinzukommen, daß sie keinem einsehbaren, wirtschaftlich gerechtfertigten Bedürfnis entspricht. Die Formulierung des BGH in seinem Grundsatzurteil vom 3. März 1960[84], daß „zur Erreichung eines wirtschaftlichen Erfolges nicht der gewöhnliche und zweckmäßige Weg" benutzt wird, läßt ebenfalls erkennen, daß die wirtschaftlichen Beweggründe entscheidend mitzuberücksichtigen sind. Ob nämlich ein eingeschlagener Weg „zweckmäßig" ist, kann nur durch eine erschöpfende Würdigung der hierfür maßgebenden Motive festgestellt werden.

Keine befriedigende Antwort erhält man aber auf die Frage, wann bestimmte Gründe so gewichtig sind, daß sie einer Gestaltung den rechtsmißbräuchlichen Charakter nehmen. Es wird kein Bezugspunkt genannt, der einen brauchbaren Abwägungsmaßstab liefert. Solange man den Gesetzesunterworfenen die Möglichkeit einräumt, ihre

---

Stuttgart, Beschluß v. 23. 2. 1962 in VRS 23/470; Beschluß v. 20. 6. 1964 in VRS 28/69; OLG Hamburg, Beschluß v. 4. 3. 1963 in JR 1963 S. 309.

[81] *Bartholomeyczik*, ZfVerkW 1964 S. 151.

[82] Vgl. Art. 1 Nr. 22 des sechsten Gesetzes zur Änderung des Güterkraftverkehrsgesetzes vom 19. Juni 1969 (BGBl. I S. 557).

[83] Vgl. im einzelnen die Verordnung über den Einsatz von Ersatzfahrzeugen im Werkverkehr vom 20. Dezember 1970 (BGBl. I S. 1781).

[84] NJW 1960 S. 1057 (1058).

Angelegenheiten nach eigenem Ermessen zu ordnen, besteht zudem kein schutzwürdiges Interesse, zu verhindern, daß sie ein bestimmtes Ziel auf einem bestimmten Weg verfolgen. Sie können vielmehr jede ihnen passende Gestaltung wählen, solange sich diese nicht als Gesetzesumgehung darstellt[85]. Die Beweggründe und Zielsetzungen als solche müssen daher grundsätzlich ebenfalls irrelevant sein und können allein keinen Mißbrauch indizieren[86]. Vor allem ist nicht einzusehen, warum unzweckmäßige Gestaltungen unangemessen sein sollen. Denn weder das Steuerrecht noch das Güterkraftverkehrsrecht schreibt den Beteiligten ein wirtschaftlich sinnvolles und vernünftiges Verhalten vor[87].

cc) Die zwingende Gestaltung

Die von der Rechtsprechung zum steuerrechtlichen Umgehungsverbot entwickelte und eng mit dem Erfordernis der wirtschaftlich beachtlichen Gründe zusammenhängende Formel, eine andere als die gewählte Gestaltung müsse „zwingend“ sein und sich somit aus Gründen wirtschaftlicher Vernunft geradezu aufdrängen, kann deshalb ebenfalls nicht befriedigen[88]. Die Betroffenen werden auf die zwingende Rechtsform als einzig mögliche verwiesen, ohne daß untersucht wird, ob eine andere, nicht dringend gebotene Gestaltung sich tatsächlich als ein Mißbrauch darstellt[89]. Diese Meinung vermag auch nicht zu erklären, warum ein wirtschaftlich vernünftiges und sinnvolles Verhalten nur dann zum Postulat erhoben werden soll, wenn sich das angeblich unvernünftige Verhalten zum Nachteil des Fiskus auswirkt. Ein durch sinnloses Tun verursachtes Mehr an Steuern bliebe nämlich mit der Steuerrechtsordnung vereinbar, da kein Fall des § 6 StAnpG vorliegt[90]. Versagt dieses Kriterium somit beim steuerrechtlichen Umgehungsverbot, kann es bei dem diesem nachgebildeten verkehrsgewerberechtlichen Mißbrauchstatbestand gleichfalls nicht angewandt werden.

dd) Der wirtschaftliche Hintergrund

Es verbleibt abschließend zu untersuchen, ob die von Böhmer zur Steuerumgehung entwickelten Gedanken eine sachgerechte Auslegung

85 *Böhmer* S. 91.
86 Vgl. *Littmann*, Rdn. 129 vor § 1; *Lukas* S. 33.
87 Vgl. BFH, Urt. v. 7. 11. 1950 in BStBl. 1951 III S. 12 (14), wonach die Finanzbehörden grundsätzlich die körperschaftssteuerlichen Gebilde hinzunehmen haben, wie sie aus der Hand ihres Schöpfers hervorgegangen seien, ohne Rücksicht darauf, ob sie vom wirtschaftlichen Standpunkt aus zweckmäßig geschaffen seien.
88 Vgl. insoweit *Riedel* S. 84; *Tipke-Kruse*, Rdn. 4 zu § 6 StAnpG; *v. Wallis/Spanner* in Hübschmann-Hepp-Spitaler, Rdn. 27 zu § 6 StAnpG.
89 *Teichmann* S. 74.
90 Vgl. *Paulick*, StbJb 1963/64 S. 389; *Lukas* S. 31.

des § 5 GüKG ermöglichen. Wie bereits erwähnt, erachtet er die Wertung des Verhältnisses zwischen der Gestaltung einerseits und den Beweggründen, Zielen und weiteren Umständen andererseits, mit denen zusammen sie den wirtschaftlichen Hintergrund bilden, für entscheidend[91].

Dem muß zunächst entgegengehalten werden, daß der Begriff „wirtschaftlicher Hintergrund" wenig faßbar ist[92]. Vor allem erscheint die unangemessene Gestaltung nicht zutreffend definiert. Es soll bedeutsam sein, ob ein wirtschaftliches Ziel auf geradem Weg oder auf einem Umweg erreicht wird. Diese Erklärung führt wieder auf die früher verwandte Kennzeichnung der Umgehung als Schleichweg oder Nebenweg zurück[93], ohne jedoch den Mißbrauchsbegriff systematisch zu erfassen.

Auch die Formulierung, daß nur einfache, zweckmäßige und übersichtliche Gestaltungen angemessen sind[94], stellt keine zufriedenstellende Umschreibung dar. Denn sie birgt die Gefahr unsachgemäßer und am gewünschten Ergebnis ausgerichteter Entscheidungen in sich. Es kann viele Meinungen darüber geben, was einfach, zweckmäßig und übersichtlich ist. Neue rechtliche Gestaltungen könnten — zumindest ursprünglich — als umständlich, schwerfällig, gekünstelt und undurchsichtig gewertet werden. Komplizierte wirtschaftliche Verhältnisse und Vorgänge lassen sich aber nicht immer in einfache Formen bringen. Deshalb allein sind sie nicht umständlich und unangemessen[95]. Es wird jedoch häufig die Neigung bestehen, sie aufgrund des Umgehungsverbots fälschlich so zu bezeichnen.

Im Prinzip besteht schließlich zwischen der Meinung Böhmers und der Auffassung, die maßgebend auf die wirtschaftlich beachtlichen Motive abstellt, kein Unterschied. Denn letztlich mißt auch er und ihm folgend das FG Hamburg den Beweggründen eine entscheidende Bedeutung bei. So findet sich in dem Urteil des FG Hamburg vom 7. Mai 1962[96] folgender, die Entscheidung begründender Satz: „Wenn sich allerdings für die gewählte Gestaltung überhaupt keine wirtschaftlich vernünftigen Gründe finden lassen, der gewählte Weg wirtschaftlich — ohne Berücksichtigung des Steuervorteils — sogar nachteilig ist, so ist die Unangemessenheit grundsätzlich zu bejahen." Auf die wirtschaftlichen Beweggründe als solche kann es aber nicht ausschlaggebend ankommen, da selbst eine unzweckmäßige Gestaltung oder

---

[91] *Böhmer* S. 98.
[92] *Teichmann* S. 75.
[93] So heute noch *Enneccerus-Nipperdey* § 190 III (S. 1160).
[94] *Böhmer* S. 98.
[95] Vgl. *Paulick*, StbJb 1963/64 S. 338.
[96] EFG 1963 S. 95 (96).

ein Weg, der allein aus Steuerersparnisgründen gewählt wird[97], nicht notwendig mißbräuchlich ist.

ee) Die unbilligen Ergebnisse bei einer isolierten Würdigung des Mißbrauchsbegriffs

Sämtlichen bisher abgehandelten Auffassungen ist eigen, daß sie sich bemühen, den Gestaltungsmißbrauch allein aus sich heraus zu bestimmen. Sie gelangen dadurch zu Ergebnissen, die schon bei unbefangener Betrachtung nicht rechtens sein können.

Eine isolierte Würdigung des Mißbrauchsbegriffs führt einmal dazu, daß trotz eines angeblich vorhandenen Mißbrauchs der Sachverhalt nicht immer der umgangenen Norm unterworfen werden kann. Im Steuerrecht wird argumentiert, daß anstelle der unangemessenen Gestaltung mehrere angemessene Gestaltungen denkbar sind, die möglicherweise unterschiedliche steuerliche Belastungen nach sich ziehen. Dann müsse die für den Steuerpflichtigen günstigste Gestaltung der Besteuerung unterstellt werden[98], was zur Folge haben kann, daß keine erhöhte Steuer anfällt. Werde aber keine Steuer gemindert, sei der Mißbrauch nicht für eine Steuerumgehung ursächlich gewesen, so daß § 6 StAnpG ausscheide[99].

In einer derartigen Situation verbleibt die ungeklärte Frage, warum überhaupt ein Mißbrauch gegeben sein soll, wenn keine stärkere Steuerbelastung vermieden wurde. Die von der herrschenden Meinung gezogene Schlußfolgerung folgt auch nicht zwingend aus dem Wortlaut des § 6 Abs. 2 StAnpG. Denn diese Bestimmung kann unbedenklich so ausgelegt werden, daß bei einem festgestellten Mißbrauch stets diejenige Gestaltung zu unterstellen ist, an welche die umgangene Norm anknüpft und die von dem Gesetzgeber als den wirtschaftlichen Vorgängen, Tatsachen und Verhältnissen angemessen gewertet wird. Ist dies nicht möglich, liegt bereits kein Mißbrauch vor. Unangemessen ist eine Gestaltung demnach nur, wenn sie zu einer Steuerumgehung führt.

---

[97] Vgl. BFH, Urt. v. 22. 8. 1951 in BStBl. 1951 III S. 181 (183); Urt. v. 8. 1. 1958 in BStBl. 1958 III S. 97 (99); Urt. v. 13. 1. 1959 in BStBl. 1959 III S. 197 (198).

[98] Vgl. *Böhmer* S. 107 f.; *Becker-Riewald-Koch*, Anm. 3 a zu § 6 StAnpG; *v. Wallis/Spanner* in Hübschmann-Hepp-Spitaler, Rdn. 104 zu § 6 StAnpG.

[99] *Böhmer* S. 107 f. Auf die äußerst umstrittene Frage, ob bei einer Steuerumgehung die fingierte angemessene Gestaltung auch für andere Steuern maßgebend ist, soll hier nicht näher eingegangen werden, vgl. insoweit RFH, Urt. v. 29. 5. 1935 in RStBl. 1935 S. 282 ff.; BFH, Urt. v. 30. 11. 1955 in BStBl. 1956 III S. 28; *Becker*, Anm. 8 zu § 5 AO; *Becker-Riewald-Koch*, Anm. 3 a Abs. 2, b zu § 6 StAnpG; *Bühler-Strickrodt* § 11 II (S. 197); *Langhorst* S. 36; *v. Wallis/Spanner* in Hübschmann-Hepp-Spitaler, Rdn. 104 zu § 6 StAnpG;

Zum anderen kommt eine isolierte Würdigung des Mißbrauchsbegriffs zu dem unverständlichen Ergebnis, daß Sachverhalte als Umgehungsfälle behandelt werden müßten, die zweifelsfrei nicht von der umgangenen Norm erfaßt werden. Ein eindrucksvolles Beispiel liefert insoweit die Entscheidung des RFH vom 22. Mai 1935[100], die als „Pfennigurteil" bekannt geworden ist. Ein Prokurist hatte mit seinem Arbeitgeber vereinbart, sein Monatsgehalt von 500,— RM auf 499,99 RM herabzusetzen. Der alleinige Zweck dieser Abrede war, in eine niedrigere Stufe der damals erhobenen Ehestandshilfe zu kommen. Der RFH erkannte diese Maßnahme gemäß § 1 Abs. 3 StAnpG nicht an. Im Schrifttum wurde die Ansicht vertreten, es handele sich um einen typischen Fall des § 6 StAnpG[101].

Demgegenüber billigte der OFH mit Urteil vom 9. März 1948[102] in einem ähnlich gelagerten Fall die erstrebte Steuerersparnis. Es waren Gehälter von 200,— RM auf 199,— RM und von 230,— RM auf 229,90 RM herabgesetzt worden. Der Senat verneinte eine Umgehung. Da der Gesetzgeber Lohnsteuerstufen geschaffen habe, könne es dem Steuerpflichtigen nicht verwehrt werden, sich die Konstruktion des Tarifs zur Senkung seiner Lohnsteuer nutzbar zu machen.

Diese Feststellung ist sicherlich zutreffend und wird heute allseits gebilligt[103]. Dennoch müßte die herrschende Meinung, wenn sie die zur Ausfüllung des Mißbrauchsbegriffs für maßgeblich erachteten Kriterien konsequent anwendet, einen Gestaltungsmißbrauch und damit eine Steuerumgehung bejahen. Es ist nämlich durchaus ungewöhnlich, derartige Manipulationen an der Höhe des Gehalts vorzunehmen. Bruttolöhne pflegt man in Zahlen zu vergüten, die nicht mit 99 Pfennige enden[104]. Es entspricht ebenfalls keinem einsehbaren wirtschaftlichen Bedürfnis, freiwillig ein niedrigeres Bruttoentgelt zu vereinbaren. Wenn Böhmer[105] meint, die Vereinbarung hätte nicht zu dem gleichen

---

die annehmen, daß die umgangene Steuer zwar zu entrichten, die in Anbetracht der unangemessenen Gestaltung zuviel gezahlte Steuer der anderen Steuerart aber nicht zu erstatten oder anzurechnen sei, da diese Steuer nicht umgangen worden sei. Anders könne es nur sein, wenn zwischen den verschiedenen Steuern ein enger Zusammenhang bestehe. Hiergegen überzeugend *Böhmer* S. 109 ff.; ebenso *Huber,* StW 1966 Sp. 400 ff.; *Kühn,* Anm. 5 zu § 6 StAnpG; *Kottke* S. 163 ff.; *Paulick,* StbJb 1963/64 S. 413; *Schuhmann,* BB 1970 S. 1498; *Tipke-Kruse,* Rdn. 7 zu § 6 StAnpG.

[100] RStBl. 1935 S. 899 ff.

[101] Vgl. z. B. *Wacke,* StW 1947 Sp. 45. Wenn *Riedel* (S. 109) meint, es handele sich um ein Scheingeschäft im Sinne des § 5 StAnpG, so verfälscht er den Sachverhalt.

[102] StW 1948 Nr. 18.

[103] *Böhmer* S. 123 ff.; *Becker-Riewald-Koch,* Anm. 2 a Abs. 6 zu § 6 StAnpG; *Kottke* S. 139 ff.; *Lukas* S. 92 f.; *Riedel* S. 109.

[104] *Kottke* S. 140.

[105] S. 125.

wirtschaftlichen Ziel geführt wie die als angemessen in Betracht kommende Gestaltung, sie entspräche also dem wirtschaftlichen Hintergrund, so verkennt er, daß bei einer Umgehung die Ziele in den seltensten Fällen identisch sein werden mit denjenigen, die üblicherweise mit der im gesetzlichen Tatbestand aufgeführten Gestaltung verfolgt werden. Meist wird nur ein ähnlicher wirtschaftlicher Gesamterfolg erstrebt. Zudem erscheint es nicht zwingend, den ursprünglichen Bruttogehalt als bezwecktes wirtschaftliches Endergebnis zu kennzeichnen. Stellt man auf das Nettogehalt ab, ergibt sich bei einer Gesamtbetrachtung, daß letztlich ein höherer Betrag erzielt wurde. Es bestünde sogar die Möglichkeit, durch eine entsprechende Ermäßigung eines Bruttogehaltes denselben Nettobetrag wie zuvor zu erlangen. Eine dogmatisch zufriedenstellende Lösung dieses Falles ist nur denkbar, wenn man eingesteht, daß die umgangene Norm — vorliegend der Steuersatz — nach ihrer teleologischen Zwecksetzung keiner Umgehung zugänglich ist, den erstrebten steuerlichen Erfolg nicht mißbilligt und *deshalb* einen Gestaltungsmißbrauch ausschließt[106].

ff) Die teleologische Zwecksetzung der umgangenen Norm

Eine sachgerechte Deutung des Mißbrauchsbegriffs kommt somit nicht an der Erkenntnis vorbei, daß eine gewählte Gestaltung immer nur *zur* Umgehung mißbräuchlich sein kann. Dieser von der neueren Lehre zur allgemeinen Umgehungsdoktrin erarbeitete Grundsatz gilt auch dann, wenn eine positivrechtliche Vorschrift den Gestaltungsmißbrauch als Umgehungsmittel kennzeichnet und an ihn die Rechtsfolgen der Umgehung knüpft. Gäbe es die umgangene Norm nicht, könnte die benutzte Gestaltung niemals als rechtsmißbräuchlich gewertet werden. Unabhängig von der Streitfrage, ob jeder steuerliche Mißbrauch zugleich ein privatrechtlicher ist[107], erweist sich eine isolierte Zweckermittlung als nutzlos, zumal die meisten Institute des Privat-

---

[106] Vgl. z. B. auch zu der Frage, ob eine Umgehung des § 1 Abs. 3 GrEStG vorliegt, wenn nicht — wie im Tatbestand erwähnt — sämtliche Anteile, sondern nur 99 vom Hundert aller Anteile einer Grundstücksmobilisierungsgesellschaft in einer Hand vereinigt werden, RFH, Urt. v. 26. 8. 1943 in RStBl. 1943 S. 814 f.; BFH, Urt. v. 10. 1. 1962 in BStBl. 1962 III S. 133; Urt. v. 16. 3. 1966 in BStBl. 1966 III S. 254 f.; *Kottke* S. 185 ff. *Becker-Riewald-Koch* (Anm. 2 a Abs. 6 zu § 6 StAnpG) lehnen hier einen Mißbrauch ab, da nach der Idee des GrEStG dieser Sachverhalt nicht erfaßt werden soll. Auch kann z. B. keine Wechselsteuer erhoben werden, wenn die Beteiligten mit dem ausgesprochenen Ziel, die Wechselsteuer zu vermeiden, ungewöhnliche und eigenartige Vereinbarungen treffen, mit denen sie ihr Ziel ebenso wie mit einem Wechsel erreichen, vgl. *Becker-Riewald-Koch,* Anm. 2 a Abs. 6 zu § 6 StAnpG.

[107] So *Löhlein,* StW 1948 Sp. 684 f.; *Huber,* StW 1966 Sp. 398; a. A. *Bühler-Strickrodt* § 11 II (S. 196); *Viesel* S. 101.

rechts zweckneutral sind[108]. Weder der ungewöhnliche Weg noch die Beweggründe als solche oder der Begriff des wirtschaftlichen Hintergrundes sind geeignet, befriedigende Ergebnisse zu vermitteln. *Ein Gestaltungsmißbrauch im Sinne der §§ 6 StAnpG, 5 GüKG liegt vielmehr vor, wenn mittels der gewählten Gestaltung ein steuerlicher oder verkehrsgewerberechtlicher Erfolg erreicht werden soll, der von der umgangenen Norm mißbilligt wird*[109].

Im Kern entspricht diese Definition des Mißbrauchsbegriffs der neueren Rechtsprechung des BFH, die entscheidend darauf abstellt, ob ein steuerlicher Erfolg herbeigeführt werden soll, der „bei sinnvoller, Zweck und Ziel der Rechtsordnung berücksichtigender Auslegung vom Gesetz mißbilligt wird“[110]. Der Zweck der Rechtsordnung insgesamt erscheint aber als Beurteilungskriterium kaum brauchbar.

Es fällt auf, daß der BGH diesen Ausdruck ebenfalls bei der Prüfung verwendet, wann bei juristischen Personen das Trennungsprinzip durchbrochen werden darf[111]. Nach ihm kann die Rechtsfigur der juristischen Person „nur in dem Umfang Beachtung finden, in dem ihre Verwendung dem Zweck der Rechtsordnung entspricht“[112]. Hiergegen wird eingewandt, daß man als Zweck der Rechtsordnung nicht den weitläufigen allgemeinen Zweck rechtlicher Ordnung, sondern im Einzelfall den „Zweck des in Frage stehenden Rechtsinstituts oder Einzelgesetzes“[113] verstehen sollte. Man kann eine nicht „rechtsordnungsgemäße Verwendung“ im Sinne der Rechtsprechung des BGH oder besser einen „funktionswidrigen Gebrauch“[114] annehmen, „wenn bei Berücksichtigung der förmlichen Verschiedenheit der Zweck einer anderen Rechtsnorm vereitelt“[115] würde. Überträgt man diesen zutreffenden Gedanken auf die vorliegende Problematik, so zeigt sich, daß allein die rechtspolitische Zwecksetzung der umgangenen Norm bestimmt, ob ein Gestaltungsmißbrauch vorliegt.

Diese Erkenntnis rechtfertigt jedoch nicht die von Paulick[116] gezogene Schlußfolgerung, das Mißbrauchsproblem stelle sich lediglich als ein Problem der Gesetzesauslegung und Sachverhaltswürdigung dar, so

---

108 *Zeiss* S. 64; vgl. auch *Bühler-Strickrodt* § 11 II (S. 196).

109 Im Ergebnis ebenso wohl *Becker-Riewald-Koch* (Anm. 2 a Abs. 6 zu § 6 StAnpG), nach denen die Anwendung des § 6 StAnpG voraussetzt, daß der auf dem Schleichweg erreichte wirtschaftliche Erfolg „nach der Idee des Steuergesetzes der Steuer unterworfen werden soll“.

110 BFH, Urt. v. 2. 3. 1966 in BStBl. 1966 III S. 509 (510).

111 Vgl. BGH, Urt. v. 30. 1. 1956 in BGHZ 20/4 (13 f.); Urt. v. 19. 11. 1956 in BGHZ 22/226 (231); Urt. v. 14. 12. 1959 in BGHZ 31/258 (271); siehe zu der Durchgriffsproblematik auch BGH, Urt. v. 8. 7. 1970 in NJW 1970 S. 2015 ff.

112 BGH, Urt. v. 30. 1. 1956 in BGHZ 20/4 (14).

113 *Drobnig* S. 23; vgl. auch *Hofmann,* NJW 1966 S. 1942.

114 Ähnlich *Erlinghagen* S. 59 ff.

115 *Soergel-Siebert,* Rdn. 19 vor § 21; ebenso *Raupach* S. 35.

116 StbJb 1963/64 S. 391.

daß es entbehrlich sei, auf die positivrechtlichen Umgehungsvorschriften zurückzugreifen. Denn einmal fängt die echte Gesetzesumgehung erst dort an, wo die extensive oder die restriktive Interpretation versagen[117]. Zum anderen darf nicht verkannt werden, daß sowohl § 6 StAnpG als auch § 5 GüKG die Gesetzesumgehung ausdrücklich mit dem Gestaltungsmißbrauch verbinden und somit bei der Umgehungsbekämpfung ein bestimmtes methodisches Vorgehen zwingend vorschreiben. Es ist unstatthaft, diesen Gesetzesbefehl einfach zu negieren oder sogar die Mißbrauchsparagraphen mit der Begründung nicht mehr anzuwenden, es fehle ihnen an Justiziabilität und Praktikabilität[118].

Es muß deshalb im Steuerrecht und im Güterkraftverkehrsrecht stets ein Gestaltungsmißbrauch geprüft und die Umgehungshandlung aufgrund der §§ 6 StAnpG, 5 GüKG für unbeachtlich erklärt werden. Dabei ist aber zu beachten, daß die Umgehungsverbote in einem unmittelbaren Zusammenhang mit der konkret umgangenen Norm stehen und daß nur aus dieser die entscheidenden Wertungsmaßstäbe für die Frage gewonnen werden können, ob ein Mißbrauch vorliegt. Dies bedeutet, daß die Untersuchung, ob ein Mißbrauch gegeben ist, an dieselben Gedankengänge anzuknüpfen hat, die ohne das spezielle Umgehungsverbot eine analoge Anwendung oder teleologische Reduktion der umgangenen Norm und eine *nachträgliche* Kennzeichnung des zur Umgehung eingesetzten Mittels als rechtsmißbräuchlich rechtfertigen würden. Die §§ 6 StAnpG, 5 GüKG können so verstanden werden, daß die Problematik der Lückenergänzung kraft Gesetzes auf den Mißbrauchsbegriff verlagert worden ist, ohne jedoch sachlich abweichende Ergebnisse begründen zu wollen.

Dem steht im Steuerrecht das Analogieverbot[119] nicht entgegen, da lediglich dieselben methodischen Grundsätze wie bei einem Analogieschluß berücksichtigt werden, um die mißbräuchliche von der zulässigen rechtlichen Gestaltung abzugrenzen. Die gesetzlichen Umgehungstatbestände der §§ 6 StAnpG, 5 GüKG gestatten dieses Vorgehen. Im übrigen erweitert letztlich auch die herrschende Meinung den Tatbestand der umgangenen Norm, wenn sie bei isolierter Würdigung einen Mißbrauch bejaht. Denn bei jeder festgestellten Umgehung wird

---

117 Vgl. *Bopp* in Felix, Von der Auslegung und Anwendung der Steuergesetze S. 142 f.

118 So aber *Paulick*, StbJb 1963/64 S. 389 und *Kottke* S. 141 für § 6 StAnpG; sie verkennen, daß trotz zu fordernder Konkretisierung des Rechts im Sinne der Spezialisierung auf Generalklauseln nicht gänzlich verzichtet werden kann, vgl. *Engisch* S. 79, 156.

119 Im Steuerrecht wird eine den Steuertatbestand erweiternde Analogie für unzulässig gehalten, vgl. *Eckhardt*, BB 1960 S. 1214; *Kühn*, Anm. 2 b zu § 1 StAnpG; *Riedel* S. 44; *Tipke-Kruse*, Rdn. 33 zu § 1 StAnpG; *v. Wallis* in Hübschmann-Hepp-Spitaler, Rdn. 13 zu § 1 StAnpG.

die Rechtsfolge einer Vorschrift entnommen, die durch berichtigende Auslegung allein nicht angewandt werden könnte.

Ein Gestaltungsmißbrauch im Sinne der §§ 6 StAnpG, 5 GüKG kann somit nur vorliegen, wenn der potentielle Normadressat eine Gesetzeslücke ausnutzt. Gebietet bei der Tatbestandserschleichung die rechtspolitische Zwecksetzung der umgangenen Norm keine Einschränkung, scheidet eine Umgehung und damit ein Gestaltungsmißbrauch aus. Läßt sich demgegenüber eine verdeckte Regelungslücke feststellen, steht zugleich fest, daß die gewählte Gestaltung rechtsmißbräuchlich verwendet worden ist.

Bei der Tatbestandsvermeidung muß ebenfalls erst ermittelt werden, ob die umgangene Vorschrift überhaupt einer Umgehung zugänglich ist. Selbst eine unzweckmäßige Gestaltung braucht nicht notwendig mißbräuchlich zu sein. Wenn das Gesetz beispielsweise absichtlich nur an bestimmte Gestaltungen anknüpft und der Umkehrschluß ergibt, daß andere Wege, die zu demselben oder einem ähnlichen Gesamterfolg führen, nicht erfaßt werden sollen, ist ein Mißbrauch undenkbar. Zeigt sich jedoch ein Regelungsbedürfnis, muß ausschlaggebend sein, ob die tragenden Prinzipien der rechtspolitischen Zwecksetzung der umgangenen Norm es gebieten, den zu beurteilenden Sachverhalt trotz formeller Verschiedenheiten den gesetzlich angeordneten Rechtsfolgen zu unterwerfen. Dies wird grundsätzlich dann nicht der Fall sein, wenn beachtliche Gründe, und zwar auch solche nicht wirtschaftlicher Art, die Wahl des eingeschlagenen Weges rechtfertigen. Ob bestimmte Beweggründe, die sich in den erstrebten Nebenerfolgen widerspiegeln, anzuerkennen sind, läßt sich aber allein aufgrund einer genauen Analyse der Interessenlagen beantworten. Entscheidend ist nicht die Wertung der Gestaltung zum wirtschaftlichen Hintergrund, sondern ein Vergleich der gesamten konkreten Sachverhaltssituation mit der vom Gesetzgeber vorausgesetzten Normsituation und den für maßgebend erachteten rechtspolitischen Zwecksetzungen. Im Rahmen dieser Würdigung kann es sich auch als erforderlich erweisen, zusätzlich subjektive Elemente mitzuberücksichtigen. Auf eine spezielle Umgehungsabsicht wird jedoch bei § 5 GüKG fast übereinstimmend verzichtet[120].

---

120 Vgl. OLG Hamburg, Urt. v. 13. 12. 1967 in DGV 1968 S. 206; im Ergebnis auch *H-E-P-K* (Anm. 3 c zu § 5 GüKG) und *Lütkes-Meier-Wagner* (Anm. 4 zu § 5 GüKG) durch ihren Hinweis auf wirtschaftlich beachtliche Gründe und vor allem durch ihre kritiklose Wiedergabe der Rechtsprechung des BGH. Im Personenbeförderungsrecht wird eine Umgehungsabsicht verlangt von *Müller*, Anm. 1 zu § 6 PBefG; *Oppelt*, Anm. zu § 6 PBefG; *Sigl*, Anm. 4 zu § 6 PBefG; hiergegen ausdrücklich *Fielitz-Meier-Montigel*, Anm. 2 zu § 6 PBefG; *Greif*, Rdn. 2 zu § 6 PBefG; ebenso *Bidinger*, Anm. 2 a zu § 6 PBefG.

Abschließend muß darauf hingewiesen werden, daß im Güterkraftverkehrsrecht die Rechtsfolgen einer Gesetzesumgehung je nach der Eigenart der verletzten Bestimmungen verschieden sind. Während im Steuerrecht die mißbräuchliche Gestaltung nur für steuerlich unwirksam erklärt wird[121], kann ein Verstoß gegen § 5 GüKG zur Nichtigkeit des der Umgehung dienenden Rechtsgeschäfts führen. Ob dies zutrifft, folgt aus dem Zweck der umgangenen Norm unter Berücksichtigung ihres Zusammenhanges mit anderen Vorschriften des Gesetzes[122]. Unabhängig hiervon ist aber auf jeden Fall entsprechend § 6 Abs. 2 StAnpG diejenige Gestaltung der Beurteilung zu unterstellen, die von der umgangenen Norm als angemessen gewertet wird[123]. Gerade darin liegt die eigentliche Bedeutung des verkehrsgewerberechtlichen Umgehungsverbots. Den Beteiligten soll der Einwand verwehrt bleiben, trotz Nichtigkeit der gewählten Gestaltung könne die angeordnete Rechtsfolge nicht eingreifen, da die gesetzlich vorausgesetzte Gestaltung nicht gegeben sei.

III. Zusammenfassung

1. Als Gesetzesumgehung bezeichnet man den Versuch, die Anwendbarkeit einer zwingenden gesetzlichen Bestimmung (umgangene Norm) in zweckwidriger Weise auszuschließen (Tatbestandsvermeidung) oder herbeizuführen (Tatbestandserschleichung).

2. Die Umgehungsfälle lassen sich dogmatisch zufriedenstellend allein durch berichtigende Auslegung, Analogie und teleologische Reduktion der umgangenen Norm lösen. Ob eine Umgehungsabsicht vorliegen muß, bestimmt die teleologische Zwecksetzung der umgangenen Norm. Verfehlt ist es, die Gesetzesumgehung durch den Mißbrauch der Umgehungsnorm zu charakterisieren.

3. Diese Grundsätze zur Bekämpfung der Gesetzesumgehung können nur dann angewandt werden, falls keine speziellen Umgehungsvorschriften eine methodisch andere Beurteilung gebieten. Solche Sonderbestimmungen enthalten die §§ 5, 22 Abs. 2 Satz 2 GüKG.

Unter „Scheintatbestand" im Sinne des § 5 GüKG sind weder die in § 117 BGB erfaßten Scheingeschäfte noch die in § 5 Abs. 1 StAnpG erwähnten Scheinhandlungen zu verstehen. Gemeint ist vielmehr der *Mißbrauch* von Formen und Gestaltungsmöglichkeiten des bürgerlichen Rechts oder des Handelsrechts.

---

[121] Vgl. *Becker*, Anm. 8 zu § 5 AO; *Böhmer* S. 107; *Viesel* S. 101; *v. Wallis/Spanner* in Hübschmann-Hepp-Spitaler, Rdn. 104 zu § 6 StAnpG; *Ball* S. 134.

[122] Vgl. KG, Urt. v. 21. 10. 1955 in NJW 1956 S. 713; *Balfanz-v. Tegelen*, Anm. 1 zu § 5 GüKG; *Lütkes-Meier-Wagner*, Anm. 5 zu § 5 GüKG.

[123] Vgl. die ausdrückliche Regelung des § 22 Abs. 3 GüKG für tarifwidrige Vereinbarungen.

Bei der Auslegung des Mißbrauchsbegriffs sind die zum steuerrechtlichen Umgehungsverbot (§ 6 StAnpG) entwickelten Grundsätze maßgeblich mitzuberücksichtigen. Zwar kann davon ausgegangen werden, daß ein Mißbrauch dann vorliegt, wenn die vom potentiellen Normadressaten gewählte rechtliche Gestaltung *unangemessen* ist. Weder der gewöhnliche Weg noch die Beweggründe als solche oder der Begriff des wirtschaftlichen Hintergrundes sind jedoch geeignet, diesen unbestimmten Rechtsbegriff zu konkretisieren. Eine sachgerechte Deutung des Mißbrauchsbegriffs kommt nicht an der Erkenntnis vorbei, daß die gewählte Gestaltung immer nur *zur* Umgehung mißbräuchlich sein kann.

4. Ein Gestaltungsmißbrauch im Sinne der §§ 6 StAnpG, 5 GüKG ist gegeben, wenn mittels der gewählten Gestaltung ein steuerrechtlicher oder verkehrsgewerberechtlicher Erfolg erreicht werden soll, der von der umgangenen Norm mißbilligt wird. Da die Umgehungsverbote in einem unmittelbaren Zusammenhang mit der konkret umgangenen Norm stehen, können nur aus dieser die entscheidenden Wertungsmaßstäbe für die Frage gewonnen werden, ob ein Mißbrauch vorliegt. Die Untersuchung hat somit an dieselben Gedankengänge anzuknüpfen, die ohne das spezielle Umgehungsverbot eine analoge Anwendung oder teleologische Reduktion der umgangenen Norm und eine *nachträgliche* Kennzeichnung des zur Umgehung eingesetzten Mittels als rechtsmißbräuchlich rechtfertigen würden. Eine spezielle Umgehungsabsicht verlangt § 5 GüKG nicht.

F. Das Werkunternehmen

I. Der Unternehmerbegriff im GüKG

Es wurde bereits mehrfach darauf hingewiesen, daß die Problemlösungen bei Werkunternehmen und Werkspeditionen vordringlich aus der wirtschaftlichen Betrachtungsweise und der Gesetzesumgehung abgeleitet werden. Deshalb mußten zunächst allgemein die Bedeutung und der systematische Standort der wirtschaftlichen Betrachtungsweise sowie der Anwendungsbereich des verkehrsgewerberechtlichen Umgehungsverbots klargestellt werden. Bevor unter Berücksichtigung der erarbeiteten Grundsätze auf die mit den Werkunternehmen unmittelbar zusammenhängenden Probleme eingegangen wird, erscheint der Hinweis angebracht, daß der eigentlichen Problematik die Frage vorausgeht, wer bei einem Beförderungsvorgang als der die Güterbeförderung ausführende Unternehmer anzusehen ist.

Der Begriff des Güterfernverkehrs ist durch die Legaldefinition des § 3 Abs. 1 GüKG dahin bestimmt, daß zu ihm „jede Beförderung von Gütern mit einem Kraftfahrzeug für andere über die Grenzen der Nahzone hinaus oder außerhalb dieser Grenzen" gehört. Im Gegensatz hierzu liegt Werkverkehr nur dann vor, wenn unter den in § 48 Abs. 1 Nr. 1 bis 5 GüKG genannten weiteren Voraussetzungen „Güter für eigene Zwecke" befördert werden. Das entscheidende Abgrenzungsmerkmal bildet demnach die Beförderung für *andere* und für *eigene* Zwecke.

Welche Verkehrsart vorliegt, läßt sich jedoch nur bestimmen, wenn feststeht, wer die Güterbeförderung vornimmt. Meist ist das leicht zu erkennen. Wenn beispielsweise der Transportunternehmer A durch eigene Angestellte Güter des an seinem Unternehmen beteiligten stillen Gesellschafters B befördert, kann nicht bezweifelt werden, daß A als Unternehmer die Beförderung im gewerblichen Güterverkehr für einen anderen ausführt. Problematisch ist lediglich, ob die finanzielle Beteiligung des B eine Tarifumgehung indiziert. Schwieriger dürfte die Rechtslage zu beurteilen sein, wenn B darüber hinaus im Unternehmen des A die maßgebenden unternehmerischen Entscheidungen trifft. Fallen zudem auch noch die Nutzungen des Transportunternehmens überwiegend dem B zu, erscheint es äußerst fraglich, ob A noch die Unternehmereigenschaft besitzt. Müßte B als eigentlicher

Unternehmer des Transportunternehmens A anzusehen sein, würde dies bedeuten, daß er seine eigenen Güter im Werkverkehr befördert[1].

1. Die natürliche Person als Einzelunternehmer

Das GüKG erwähnt den Unternehmer oft und knüpft an diesen Begriff weitreichende Rechtsfolgen. Schon ein oberflächliches Textstudium zeigt, daß sich der Gesetzgeber vor allem mit dem Einzelunternehmer als natürliche Person befaßt, was z. B. § 19 GüKG hinreichend verdeutlicht. Bestimmungen über Personalgesellschaften fehlen gänzlich. Lediglich der inzwischen ersatzlos gestrichene § 99 b GüKG normierte, daß gegen eine Personenhandelsgesellschaft eine Geldbuße festgesetzt werden kann, wenn ein vertretungsberechtigtes Mitglied eine Ordnungswidrigkeit nach § 99 a GüKG begeht. In § 15 Abs. 4 GüKG ist gerade noch die Möglichkeit angedeutet, daß auch Kapitalgesellschaften eine Güterfernverkehrsgenehmigung erhalten und somit auf dem Güterkraftverkehrssektor tätig werden können.

a) Die Definition des Unternehmers

Das GüKG setzt wie die GewO, deren §§ 37, 76 bereits Ansätze zur staatlichen Reglementierung des Straßengüterverkehrs enthielten[2], Wirtschaftsrecht[3]. Bei der Deutung des Unternehmerbegriffs kann daher unbedenklich auf die im allgemeinen Gewerberecht entwickelten Grundsätze zurückgegriffen werden[4]. Man versteht unter Unternehmer einen selbständigen Gewerbetreibenden, der ein Gewerbe — also eine erlaubte, auf Erzielung von Gewinn gerichtete, nicht nur gelegentlich ausgeübte Tätigkeit[5] — auf eigene Rechnung und unter eigener Verantwortung betreibt[6].

---

1 Der Unternehmerbegriff wird meist bei dem Problemkreis erörtert, ob Güterfernverkehr ohne die erforderliche Genehmigung betrieben wird (vgl. § 99 Abs. 1 Nr. 1 GüKG) oder ob ein anderer die einem Unternehmer erteilte Genehmigung ausnutzt, was sowohl für die Erteilung als auch für die Entziehung der Genehmigung (vgl. § 78 Abs. 2 Nr. 5 GüKG) bedeutend ist; vgl. hierzu VG Köln, rk. Urt. v. 14. 3. 1969 —4 K 1997/68— sowie *Balfanz-v. Tegelen*, Anm. 2 zu § 8 GüKG, Anm. 3 zu § 11 GüKG; *H-E-P-K*, Anm. 2 B e zu § 78 GüKG, Anm. 3 d zu § 99 GüKG; Anm. 5 zu § 11 GüKG; *Lütkes-Meier-Wagner*, Anm. 4 zu § 11 GüKG.

2 Über die Unzulänglichkeiten dieser Regelung vgl. *Balfanz* S. 8 f.; *Stabenow* S. 17; *v. Schoenebeck* S. 12 ff.

3 *Balfanz-v. Tegelen*, Einf. Anm. II mit weiteren Nachweisen; NJW 1961 S. 2240.

4 *Müller*, Anm. 1 zu § 11 GüKG; Anm. 2 zu § 1 NotVO. Siehe z. B. auch BVerwG, Urt. v. 13. 4. 1962 in DÖV 1963 S. 33 für die Auslegung des Begriffs „gewerbsmäßig".

5 Vgl. *Fuhr*, Einl. Abschnitt A I (S. 2).

6 *Landmann-Rohmer*, § 14 Rdn. 8; ebenso *Fuhr*, Vorb. vor § 14 Anm. III 2 a, der zutreffend darauf hinweist, daß sich die Begriffsbestimmung noch

Da jedoch das GüKG die Unternehmereigenschaft an den Tatbestand der Beförderung für andere knüpft[7] und auch die gelegentlich und unentgeltlich ausgeführte Fernbeförderung zu einem genehmigungspflichtigen Beförderungsgeschäft machen will[8], muß der Verkehr nicht unbedingt gewerbsmäßig[9] betrieben werden. Unternehmer von Güterfernverkehr kann daher auch sein, wer nur eine einzige Beförderung ausführt[10]. Erforderlich ist aber stets, daß der Unternehmer den Verkehr auf eigene Rechnung und unter eigener Verantwortung oder — anders ausgedrückt — im eigenen Namen, unter eigener Verantwortung und für eigene Rechnung betreibt[11].

b) Das Handeln auf eigene Rechnung

Entscheidend ist daher einmal, daß den Unternehmer die mit dem Betrieb verbundene Gefahr trifft. Ihm müssen die Lasten und Nutzungen des Unternehmens wenigstens zu einem erheblichen Teil zufallen[12].

---

schärfer negativ dahin geben läßt, wenn man als selbständigen Gewerbetreibenden denjenigen bezeichnet, „der weder als Stellvertreter noch als Gewerbegehilfe (abhängiger Angestellter oder Arbeiter) eine gewerbliche Tätigkeit ausübt".

[7] So ausdrücklich § 2 Abs. 1 PBefG; vgl. hierzu *Bidinger*, Anm. 2 d zu § 2 PBefG; *Fielitz-Meier-Montigel*, Anm. 3 zu § 2 PBefG.

[8] So Bayer. ObLG, Urt. v. 18. 11. 1952 in VRS 5/157 ff.; OLG Hamm, Beschluß v. 7. 2. 1957 in VRS 13/153; OLG Saarbrücken, Beschluß v. 26. 3. 1970 in BB 1970 S. 1588; *Balfanz-v. Tegelen*, Anm. 2 zu § 2 GüKG, Anm. 2 zu § 8 GüKG; *Bartholomeyczik*, ZfVerkW 1964 S. 161, BB 1964 S. 1030; *Dalcke-Fuhrmann-Schäfer*, Anm. 1 zu § 8 GüKG; *Erbs-Kohlhaas*, Anm. 3 zu § 3 GüKG; Anm. 1 zu § 8 GüKG; *H-E-P-K*, Anm. 1 zu § 8 GüKG; *Ruwe*, Anm. 1 zu § 8 GüKG; *Münz-Haselau-Herrmann-Liebert*, Anm. 1 b zu § 8 GüKG; ebenso noch ausdrücklich § 2 DVO z. GFG; a. A. *Lütkes-Meier-Wagner*, Anm. 1 zu § 3 GüKG, Anm. 2 zu § 8 GüKG; *Müller*, Anm. 1 zu § 3 GüKG, Anm. 1 zu § 8 GüKG, Anm. 1 zu § 11 GüKG.

[9] Unter gewerbsmäßig versteht man „jede auf eine gewisse Dauer berechnete und auf Erzielung unmittelbarer oder mittelbarer wirtschaftlicher Vorteile gerichtete Tätigkeit", vgl. BVerwG, Urt. v. 13. 4. 1962 in DÖV 1963 S. 33.

[10] Anders *Müller* (Anm. 1 zu § 11 GüKG), der an dem allgemeinen gewerberechtlichen Unternehmerbegriff festhält und deshalb auch die gelegentliche Beförderung nicht für genehmigungspflichtig erachtet; im Ergebnis ebenso *Lütkes-Meier-Wagner*, Anm. 1 zu § 3 GüKG, Anm. 2 zu § 8 GüKG.

[11] So die im Güterkraftverkehrsrecht allgemein verwandte Definition, vgl. Bayer. ObLG, Beschluß v. 31. 10. 1957 in VRS 15/75; *Dalcke-Fuhrmann-Schäfer*, Anm. 1 zu § 11 GüKG iVm. Anm. 4 zu § 2 PBefG; *Lütkes-Meier-Wagner*, Anm. 4 zu § 11 GüKG; *Müller*, Anm. 1 zu § 11 GüKG; so auch die gleichlautende Begriffsbestimmung in § 3 Abs. 2 PBefG.

[12] So ausdrücklich die amtliche Begründung zum PBefG, BT-Drucks. 255/25 (3. Wahlperiode); *Bidinger*, Anm. 2 c zu § 3 PBefG; *Müller*, Anm. 3 zu § 3 PBefG; *Oppelt*, Anm. 2 zu § 2 PBefG; zweifelnd *Fielitz-Meier-Montigel*, Anm. 3 zu § 3 PBefG. Zum GüKG vgl. OLG Hamburg, Beschluß v. 13. 12. 1957 in VRS 15/77; OLG Braunschweig, Beschluß v. 30. 3. 1963 —Ws (B) 246/62—, zit. nach *H-E-P-K*, Anm. 3 d zu § 99 GüKG; Bayer. ObLG, Beschluß v. 22. 7. 1965 —BWReg 4 a St 19/1965—, zit. nach *H-E-P-K*, Anm. 3 d zu § 99 GüKG und *Balfanz-v. Tegelen*, Anm. 2 zu § 8 GüKG; BFH, Urt. v. 30. 11. 1960 in

Auf die Eigentumsverhältnisse an den Betriebsmitteln kommt es nicht an. Auch der Pächter, der ein Güterfernverkehrsunternehmen betreibt, ist grundsätzlich als dessen Unternehmer zu betrachten und bedarf für seine Person der Genehmigung[13]. Denn er trägt während der Dauer der Pacht die mit dem Betrieb verbundene wirtschaftliche Gefahr.

c) Das Handeln unter eigener Verantwortung

Zum anderen setzt der Unternehmerbegriff die persönliche Selbständigkeit des Gewerbetreibenden voraus. „Sie besteht darin, daß der gewerblich Tätige arbeiten kann, wann er will, also keine bestimmten Arbeitsstunden innezuhalten hat, daß er die Arbeit nicht notwendig selbst zu verrichten braucht, sondern durch andere ausführen lassen darf, daß er keiner Disziplin des Arbeitgebers unterliegt, und daß für ihn, abgesehen von dem Falle einer besonderen Vereinbarung, kein Recht und keine Pflicht zur weiteren Beschäftigung oder für Einhaltung einer Kündigungsfrist besteht[14]."

Vor allem widerspricht es nicht der Eigenschaft als selbständiger Unternehmer, wenn der Beförderer sachlich von einem oder mehreren Absendern abhängig ist, etwa deren Weisungen zu befolgen, ausschließlich für diese tätig zu sein und die Beförderungen zu genau festgelegten Bedingungen durchzuführen hat[15]. Die persönliche Selbständigkeit entfällt erst dann, wenn der Beförderer sich nach der gesamten Ausgestaltung der Verhältnisse in einer derart persönlichen oder wirtschaftlichen Abhängigkeit befindet, daß er außerstande ist, über die geleistete Tätigkeit hinaus Dritten gegenüber auf dem gleichen Gebiet weitere selbständige Tätigkeiten auszuüben[16]. Das

---

BStBl. 1961 III S. 30 f.; BGH, Urt. v. 19. 12. 1966 in VRS 32/253 (255); BVerwG, Urt. v. 28. 6. 1963 in VRS 26/236 ff. Zum allgemeinen Gewerberecht vgl. vor allem PrOVG, Urt. v. 13. 6. 1929 in PrOVGE 84/381 ff.; *Fuhr*, Vorb. vor § 14 Anm. III 2 b.

[13] Vgl. KG, Urt. v. 21. 10. 1955 in NJW 1957 S. 713 sowie zum allgemeinen Gewerberecht *Fuhr*, Vorb. vor § 14 Anm. III 2 f und Anm. 3 a 1; *Landmann-Rohmer*, § 14 Rdn. 23.

[14] PrOVG, Urt. v. 12. 6. 1917 in PrOVGE 73/169 (171).

[15] Vgl. für das allgemeine Gewerberecht *Fuhr*, Vorb. vor § 14 Anm. III 2 e; a. A. für das Personenbeförderungsrecht ohne nähere Begründung *Greif*, Rdn. 4 zu § 2 PBefG.

[16] Vgl. BVerwG, Urt. v. 28. 6. 1963 in VRS 26/236 ff.; Urt. v. 13. 11. 1964 —VII C 104.63—, zit. nach *H-E-P-K*, Anm. 3 d zu § 99 GüKG; BGH, Urt. v. 19. 12. 1966 in VRS 32/253 (255); OLG Braunschweig, Beschluß v. 30. 3. 1963 —Ws (B) 246/62—, zit. nach *H-E-P-K*, Anm. 3 d zu § 99 GüKG; OLG Hamburg, Beschluß v. 13. 12. 1957 in VRS 15/77; OVG Lüneburg, Urt. v. 22. 10. 1965 —III OVG A 213/63—, zit. nach *H-E-P-K*, Anm. 3 d zu § 99 GüKG; Bayer. VGH, Urt. v. 24. 1. 1957 in DGV 1958 S. 67 mit Anm. von Bidinger; Bayer. ObLG, Beschluß v. 31. 10. 1957 in VRS 15/75 (76). Vgl. für das allgemeine Gewerberecht vor allem *Fuhr* (Vorb. vor § 14 Anm. III 2 d) unter Hinweis auf die leicht mißzuverstehenden Ausführungen des RG im Urteil vom 19. April 1937 (RGSt 71/190).

gleiche gilt, wenn ein Transportunternehmer sich der Verfügungsgewalt über seine zum Güterfernverkehr zugelassenen Fahrzeuge begibt, indem er die uneingeschränkte kaufmännische und betriebliche Leitung seines Unternehmens einem Dritten überträgt[17].

2. Der Gesellschafter einer Personengesellschaft als Unternehmer

a) Der Grundsatz

In der Praxis kann man nun häufig beobachten, daß ein Güterfernverkehrsunternehmen von einer Personengesellschaft betrieben wird[18]. Liegt eine bürgerlich-rechtliche Gesellschaft oder eine OHG vor, sind grundsätzlich die einzelnen Gesellschafter in ihrer gesamthänderischen Gebundenheit Unternehmer[19]. Die Personenmehrheit als solche ist nicht genehmigungsfähig[20], ebenso wie sie nach § 1 Abs. 1 GewO nicht erlaubnisfähig ist[21]. Die Rechte und Pflichten aus der Güterfernverkehrsgenehmigung treffen vielmehr die Gesellschafter, ihnen wird die Genehmigung in ihrer gesamthänderischen Bindung erteilt[22].

Äußerst umstritten ist demgegenüber, ob bei einer KG auch der Kommanditist Unternehmer ist. Im Güterkraftverkehrsrecht wird dies überwiegend ohne nähere Begründung bejaht[23]. Der Kommanditist haftet jedoch für die Verbindlichkeiten der Gesellschaft nur mit seiner Einlage. Er ist von der Geschäftsführung ausgeschlossen und nicht zur Vertretung berechtigt. Für ihn besteht kein Wettbewerbsverbot, die Gesellschaft wird nicht auf seinen Namen geführt. Bei einer so beschränkten Rechtsstellung kann nicht mehr davon gesprochen werden, daß der Kommanditist die Geschäfte der Gesellschaft mitbetreibt oder

---

[17] Vgl. BVerwG, Urt. v. 28. 6. 1963 in VRS 26/236 ff. sowie die übrigen in FßN. 16 aufgeführten Entscheidungen.

[18] Vgl. hierzu grundsätzlich *Gall*, DGV 1960 S. 62 ff.

[19] Vgl. *Balfanz-v. Tegelen*, Anm. 1 zu § 11 GüKG; *H-E-P-K*, Anm. 2 zu § 11 GüKG; *Ruwe*, Anm. 1 zu § 11 GüKG; *Fielitz-Meier-Montigel*, Anm. 2 zu § 3 PBefG; *Greif*, Rdn. 4 zu § 2 PBefG; *Fuhr*, Vorb. vor § 14 Anm. III 3 a 1; *Landmann-Rohmer*, § 14 Rdn. 42, § 30 Rdn. 5; BVerwG, Urt. v. 5. 8. 1965 in BVerwGE 22/16 (19); anders wohl *Müller* (Anm. 1 zu § 11 GüKG; Anm. 1 zu § 3 PBefG), der die Personenmehrheit als Unternehmer bezeichnet.

[20] Anders jedoch nach § 1 Abs. 1 Satz 1 der Handwerksordnung vom 28. Dezember 1965 (BGBl. 1966 I S. 1).

[21] Vgl. *Landmann-Rohmer*, § 1 Rdn. 30.

[22] BVerwG, Urt. v. 22. 1. 1971 in BB 1971 S. 632; *H-E-P-K*, Anm. 2 zu § 11 GüKG; *Münz-Haselau-Herrmann-Liebert*, Anm. 3 zu § 11 GüKG; *Fielitz-Meier-Montigel*, Anm. 2 zu § 3 PBefG; *Fuhr*, Vorb. vor § 14 Anm. III 3 a 1, Anm. III 3 c 1 a. E.

[23] Vgl. Rdnr. 53 und 54 der Allgemeinen Verwaltungsvorschriften zum GüKG. Ebenso wohl *H-E-P-K* (Anm. 2 zu § 11 GüKG) und *Balfanz-v.Tegelen* (Anm. 1 zu § 11 GüKG; Anm. 3 zu § 15 GüKG), da sie kritiklos auf die Rdnr. 53 und 54 der Allgemeinen Verwaltungsvorschriften verweisen. a. A. *Ruwe*, Anm. 1 zu § 11 GüKG; Anm. 2 zu § 15 GüKG.

daß dies der persönlich haftende Gesellschafter für ihn und in seinem Namen tut. Er ist daher weder Kaufmann nach § 1 Abs. 1 HGB[24] noch Unternehmer im allgemeinen gewerberechtlichen Sinn[25]. Aus dem GüKG lassen sich keine Anhaltspunkte für eine abweichende Beurteilung gewinnen.

Bei der stillen Gesellschaft, die sich im Gegensatz zur OHG und KG nicht als Handelsgesellschaft darstellt, ist nur der „andere", an dessen Handelsgewerbe sich der stille Gesellschafter mit einer Vermögenseinlage beteiligt, Gewerbetreibender[26]. Ihn allein bezeichnet § 335 HGB auch als Inhaber des Handelsgeschäfts.

b) Die Rechtslage bei atypischen Gesellschaftsverhältnissen

Schwierigkeiten bereitet demgegenüber die Feststellung, wer bei einer atypischen Gestaltung von Gesellschaftsverhältnissen das Unternehmen betreibt. Dabei ist davon auszugehen, daß jeder Mitgesellschafter die allgemeinen Unternehmervoraussetzungen erfüllen, das Gewerbe somit auf eigene Rechnung und unter eigener Verantwortung betreiben muß. Daraus folgt, daß es bei der bürgerlich-rechtlichen Gesellschaft ganz auf die tatsächlichen Verhältnisse des Einzelfalles ankommt[27]. „Kennzeichnend für die Eigenschaft einer Person als Unternehmer wird es in der Regel sein, wenn sie an Gewinn und Verlust des Unternehmens sowie verantwortlich an der Vertretung und Geschäftsführung beteiligt ist[28]." Man muß daher stets prüfen, ob der Mitgesellschafter an der Gesellschaft wirtschaftlich beteiligt ist und nach außen hin sich in der Art eines für den Betrieb verantwortlichen Unternehmers betätigt[29].

---

[24] So die einhellige Rechtsprechung, vgl. RG, Urt. v. 5. 1. 1935 in JW 1935 S. 947 f.; BGH, Urt. v. 2. 6. 1966 in NJW 1966 S. 1960 (1961 f.). Ebenso *Baumbach-Duden,* § 161 Anm. 2 B; *Weipert* in RGRKomm. z. HGB, § 161 Anm. 15. Demgegenüber betrachten *Schilling* (in GroßKomm. HGB, § 161 Anm. 11) und *Schlegelberger-Geßler* (§ 161 Anm. 27) den Kommanditisten im Verhältnis zu seinen Mitgesellschaftern, der KG selbst und gegenüber den Gesellschaftsgläubigern als Kaufmann, während *Ballerstedt* (JuS 1963 S. 259) ihm uneingeschränkt die Kaufmannseigenschaft zuspricht; vgl. auch *Heymann-Kötter,* § 161 Anm. 2.

[25] BVerwG, Urt. v. 21. 7. 1964 in GewArch 1965 S. 7 (9 f.); *Fuhr,* Vorb. vor § 14 Anm. III 3 c 3; *Honig,* BB 1967 S. 601; *Kienzle,* GewArch 1965 S. 98 mit weiteren Nachweisen in Fßn. 4; a. A. OVG Münster, Urt. v. 5. 7. 1961 in GewArch 1962 S. 84 f.; *Greif,* Rdn. 8 zu § 3 PBefG und ohne Begründung *Landmann-Rohmer* (§ 14 Rdn. 42; § 30 Rdn. 5; § 35 Rdn. 48) unter Hinweis auf das Urteil des OVG Münster vom 5. Juli 1961 (GewArch 1962 S. 84), obwohl das entgegenstehende Revisionsurteil des BVerwG vom 21. Juli 1964 (GewArch 1965 S. 7) ebenfalls gebilligt wird.

[26] *Fuhr,* Vorb. vor § 14 Anm. III 3 d; *Landmann-Rohmer,* § 14 Rdn. 42; *Greif,* Rdn. 9 zu § 3 PBefG; *Bidinger,* Anm. 1 zu § 3 PBefG.

[27] *Fuhr,* Vorb. vor § 14 Anm. III 3 c 1.

[28] PrOVG, Urt. v. 7. 12. 1933 in OVGE 92/201 f.

[29] So PrOVG, Urt. v. 7. 12. 1933 in OVGE 92/201 (205 f.).

Da die Gesellschafter einer OHG gemäß § 128 HGB ausnahmslos nach außen unbeschränkt haften und — zumindest in abgewandelter Form — am Gewinn der Gesellschaft beteiligt sind[30], betreiben sie das Unternehmen immer auf eigene Rechnung. Wenn sie jedoch von der Vertretung und Geschäftsführung ausgeschlossen sind (§§ 114 Abs. 2, 125 Abs. 1 HGB), fehlt es an der zweiten Voraussetzung des Unternehmerbegriffs, nämlich daß das Gewerbe unter eigener Verantwortung geführt werden muß[31]. Da sowohl die GewO als auch das GüKG dem Unternehmer eine ganze Anzahl von Anzeigepflichten und sonstigen öffentlich-rechtlichen Pflichten auferlegen[32], dürfte die Unternehmereigenschaft eines Mitgesellschafters auch dann schon zu verneinen sein, wenn er nicht zur Vertretung der Gesellschaft berechtigt ist. Denn diese Pflichten können nur von demjenigen erfüllt werden, der namens der Gesellschaft nach außen die entsprechenden Erklärungen abzugeben vermag[33]. Gerade der inzwischen ersatzlos gestrichene § 99 b GüKG verdeutlicht, daß im Güterkraftverkehrsrecht nur der vertretungsberechtigte Gesellschafter einem Einzelunternehmer gleichgestellt wird.

Gleiches gilt für die Komplementäre einer KG. Ist jedoch nur ein persönlich haftender Gesellschafter vorhanden, so muß er in jedem Fall als Gewerbetreibender angesehen werden, da ihm die gesetzliche Vertretung der Gesellschaft nach § 170 HGB zusteht[34]. Der Kommanditist ist nur dann Unternehmer, „wenn er sich im Rahmen des Betriebs unternehmerisch betätigt und seine unternehmerische Leistung sich nicht nur auf die Beteiligung am Unternehmerrisiko beschränkt“[35]. Das BVerwG nimmt in seinem Urteil vom 21. Juli 1964[36] eine unternehmerische Betätigung in diesem Sinne an, wenn dem Kommanditisten trotz seines gesetzlichen Ausschlusses von der Vertretungsmacht und der Geschäftsführung tatsächlich ein maßgeblicher Einfluß auf den Geschäftsbetrieb eingeräumt wird, was insbesondere bei einem finanziellen Übergewicht des Kommanditisten vielfach vorkommen wird[37].

---

[30] Vgl. hierzu *Schlegelberger-Geßler*, § 121 Anm. 2 iVm. § 105 Anm. 6 mit weiteren Nachweisen.

[31] *Fuhr*, Vorb. vor § 14 Anm. III 3 c 1.

[32] Vgl. §§ 15 Abs. 3 bis 5, 18, 22 a Abs. 2, 23, 26 bis 30 GüKG.

[33] Vgl. zu dieser Streitfrage vor allem *Fuhr*, Vorb. vor § 14 Anm. III 3 c 1 mit weiteren überzeugenden Argumenten.

[34] *Fuhr*, Vorb. vor § 14 Anm. III 3 c 3.

[35] BVerwG, Urt. v. 21. 7. 1962 in GewArch 1965 S. 7 (9 f.).

[36] GewArch 1965 S. 7 (9 f.).

[37] Ebenso *Fuhr*, Vorb. vor § 14 Anm. III 3 c 3. Demgegenüber stellt *Kienzle* (GewArch 1965 S. 98) allein auf die Geschäftsführungsbefugnis ab. Weitere Hinweise zu dieser Streitfrage bei *Kienzle*, GewArch 1965 S. 98 Fßn. 4. Die Unternehmereigenschaft des Kommanditisten in derartigen Ausnahmefällen hat aber nicht zur Folge, daß er jetzt unbeschränkt haftet, vgl. BGH, Urt. v. 17. 3. 1966 in NJW 1966 S. 1309 ff.

Überträgt man diesen Gedankengang auf die stille Gesellschaft, wird auch einem stillen Gesellschafter dann die Unternehmereigenschaft zuzusprechen sein, wenn er über seine Vermögenseinlage hinaus einen maßgeblichen Einfluß auf den Geschäftsbetrieb besitzt. Das ist bei einer verantwortlichen Beteiligung an dem Gewinn und Verlust des Unternehmens sowie an Vertretung und Geschäftsführung der Fall[38].

3. Die juristische Person als Unternehmer

Im Gegensatz zu natürlichen Personen und Personengesellschaften ist bei juristischen Personen immer die juristische Person als solche Unternehmer[39]. Ihr und nicht den Gesellschaftern wird die Güterfernverkehrsgenehmigung erteilt[40]. Die einzelnen Mitglieder sind zwar wirtschaftlich die Interessierten, juristisch haben sie aber keine Rechte am Gesellschaftsvermögen, sondern nur Rechte und Pflichten gegenüber der Gesellschaft[41]. Die juristische Person steht ihren Gesellschaftern als selbständige Rechtspersönlichkeit gegenüber[42].

a) Der Gesellschafterwechsel

Die Unternehmereigenschaft einer juristischen Person ist auch unabhängig von einem Gesellschafterwechsel. Bei einer juristischen Person ist zwischen den einzelnen Geschäftsanteilen als einheitliche Zusammenfassung der Mitgliedschaftsrechte und dem beherrschten Geschäftsvermögen, vor allem dem Unternehmen mit seinen Beziehungen zur Kundschaft, seiner Firma, gewerblichen Schutzrechten, Inventar, Warenlager usw. zu unterscheiden. Es können nicht nur die Geschäftsanteile, sondern auch das Geschäftsvermögen der Gesellschaft mit dem dazugehörigen Inventar und Warenlager veräußert werden[43].

---

[38] Vgl. auch *Greif* (Rdn. 9 zu § 3 PBefG), der den stillen Gesellschafter schon dann als Unternehmer ansieht, wenn ihm ausnahmsweise ein Anteil am Geschäftsvermögen zusteht. Dies ist insoweit konsequent, da Greif auch den Kommanditisten als Unternehmer ansieht. Beides ist jedoch als zu weitgehend abzulehnen. Es kommt stets — was auch Greif einräumt — auf das tatsächliche Maß der Einflußmöglichkeiten an.

[39] Vgl. *Fuhr*, Vorb. vor § 14 Anm. III 3 b.

[40] *H-E-P-K*, Anm. 2 zu § 11 GüKG; *Münz-Haselau-Herrmann-Liebert*, Anm. 3 zu § 11 GüKG.

[41] *Hueck* § 2 I 2 (S. 4).

[42] Sie besitzt also eigene Rechtsfähigkeit, wobei Rechtsfähigkeit als umfassende, wenn auch nicht schrankenlose, ausschließliche Zuordnungsmöglichkeit verstanden wird, vgl. *Enneccerus-Nipperdey* § 105 I (S. 623 ff.). Daß auch die Einmann-Gesellschaft im Privatrechtsverkehr Rechtsfähigkeit besitzt, ist heute allgemein anerkannt, vgl. BGH, Beschluß v. 9. 10. 1956 in BGHZ 21/378 (383 f.); Urt. v. 19. 4. 1971 in NJW 1971 S. 1355 (1357); weitere Nachweise bei *Schilling* in Hachenburg, GmbH-Ges., Anhang zu § 13 Anm. 1.

[43] RG, Urt. v. 16. 3. 1920 in RGZ 98/289 ff.

Ändert sich der Inhaber eines Einzelunternehmens, ändern sich Gesellschafter einer Personalgesellschaft, so ändern sich damit die Besitz- und Eigentumsverhältnisse am Unternehmen, damit auch die Personen des Unternehmens. Der Gesellschafterwechsel bei juristischen Personen hat dagegen nicht diese Wirkung. Das Unternehmen bleibt in gleicher rechtlicher Weise an die juristische Person gebunden. Der Gesellschafterwechsel verändert die Besitz- und Eigentumsverhältnisse des Unternehmens nicht und führt zu keiner Veränderung der Inhaberschaft am Unternehmen. Unternehmer ist nach wie vor die juristische Person.

b) § 2 Abs. 2 UStG 1967

Im Rahmen dieser Untersuchung interessiert vor allem die Frage, ob einer auf dem Güterkraftverkehrssektor tätigen Kapitalgesellschaft die Unternehmereigenschaft abgesprochen werden muß, wenn sie derart eng mit einem Verladerbetrieb verflochten ist, daß eine Organschaft im steuerlichen Sinn vorliegt. Wegemer[44] bejaht dies, da er bei der Deutung des verkehrsgewerberechtlichen Unternehmerbegriffs § 2 Abs. 2 UStG 1967[45] für maßgebend erachtet[46].

Unter Organtheorie versteht man die steuerrechtliche Lehre von der wirtschaftlichen Einheit rechtlich selbständiger Wirtschaftsobjekte[47]. Die Anerkennung eines Organverhältnisses hat zur Folge, daß die Tätigkeit der Organgesellschaft nicht als selbständiges Steuerobjekt angesehen wird. Mit der objektiven Steuerpflicht der Organschaft entfällt gleichzeitig ihre subjektive Steuerpflicht.

Schon im Steuerrecht findet die Organschaft aber keine uneingeschränkte Anwendung. So zählt für die Körperschaftssteuer, die an die Rechtsform des Steuerpflichtigen anknüpft, diese wirtschaftliche Einheit bei Organschaftsverhältnissen im Regelfall nicht[48]. Auch die Voraussetzungen, unter denen eine Organschaft anerkannt werden kann, sind bei den einzelnen Steuerarten verschieden[49]. Die rechtspolitischen Zwecksetzungen unterscheiden sich ebenfalls. Im Gewerbesteuerrecht war beispielsweise für die Einführung der Organtheorie die Erwägung maßgeblich, daß die einzelne Gemeinde in ihrer Eigenschaft als Steuer-

---

[44] BB 1972 S. 794 f.; ebenso *Stoll*, GüKG S. 14 Fßn. 1 (zu § 15); *Fielitz-Meier-Montigel*, Anm. 6 zu § 6 PBefG; *Greif*, Rdn. 2 zu § 2 PBefG.

[45] Umsatzsteuergesetz (Mehrwertsteuer) vom 29. Mai 1967 (BGBl. I S. 545).

[46] Vgl. zu § 2 Abs. 2 UStG 1951 *Plückebaum-Malitzky*, Rdn. 287 ff.

[47] RFH, Urt. v. 30. 1. 1930 in RStBl. 1930 S. 148 (151); BFH, Urt. v. 17. 7. 1952 in BStBl. 1952 III S. 234 (235).

[48] Vgl. *Bühler-Strickrodt* § 22 II 3 (S. 330); *Serick*, Durchgriffsprobleme S. 8 mit Nachweisen in Fßn. 22; im einzelnen äußerst umstritten, vgl. *Holtmeier* S. 76 ff.

[49] Vgl. *Bühler-Strickrodt* § 22 II 3 (S. 328 ff.); *Holtmeier* S. 57 ff., 76 ff., 113 ff., 115 ff., 130 ff., 134 ff.

gläubigerin geschädigt werden kann, wenn ein in ihrem Bereich befindliches Unternehmen in einem Organverhältnis zu einem in einer anderen Gemeinde befindlichen Unternehmen, dem sogenannten Organträger steht. Denn der Organträger hat es in der Hand, den Gewerbeertrag und das Gewerbekapital des Organbetriebs so zu gestalten, daß die Gemeinde, in der sich der Organbetrieb befindet, bei getrennter Veranlagung entweder keine oder keine angemessene Steuer erhält[50]. Demgegenüber verfolgt § 2 Abs. 2 UStG vordringlich den wirtschaftspolitischen Zweck, durch Nichtbesteuerung der Innenumsätze zwischen dem beherrschenden Unternehmen und den Tochtergesellschaften dem Bestreben zur Fusionierung von Unternehmen entgegenzuwirken[51].

Derartige oder ähnliche rechtspolitische Zielsetzungen sind dem GüKG fremd. Die Organschaft ist ein spezifisch steuerrechtlicher Zweckbegriff, der schon von den Rechtsfolgen her gesehen in sich uneinheitlich und widerspruchsvoll ist[52]. Er darf deshalb nicht auf andere Rechtsgebiete übertragen werden. Daß er im Güterkraftverkehrsrecht nicht angewandt werden kann, zeigt schon § 1 Abs. 2 des Straßengüterverkehrssteuergesetzes vom 28. Dezember 1968. Denn dort ist im Gegensatz zu der früheren Regelung des § 1 Abs. 3 des Beförderungssteuergesetzes vom 13. Juni 1955, wonach den Finanzbehörden eine Berücksichtigung der steuerlichen Begriffe „Unternehmenseinheit" und „Organschaft" vorgeschrieben war[53], ausdrücklich angeordnet, daß die Begriffsbestimmungen des GüKG in seiner jeweils geltenden Fassung auch für dieses Gesetz gelten. Selbst eine besonders enge finanzielle, organisatorische, personelle und räumliche Verflechtung zwischen einem Transportunternehmen und einem Verladerbetrieb rechtfertigt daher nicht die Schlußfolgerung, dem in der Rechtsform einer juristischen Person betriebenen Werkunternehmen die Unternehmereigenschaft abzusprechen.

4. Die Öffentlichkeit des Güterfernverkehrs

Eng mit dem Unternehmerbegriff hängt schließlich die Frage zusammen, ob ein Fuhrunternehmen bereit und in der Lage sein muß, für beliebige Dritte Beförderungen auszuführen. Würde man das bejahen, läge bei einem Großteil der Werkunternehmen, die nur für ihre Muttergesellschaft befördern, schon aus diesem Grund kein gewerblicher Güterkraftverkehr vor. Ein Hinweis auf eine derartige Voraussetzung

---

50 *Blümisch-Boyens-Steinbring-Klein-Hübl*, § 2 Anm. 97 Abs. 1.

51 BFH, Urt. v. 17. 7. 1952 in BStBl. 1952 III S. 234 (236).

52 Vgl. *Serick*, Durchgriffsprobleme S. 6 ff., der es aus diesem Grund auch zu Recht ablehnt, bei der Lösung rein zivilrechtlicher Durchgriffsfragen auf den Organschaftsbegriff abzustellen.

53 Vgl. hierzu *Sperling* S. 69 bis 72.

könnte sich aus § 3 Abs. 1 GüKG ergeben, wonach der Güterfernverkehr eine Beförderung von Gütern „für *andere*" verlangt.

Die Formulierung „für andere" findet sich erstmals in § 1 Abs. 2 NotVO. Bereits unter dem Geltungsbereich dieses Gesetzes wurde aber überwiegend angenommen, daß ein genehmigungspflichtiger Güterfernverkehr auch dann gegeben ist, wenn der Unternehmer ausschließlich für ein Werk fährt[54]. Denn im Gegensatz zu den vorausgegangenen Liniengesetzen und dem Personenkraftverkehr verlangte die NotVO nicht mehr, daß bei der Güterbeförderung die Kraftfahrzeuge einem subjektiv unbestimmten Personenkreis zur Verfügung stehen mußten. Der Verkehr brauchte nicht öffentlich zu sein. Das Ziel der NotVO ging ebenso wie bei den nachfolgenden Gesetzen dahin, möglichst viele Beförderungen zu erfassen. Das zeigt sich gerade daran, daß selbst die gelegentlich und unentgeltlich ausgeführte Fernbeförderung genehmigungspflichtig ist. Güterfernverkehr liegt deshalb auch vor, wenn nur für *einen* anderen befördert wird.

II. Die Unternehmenseinheit „Werkunternehmen-Verladerunternehmen"

1. Die bürgerlich-rechtliche Betrachtungsweise

Mit der Feststellung, daß eine Beförderung für andere und somit Güterfernverkehr im Sinne des § 3 Abs. 1 GüKG nicht deshalb entfällt, weil ein bestimmtes Fuhrunternehmen stets nur Güter eines einzelnen Absenders transportiert, ist noch nicht entschieden, ob in engen Verflechtungsfällen das Verladerunternehmen als ein solcher „anderer" angesehen werden kann.

Bereits nach allgemeinen zivilrechtlichen Grundsätzen ist das zu verneinen, wenn ein Einzelkaufmann sowohl einen Produktionsbetrieb als auch ein Güterfernverkehrsunternehmen lediglich unter verschiedenen Firmen betreibt. Firmenrechtlich ist dies zwar unbedenklich, wenn es sich wirklich um mehrere selbständige Unternehmungen handelt und nicht um ein an mehreren Stellen betriebenes einheitliches Handelsgewerbe[1]. Entsprechend dem Wesen der Firma als eines Handelsnamens werden damit aber nicht mehrere Rechtspersönlich-

---

[54] *Hein*, Anm. 18 zu §§ 1, 2 NotVO; *Göller* S. 12; a. A. lediglich *Müller*, Anm. 9 und 14 zu § 1 NotVO.

[1] Vgl. *Schlegelberger-Hildebrand*, § 17 Anm. 4. Demgegenüber gestattet es die herrschende Meinung einer Handelsgesellschaft nicht, für mehrere Geschäftsbetriebe verschiedene Firmen zu führen, vgl. RG, Urt. v. 30. 3. 1926 in RGZ 113/213 (216); *Schlegelberger-Hildebrandt*, § 17 Anm. 6; a. A. *Kraft* S. 47 ff.

keiten geschaffen[2]. Vielmehr handelt es sich um verschieden angelegte Vermögensmassen ein und derselben Person. Da die mehreren Unternehmungen Teile eines Vermögens sind, die demselben Inhaber zustehen, kann es zwischen ihnen nur tatsächliche, nicht rechtliche Beziehungen geben[3]. So ist es rechtlich unmöglich, daß die Firmen miteinander Verträge abschließen. Ein Beförderungsvorgang zwischen den Unternehmungen muß daher dem Werkverkehr zugeordnet werden[4].

Wenn jedoch das Transportunternehmen, der Verladerbetrieb oder beide jeweils getrennt in der Rechtsform einer juristischen Person betrieben werden, können die Unternehmen selbst bei Personenidentität zueinander in rechtsgeschäftliche Beziehungen treten. Denn die juristische Person ist ein von der Person ihrer Mitglieder unabhängiges Rechtssubjekt[5] und als solches Träger von eigenen Rechten und Pflichten.

Demgegenüber handelt es sich bei der Gesellschaft des bürgerlichen Rechts, der OHG und der KG nicht um selbständige Rechtspersönlichkeiten[6]. Die auf dem Grundsatz der gesamten Hand[7] aufbauenden Gesellschaften sind aber rechtlich stark verselbständigt. Das Gesamthandsprinzip bewirkt eine derart enge Verbindung der Gesellschafter, daß innerhalb ihrer Gemeinschaft nicht mehr der Einzelwille, sondern nur noch der Gesamtwille maßgeblich ist[8]. Das Gesellschaftsvermögen ist der Verfügung des einzelnen Gemeinschafters und dem Zugriff seiner Gläubiger entzogen (§§ 718, 719 BGB). Durch die gesamthänderische Bindung wird es — ähnlich wie bei der juristischen Person — zu einem nur der Erfüllung des Gesellschaftszwecks dienenden Sondervermögen mit selbständigem rechtlichen Schicksal[9]. Im Rechtsverkehr zwischen der Gesellschaft und einem Gesellschafter behandelt man es

---

[2] *Schlegelberger-Hildebrandt,* § 17 Anm. 5; *Würdinger* in GroßKomm. HGB, § 17 Anm. 4; RG, Urt. v. 11. 5. 1929 in HRR 1929 Nr. 1666.

[3] *Schlegelberger-Hildebrandt,* § 17 Anm. 5; *Würdinger* in GroßKomm. HGB, § 17 Anm. 4.

[4] Vgl. *Lütkes-Meier-Wagner,* Anm. 1 zu § 3 GüKG: „Nicht für andere werden Güter für eine andere Abteilung desselben Betriebs, für einen anderen Betrieb des gleichen Werks oder ein anderes Unternehmen derselben Rechtspersönlichkeit befördert.“

[5] *Erman-Westermann,* Vorb. vor § 21 Anm. 1; *Palandt-Danckelmann,* Einf. vor § 21 Anm. 1.

[6] So die herrschende Meinung, vgl. *Hueck* § 2 I (S. 4 f.), § 13 III 2 (S. 55); *Erman-Schulze-Wenck,* vor § 705 Anm. 1 a; *Palandt-Thomas,* § 705 Anm. 1 b; *Schlegelberger-Geßler,* § 105 Anm. 28. Im Hinblick auf § 124 HGB ist jedoch die OHG einer juristischen Person stark angenähert, vgl. *Schlegelberger-Geßler,* § 105 Anm. 28.

[7] Vgl. hierzu z. B. *Hueck* § 2 VII 2 (S. 14), § 3 II (S. 16 ff.).

[8] *Erman-Schulze-Wenck,* § 705 Anm. 9.

[9] BGH, Urt. v. 18. 12. 1956 in WM 1957 S. 245 (247 f.). Vgl. im einzelnen *Hueck* § 3 II (S. 16 ff.); *Erman-Schulze-Wenck,* § 705 Anm. 9, Anm. zu § 719; *Schlegelberger-Geßler,* § 105 Anm. 34—36; *Soergel-Schultze-v. Lasaulx,* vor § 705 Rdn. 39.

gleichfalls als geschlossene Einheit. Der Übergang von der einen zur anderen Vermögensmasse geht deshalb ebenso vor sich wie zwischen zwei verschiedenen Rechtspersönlichkeiten[10].

Vor allem kann die Gemeinschaft mit ihren einzelnen Gesellschaftern außerhalb des Gesellschaftsvertrages jede Art von Geschäften tätigen[11]. Selbst wenn beispielsweise zwei offene Handelsgesellschaften mit denselben Gesellschaftern vorliegen, ist es den einzelnen Gesellschaftern gestattet, miteinander Geschäfte wie mit Dritten[12] und somit auch einen Beförderungsvertrag im Sinne des § 20 GüKG abzuschließen.

Bei einer engen finanziellen, organisatorischen, räumlichen und personellen Verflechtung zwischen einem Transportunternehmen und einem Verladerbetrieb verneinen jedoch die Bundesanstalt und Zippel[13] diese rechtliche Verselbständigung der juristischen Personen und der Personengesellschaften unter Hinweis auf die im GüKG geltende wirtschaftliche Betrachtungsweise. Es wird argumentiert, der Werkfrachtführer befördere nicht für einen „anderen“, sondern im Werkverkehr, da er mit dem beteiligten Absender eine wirtschaftliche Unternehmenseinheit bilde.

Die wirtschaftliche Betrachtungsweise ist — wie die bisherige Untersuchung gezeigt hat — ein teleologisches Auslegungskriterium, das die übrigen Auslegungsgrundsätze weder verdrängt noch sie beeinflußt. Es gibt keine von den jeweiligen gesetzlichen Bestimmungen losgelöste wirtschaftliche Betrachtungsweise „an sich“, da die maßgeblichen wirtschaftlichen Aspekte nur aus den in Frage stehenden konkreten Normen abgeleitet werden dürfen. Dabei ist bei jedem Problemkreis gesondert zu prüfen, ob überhaupt und gegebenenfalls welche wirtschaftlichen Faktoren entscheidungsrelevant sind. Es muß daher untersucht werden, ob der rechtspolitische Zweck der §§ 3 Abs. 1, 48 Abs. 1 GüKG es gebietet, bei einer engen Verflechtung den Verkehr entgegen dem Wortlaut und unter Mißachtung der bürgerlich-rechtlichen Selbständigkeit der Unternehmen dem Werkverkehr zuzuordnen.

---

10 *Fischer* in GroßKomm. HGB, § 105 Anm. 42.

11 RG, Urt. v. 29. 11. 1927 in RGZ 118/295 (298); *Erman-Schulze-Wenck*, § 705 Anm. 10 d; *Heymann-Kötter*, Vorb. vor § 105, § 124 Anm. 1; *Soergel-Schultze-v. Lasaulx*, § 705 Rdn. 61; *Palandt-Thomas*, § 705 Anm. 7 a; *Schlegelberger-Geßler*, § 105 Anm. 42, § 109 Anm. 8, § 128 Anm. 25.

12 Vgl. im einzelnen *Schlegelberger-Geßler*, § 105 Anm. 27; *Fischer* in GroßKomm. HGB, § 105 Anm. 29.

13 DGV 1963 S. 348; 1964 S. 32; ebenso *Münz-Haselau-Herrmann-Liebert* (§ 48 Anm. 1 c) und im Ergebnis auch diejenigen Autoren, welche bei der Deutung des verkehrsgewerberechtlichen Unternehmerbegriffs § 2 Abs. 2 UStG 1967 für maßgebend erachten, vgl. *Wegemer*, BB 1972 S. 794 f.; *Stoll*, GüKG S. 14 Fßn. 1 (zu § 15); *Fielitz-Meier-Montigel*, Anm. 6 zu § 6 PBefG; *Greif*, Rdn. 2 zu § 2 PBefG.

2. Die teleologische Auslegung der §§ 3 Abs. 1, 48 Abs. 1 GüKG

a) § 5 Nr. 4 DBest.z.NotVO und § 8 Abs. 2 GFG

Schon ein historischer Rückblick verdeutlicht, daß der Gesetzgeber in älteren Regelungen trotz engster Verflechtung von einer Beförderung für andere ausgegangen war und vor allem die Selbständigkeit juristischer Personen geachtet hat.

So durfte nach § 5 Nr. 4 DBest.z.NotVO die Tarifpflicht nicht durch ein Speditionsunternehmen, das Güterbeförderungen für andere ausführen will, dadurch umgangen werden, daß es die Ausführung der Beförderung einem Güterfernverkehrsunternehmen überträgt, das ihm zu mehr als 50 vom Hundert gehört[14]. Diese Regelung zweifelte nicht an, daß trotz der engen Verflechtung der Güterfernverkehrsunternehmer für einen anderen — nämlich für den Spediteur — beförderte[15]. Da die NotVO nur den Unternehmer an den Tarif band und der Spediteur bezüglich der Preisbildung frei war[16], befürchtete der Gesetzgeber, daß der Spediteur bei einer Frachtvergünstigung gegenüber seinen Kunden nur scheinbar dem mit ihm verbundenen Fernverkehrsunternehmer die volle Fracht zahlen würde[17]. Durch die Gleichsetzung des Spediteurs mit dem Fuhrunternehmer sollte somit lediglich sichergestellt werden, daß der Spediteur dem Versender das volle tarifliche Entgelt berechnete.

Auch § 8 Abs. 2 GFG zeigt, daß dem historischen Gesetzgeber eine wirtschaftliche Unternehmenseinheit im Verkehrsgewerberecht fremd war. Nach dieser Vorschrift durfte der Inhaber einer Genehmigung kein anderes Gewerbe als Güterfernverkehr betreiben[18]. Die Erfahrung hatte gelehrt, daß der Unternehmer gerade die Geschäfte, die er neben seinem Güterfernverkehr betrieb und die keiner Tarifpflicht unterlagen, dazu benutzte, der Verladerschaft unzulässige Rückvergütungen und sonstige Vergünstigungen zu gewähren. Die Nachprüfung derartiger Umgehungen wurde zudem durch die gemeinsame Buchführung erschwert. Dem sollte abgeholfen werden[19].

---

14 Unter „gehören" verstand man schon eine Beteiligung als Kommanditist oder stiller Gesellschafter, vgl. *Isaac*, Anm. 6 zu § 3 NotVO. Über die Mängel dieser mißverständlich gefaßten Bestimmung vgl. *v. Beck*, VZ 1936 S. 340.

15 *Hein*, Anm. 1 b bb zu § 3 NotVO; *Isaac*, Anm. 6 zu § 3 NotVO; *Göller* S. 20; a. A. *Müller*, Anm. 1 zu § 3 NotVO.

16 *Isaac*, Anm. 6 zu § 3 NotVO; *Hein*, Verkehrstechnik 1931 S. 529.

17 *Isaac*, Anm. 6 zu § 3 NotVO.

18 Die Vorschrift des § 8 Abs. 2 GFG hat sich als undurchführbar erwiesen. Sie ist deshalb bereits durch § 15 Abs. 2 GFÄG aufgehoben und auch nicht wieder in das GüKG aufgenommen worden, vgl. *Ruwe*, Anm. 4 zu § 11 GüKG.

19 Vgl. im einzelnen *v. Beck*, VZ 1936 S. 339 f.; *Reuter* S. 40; *Hein*, Anm. 5 zu § 8 GFG; *v. Schoenebeck* S. 114 ff.; *Gülde*, Anm. 7 zu § 8 GFG; *Petersen*, Eger EE 58 S. 120 f.; *Balfanz* S. 19; *Booß*, Verkehrsrechtliche Rundschau 1936 (XV. Band), Gruppe 4 a Blatt 3 R.

Dem Güterfernverkehrsunternehmer war es aber nicht verwehrt, sich an anderen Unternehmen in beliebiger Höhe finanziell zu beteiligen[20]. Vor allem lief es der Ausschließlichkeitsklausel nicht zuwider, wenn der Antragsteller den Güterfernverkehr unter besonderer Rechtspersönlichkeit betrieb (§ 20 DVO z. GFG), worunter gemäß einem Erlaß des Reichsverkehrsministers vom 3. Juni 1936[21] aber nur juristische Personen fielen. Der Unternehmer von Güterfernverkehr durfte also daneben jedes andere Gewerbe führen, sofern er nur entweder für den Güterfernverkehrsbetrieb oder für das andere Gewerbe eine besondere Rechtspersönlichkeit bildete[22]. Diese Regelung wäre unverständlich gewesen, wenn der Gesetzgeber des GFG zugleich eine wirtschaftliche Unternehmenseinheit anerkannt hätte. Denn dann müßte davon ausgegangen werden, daß der Unternehmer trotz der erlaubten Betriebstrennung nach wie vor ein einheitliches Gemischtunternehmen betrieben hätte, was nach § 8 Abs. 2 GFG wiederum verboten gewesen wäre.

b) Die Regelung des Konzernverkehrs

Entscheidende Erkenntnisse für die Auslegung der §§ 3 Abs. 1, 48 Abs. 1 GüKG lassen sich zudem aus der jeweiligen Regelung des Werkverkehrs und vor allem des Konzernverkehrs durch den Gesetzgeber ableiten. Unter Konzernverkehr versteht man den Güteraustausch zwischen mehreren rechtlich selbständigen, aber wirtschaftlich zu einer Produktionseinheit verbundenen Unternehmungen.

In § 4 DBest.z.NotVO wurde der Werkverkehr erstmals eingehend definiert. Nach § 4 Abs. 1 Nr. 2, 2. Halbsatz DBest.z.NotVO galt aber der Verkehr zwischen Betriebsstätten und Zweigniederlassungen verschiedener Rechtspersönlichkeiten nicht als Überführung innerhalb des Werkes. Wenn beispielsweise die Muttergesellschaft X.AG Waren ihrer Tochtergesellschaft Y.GmbH zu der zweiten Tochtergesellschaft Z oder Abnehmern der Firma Y.GmbH beförderte, lag trotz engster Verflechtung stets ein gewerblicher Güterverkehr für andere vor[23].

Mit dieser Regelung erkannte der Gesetzgeber den Konzernverkehr entgegen der allgemeinen Auffassung[24] und den Bedürfnissen der Verladerschaft[25] nicht als Werkverkehr an. Er hatte sich vielmehr den Argumenten der Reichsbahn angeschlossen, die für eine enge Begrenzung des Werkverkehrs eintrat und erhoffte, mit Hilfe der NotVO wieder in den Besitz eines großen Teils des abgewanderten hochwertigen Fernverkehrs zu gelangen[26].

---

[20] *Hein*, Anm. 5 a zu § 8 GFG; *v. Beck*, VZ 1936 S. 340.
[21] K 2.7342, abgedr. bei *Gülde*, Anm. 7 zu § 8 GFG.
[22] *Hein*, Anm. 5 a zu § 8 GFG.
[23] Vgl. *Hein*, Anm. 18 zu §§ 1, 2 NotVO; *Isaac*, Anm. 17 c zu § 1 NotVO.
[24] *Bing*, JW 1931 S. 3298.
[25] Vgl. *Isaac*, Anm. 17 zu § 1 NotVO.
[26] Vgl. *Isaac*, Anm. 17 zu § 1 NotVO.

Im Gegensatz hierzu stellten sowohl das GFG, das GFÄG als auch zunächst das GüKG den Konzernverkehr dem Werkverkehr gleich[27]. Durch das Änderungsgesetz vom 3. Juni 1957[28] wurde der Konzernverkehr jedoch ersatzlos gestrichen.

Die §§ 4 Abs. 2 DVO z. GFG, 3 Abs. 3 GFÄG und 48 Abs. 3 a. F. GüKG zeigen einmal, daß der Gesetzgeber trotz Anerkennung des Konzernverkehrs dann eine Eigenbeförderung verneinte, wenn innerhalb des Konzerns ein verbundenes Unternehmen sich nur damit befaßte, Güter der anderen Konzernmitglieder zu transportieren. Denn die zu einem Konzern im verkehrsgewerberechtlichen Sinn zusammengeschlossenen Unternehmen durften nur Güter erzeugen, verarbeiten oder Handel mit Gütern betreiben. Gehörte dem Konzern ein Verkehrsbetrieb an, lag kein Konzernverkehr vor[29]. Wenn sich mehrere Unternehmer nur zum Zwecke der Güterbeförderung zu einer Muttergesellschaft vereinigten, also ein typisches Werkunternehmen schufen, betrieb die Muttergesellschaft gewerblichen Güterkraftverkehr[30].

Zum anderen verdeutlichen die Vorschriften, daß bestimmte Beförderungen zwischen eng verflochtenen Unternehmen zwar dem Werkverkehr zugeordnet wurden, jedoch nur als Eigenbeförderung *galten*. Der Gesetzgeber benutzte somit das gesetzestechnische Hilfsmittel der Fiktion, um einen von ihm in Wirklichkeit als Fremdbeförderung angesehenen Verkehrsvorgang der Genehmigungspflicht zu entziehen. Die ersatzlose Streichung des Konzernverkehrs durch das Änderungsgesetz vom 3. Juni 1957 kann daher nur so verstanden werden, daß jetzt selbst der Verkehr zwischen eng verflochtenen Unternehmen nicht mehr dem Werkverkehr zugerechnet werden soll[31].

Schließlich läßt der Wegfall des § 48 Abs. 3 a. F. GüKG die rechtspolitische Tendenz erkennen, den dem Eigenverkehr zugänglichen Bereich zugunsten des Eisenbahn- und gewerblichen Güterverkehrs möglichst eng zu begrenzen. Hein-Eichhoff-Pukall-Krien[32] führen zwar als Begründung für diese gesetzgeberische Maßnahme an, diese Verkehrsform sei nur in geringem Umfang praktisch geworden, wobei zudem der Beteiligungsumfang nur schwierig hätte festgestellt werden können. Im Hinblick auf die Regelung des Konzernverkehrs in der

---

27 Nach § 4 Abs. 2 DVO z. GFG war unter anderem Voraussetzung, daß zwischen den Unternehmen oder zwischen ihnen und einer Muttergesellschaft eine Kapitalbeteiligung von mindestens 51 vom Hundert bestand (ähnlich § 3 Abs. 3 GFÄG). § 48 Abs. 3 a. F. GüKG verlangte demgegenüber eine Kapitalbeteiligung von mindestens 75 vom Hundert.

28 BGBl. I S. 593.

29 *Gülde*, Anm. 3 zu § 2 GFG; *v. Beck*, VZ 1936 S. 338.

30 *Gülde*, Anm. 3 zu § 2 GFG; vgl. auch *Ruwe*, Anm. 4 zu § 48 GüKG.

31 Im Ergebnis ebenso *H-E-P-K*, Anm. 6 b, 7 b III zu § 48 GüKG; *Erbs-Kohlhaas*, Anm. 4 zu § 48 GüKG.

32 Anm. 13 zu § 48 GüKG.

NotVO kann jedoch nicht bezweifelt werden, daß der Gesetzgeber entgegen den wirtschaftlichen Bedürfnissen und Gegebenheiten mit der Streichung des § 48 Abs. 3 a. F. GüKG zumindest auch bezweckt haben mußte, den Werkverkehr wieder stärker einzudämmen.

c) Die Eindämmung des Werkverkehrs als verkehrspolitische Gesamtkonzeption

Diese gesetzgeberische Absicht spiegelt sich bereits in der umständlichen Begriffsbestimmung des Werkverkehrs wider[33], der zudem seit dem Inkrafttreten der NotVO immer einschränkend interpretiert wurde[34]. Gerade die gemäß Art. I Nr. 22 a, b des sechsten Gesetzes zur Änderung des GüKG vom 19. Juni 1969[35] erfolgte Neufassung des Einleitungssatzes in § 48 Abs. 1 GüKG sowie die Einfügung des § 48 Abs. 1 Nr. 5 GüKG erhellen unmißverständlich, daß einer unerwünschten Ausdehnung des Eigenverkehrs durch eine immer enger werdende Begriffsbestimmung vorgebeugt werden soll[36].

Die rechtspolitische Tendenz, den Werkverkehr zugunsten des Eisenbahn- und gewerblichen Güterverkehrs so weit wie möglich einzudämmen, zeigte sich vor allem an der hohen Besteuerung des Werkfernverkehrs nach § 4 Nr. 2 des Straßengüterverkehrssteuergesetzes vom 28. Dezember 1968[37]. Während der gewerbliche Güterfernverkehr nur mit 1 Pfennig je Tonnenkilometer besteuert wurde, betrug die Steuer im Werkfernverkehr 3 bis 5 Pfennige. Das Bundesverkehrsministerium hielt diese am 31. Dezember 1971 ausgelaufene erhöhte Besteuerung

---

[33] *Stabenow* S. 10 Fßn. 8.

[34] Vgl. *Isaac*, RdK 1933 S. 39; *H-E-P-K*, Anm. 2 zu § 48 GüKG. Diese enge Auslegung kann jedoch nicht damit begründet werden, § 48 GüKG enthalte eine Ausnahme von der Genehmigungspflicht. Denn die Freiheit der Beförderung von Gütern für eigene Zwecke liegt im Rahmen der Betätigung des Unternehmers im Wirtschaftsleben und beruht letzten Endes auf der in den Art. 2 Abs. 1, 12 GG verankerten Freiheitsgarantie, vgl. BVerwG, Urt. v. 14. 10. 1965 in VRS 30/157 (158); das BVerwG hat in dieser Entscheidung zudem ausnahmweise eine extensive Interpretation des § 48 GüKG befürwortet und anerkannt, daß der Kommissionsbuchhandel wegen der geschichtlichen Entwicklung dieses Gewerbes und des eigenen Geschäftstypus trotz gleichzeitiger Beförderung für andere Werkverkehr betreibt. Vgl. auch BVerwG, Urt. v. 18. 10. 1963 in VRS 26/157 ff. bezüglich der Frage, ob ein nicht über öffentliche Wege führender Güterkraftverkehr auf Baustellen Werkverkehr sein kann.

[35] BGBl. I S. 557.

[36] Vgl. Begründung der Regierungsvorlage, BT-Drucks. V/2494 S. 25 (zu Nummer 17); *H-E-P-K*, Anm. 6 zu § 99 GüKG; *Pukall*, DGV 1969 S. 142; *Hennig*, Betr. 1969 S. 1446 f.

[37] Auch die Sonderbesteuerung des Werkfernverkehrs nach dem Verkehrsfinanzgesetz 1955 beruhte bereits auf dieser verkehrspolitischen Gesamtkonzeption, vgl. BVerfG, Urt. v. 22. 5. 1963 in BVerfGE 16/147, das die Sonderbesteuerung — jedenfalls zur Zeit der Entscheidung — nicht für verfassungswidrig erachtete.

des Werkfernverkehrs im Hinblick auf die Kontingentierung und Tarifpflicht im gewerblichen Güterfernverkehr auf der Straße für gerechtfertigt, da ohne eine Sonderbelastung mit einem weiteren Absinken des Bahnanteils an den Beförderungsleistungen der Binnenverkehrsträger zu rechnen sei[38].

Mit dieser hohen Besteuerung wurde somit eine Wirtschaftlichkeitsgrenze geschaffen, die sich im allgemeinen aus einem Vergleich der Kosten für die Beförderung im Werkverkehr mit dem Angebot der an Tarife gebundenen Verkehrsträger ergibt. Es sollte erreicht werden, daß sich der Verlader des Schienen- und gewerblichen Güterverkehrs bedient, wenn der Werkverkehr ihm keine weiteren Vorteile bietet[39]. Ob dieses Ziel tatsächlich verwirklicht worden ist, kann im Rahmen dieser Untersuchung dahinstehen[40]. Wichtig für die Interpretation des § 48 Abs. 1 GüKG ist lediglich die Erkenntnis, daß nicht nur mit verkehrsgewerberechtlichen, sondern sogar mit steuerlichen Maßnahmen versucht wird, die Eigenbeförderung immer mehr einzudämmen. Der Leberplan sah sogar vor, ab 1. Juli 1970 den Transport einer Reihe von Massengütern auf der Straße mit Kraftfahrzeugen von mehr als 4 t Nutzlast ausnahmslos zu verbieten[41]. Das anstelle der am 31. Dezember 1971 ausgelaufenen Straßenverkehrssteuer eingeführte Lizenzierungsverfahren im Werkfernverkehr dient gleichfalls vordringlich dem Zweck, einer unangemessen starken Ausweitung des Werkfernverkehrs entgegenzuwirken[42].

3. Ablehnung der Unternehmenseinheit

Als Zwischenergebnis kann festgehalten werden, daß sich aus dem Gesetz kein Anhaltspunkt gewinnen läßt, die §§ 3 Abs. 1, 48 Abs. 1 GüKG entgegen ihrem eindeutigen Wortlaut dahingehend zu interpretieren, eine Beförderung zwischen eng verflochtenen Unternehmen dem Werkverkehr zuzuordnen.

Der Werkverkehr ist begrifflich genau der Gegensatz zum gewerblichen Güterverkehr, wobei das entscheidende Abgrenzungskriterium in der Beförderung „für *eigene* Zwecke" im Gegensatz zur Beförderung „für *andere*" liegt. Bei der Auslegung dieser Tatbestandsmerkmale

---

38 Hinweis in DGV 1970 S. 141 unter Spiegel des Verkehrsgeschehens: Straßengüterverkehrs-Steuergesetz; *Hannisch*, DGV 1970 S. 124; *Schmidt-Bleibtreu*, BB 1968 S. 262. Vgl. auch *Friauf* (BB 1967 S. 1345 ff.), der erhebliche Bedenken äußert, ob die Sondersteuer als verfassungsgerechtes Mittel zur Eindämmung des Straßengüterverkehrs angesehen werden kann.

39 *Rick*, Betr. 1968 S. 2233.

40 Vgl. insoweit *Aengenendt*, WuW 1969 S. 232, 236 ff.

41 Vgl. BT-Drucks. V/2494 S. VIII ff.

42 *Niehüsener*, DGV 1972 S. 32; *Münz-Haselau-Herrmann-Liebert*, Anm. 1 zu § 50 GüKG.

muß von der Privatrechtsordnung und somit von den Rechtsinstituten und Begriffen des Privatrechts ausgegangen werden. Hierbei ist der Sinngehalt der Vorschriften des GüKG gebührend mitzuberücksichtigen, so daß im konkreten Einzelfall eine vom Wortlaut abweichende Deutung gerechtfertigt sein kann[43].

Die §§ 5 Nr. 4 DBest.z.NotVO, 8 Abs. 2 GFG, 4 Abs. 2 DVO z. GFG, 3 Abs. 3 GFÄG und 48 Abs. 3 a. F. GüKG haben jedoch gezeigt, daß dem Verkehrsgewerberecht eine wirtschaftliche Unternehmenseinheit fremd ist. Der Begriff „für andere“ ist daher rein bürgerlich-rechtlich aufzufassen, zumal der Gesetzgeber gerade mit der Streichung des Konzernverkehrs unmißverständlich zu erkennen gegeben hat, daß bei eng verbundenen Unternehmen wirtschaftliche Gesichtspunkte für die Abgrenzung nicht ausschlaggebend sind. Zwei miteinander eng verflochtene, aber rechtlich selbständige Unternehmen können verkehrsgewerberechtlich nicht als *ein* Unternehmen angesehen werden. Eine wirtschaftliche Betrachtungsweise, wie sie von der Bundesanstalt praktiziert wird, scheidet hier aus. Diese Handhabung widerspricht vor allem der aufgezeigten rechtspolitischen Tendenz, den Werkverkehr einzudämmen.

4. Die Umgehung der §§ 3 Abs. 1, 48 Abs. 1 GüKG

Fraglich bleibt, ob sich die Beförderung durch Werkfrachtführer als ein Umgehungstatbestand im Sinne des § 5 GüKG darstellt. Die Bundesanstalt bejaht das mit der Begründung, die vom Gesetz an sich gewollte Verkehrsteilung würde weitgehend eliminiert werden.

Die Untersuchung hat bereits ergeben, daß § 5 GüKG den Mißbrauch von Formen und Gestaltungsmöglichkeiten des bürgerlichen Rechts oder des Handelsrechts erfaßt. Ein Gestaltungsmißbrauch liegt vor, wenn die Beteiligten einen verkehrswirtschaftlichen Erfolg erreichen, der von der umgangenen Norm mißbilligt wird. Als umgangene Normen können beim Werkunternehmen sowohl § 3 Abs. 1 GüKG (Tatbestandserschleichung) als auch § 48 Abs. 1 GüKG (Tatbestandsvermeidung) in Frage kommen. In beiden Fällen setzt die Umgehung zunächst voraus, daß die am Beförderungsvorgang beteiligten Personen eine Gesetzeslücke ausnutzen. Denn nur dann kann der erstrebte Erfolg vom Gesetz mißbilligt sein.

Eine derartige Gesetzeslücke läßt sich jedoch vorliegend nicht feststellen. Der Gesetzgeber hat bewußt eine Beförderung zwischen eng verflochtenen Unternehmen als gewerblichen Güterverkehr gewertet und eine wirtschaftliche Unternehmenseinheit nicht anerkannt. Das hat bereits die teleologische Auslegung der §§ 3 Abs. 1, 48 Abs. 1 GüKG

[43] Vgl. BVerwG, Urt. v. 14. 10. 1965 in VRS 30/157 (158).

hinreichend verdeutlicht. Das mit diesen Vorschriften erstrebte Ziel besteht allein darin, den Eigenverkehr einzudämmen und jeden Verkehr für andere dem gewerblichen Güterverkehr und dessen Beschränkungen zuzuordnen. Dieser Zwecksetzung handelt der Werkfrachtführer nicht zuwider, da er für andere befördert. Auch betreibt der Verlader tatsächlich keinen Werkverkehr, zumal für ihn die Unterhaltung eines Fuhrparks für eigene Beförderungen keineswegs immer wirtschaftlich wäre. Daß eine enge Verflechtung zwischen Verladerschaft und Fuhrunternehmen nicht häufig vorkommt und somit diese Gestaltung als ungewöhnlich bezeichnet werden könnte, indiziert für sich allein betrachtet noch keine Umgehung.

Vor allem gefährdet die Tätigkeit des Werkfrachtführers nicht das mit der Verkehrsteilung letztlich verfolgte Ziel, durch die Einengung des Werkverkehrs sowie durch Genehmigungszwang, Kontingentierung und Tarifpflicht des gewerblichen Güterfernverkehrs der Bundesbahn genügend Transporte zuzuführen. Denn der Werkfrachtführer erfüllt die geforderten Voraussetzungen und überschreitet mit seinen Beförderungen nicht das zugelassene Kontingent. Er enthält somit bei einer Gesamtbetrachtung der Bundesbahn keine Güter vor.

Würde man aufgrund des § 5 GüKG eine Eigenbeförderung fingieren, wäre es sogar im Gegenteil wahrscheinlicher, daß der Eisenbahn im Endergebnis weniger Transporte zur Verfügung stünden. Denn dann müßte die Genehmigung einem anderen Unternehmer erteilt werden, der seine Ladekapazität vergrößern und sich bemühen würde, solche Verlader als neue Kunden zu gewinnen, die wegen der Auslastung des gewerblichen Güterfernverkehrs ihre Güter bisher der Bahn anvertraut haben. Andererseits wäre zu erwarten, daß ein Großteil der Unternehmer, die ihre Güter durch ein Werkunternehmen befördern ließen, sich jetzt tatsächlich dem Werkverkehr zuwenden oder, falls man einem Werkunternehmen die beantragte Genehmigung verweigert, weiterhin ihren Eigenverkehr beibehalten würden.

Darüber hinaus wird der den öffentlichen Verkehrsträgern zugedachte Transportbereich nicht dadurch berührt, daß der Verlader durch einen Werkfrachtführer zugleich Beförderungen für Dritte ausführen läßt. Auch hier ist zunächst zu bedenken, daß dadurch das zugelassene Kontingent nicht überschritten wird. Zum anderen wäre ein Gestaltungsmißbrauch allenfalls dann zu bejahen, wenn der Verlader bei einem unterstellten Werkverkehr keine Fremdbeförderungen durchführen könnte. Falls seine Fahrzeuge nur zum Werkverkehr zugelassen sind, ist ihm das zwar verboten (sogenannter unechter Werkverkehr). Er darf jedoch uneingeschränkt mit Fahrzeugen des genehmigten Güterfernverkehrs eigene Güter mitbefördern (sogenannter Mischverkehr).

Der Verlader hat somit die Möglichkeit, einen Gemischtbetrieb zu eröffnen und um eine Güterfernverkehrsgenehmigung nachzusuchen, die ihm unter den Voraussetzungen der §§ 9 ff. GüKG erteilt werden muß. Er wird dann seine eigenen Erzeugnisse oder Handelsgüter mit den Fahrzeugen des genehmigten Güterfernverkehrs transportieren und zur Kapazitätsauslastung gleichzeitig für andere Unternehmer tätig werden[44]. Fahrzeuge im reinen Werkverkehr wird er daneben nur einsetzen, wenn das Transportvolumen dieser Wagen voll ausgeschöpft ist. Im Endergebnis erreicht er also den gleichen wirtschaftlichen Erfolg, den er mit seinem Werkunternehmen erzielt. Da die aufgezeigte Gestaltungsmöglichkeit nicht zu beanstanden ist, kann es sich auch nicht als eine rechtsmißbräuchliche Gestaltung darstellen, wenn der Unternehmer den Beförderungsbetrieb aus dem Gemischtunternehmen ausgliedert und ihn rechtlich verselbständigt. Daß er damit zugleich die hohe Besteuerung des Werkfernverkehrs vermieden hat, muß bei der Prüfung, ob eine Umgehung verkehrsgewerberechtlicher Vorschriften vorliegt, unberücksichtgt bleiben. Das folgt schon daraus, daß die Finanzbehörden die bürgerlich-rechtliche Selbständigkeit der Unternehmen geachtet und eine Steuerumgehung verneint haben. Im übrigen darf dieser Kostenpunkt nicht überbewertet werden, da die am 31.Dezember 1971 ausgelaufene und jetzt durch ein Lizenzierungsverfahren abgelöste hohe Besteuerung des Werkverkehrs von vornherein befristet gewesen war.

Die Zulässigkeit des Gemischtverkehrs zeigt schließlich, daß Sinn und Zweck des GüKG auch nicht darauf gerichtet sein können, eine „hergebrachte Aufgabenteilung in der Wirtschaft“ — nämlich Fertigungs- und Handelsbetriebe einerseits und Speditions- und Transportbetriebe andererseits — zu bewahren[45]. Eine derart strenge Aufgabenteilung gab es im Verkehrsgewerberecht nie, was die §§ 5 Nr. 4 DBest.z.NotVO, 8 Abs. 2 GFG, 4 Abs. 2 DVO z. GFG, 3 Abs. 3 GFÄG und 48 Abs. 3 a. F. GüKG hinreichend verdeutlichen. Der Versuch des Gesetzgebers, durch § 8 Abs. 2 GFG zumindest teilweise ein reines Unternehmertum im gewerblichen Güterfernverkehr zu schaffen, muß zudem als mißglückt bezeichnet werden. Das Argument der angeblich bestehenden Aufgabenteilung erweist sich in Wirklichkeit als ein bloßes Schlagwort, das einen Gestaltungsmißbrauch nicht überzeugend zu begründen vermag. Im Gegenteil hat die Aufdeckung des wirtschaftlichen Hintergrundes bei Werkunternehmen veranschaulicht, daß be-

---

[44] Eine Versagung oder Entziehung der Genehmigung dürfte in derartigen Fällen ausscheiden, da ein Verlader diesen Weg nur beschreiten wird, wenn in seinem Werkverkehr seine Fahrzeuge nicht genügend ausgelastet sind und daher im ausreichenden Umfang Güter für andere mitbefördert werden können.

[45] So aber Bezirksregierung der Pfalz, rk. Bescheid vom 1. 11. 1962 —335 — 091—.

rechtigte wirtschaftliche Interessen und Bedürfnisse eine engere Zusammenarbeit zwischen Verlader- und Transportunternehmen zweckdienlich erscheinen lassen. Entspräche eine strenge Aufgabenteilung dem Grundgedanken des GüKG, müßte konsequenterweise auch jede Art der Beteiligung an Fuhrunternehmen verboten sein. Eine derartige Schlußfolgerung wird aber selbst von der Bundesanstalt nicht vertreten.

Als Ergebnis ist daher festzuhalten, daß eine enge finanzielle, organisatorische, personelle und räumliche Verflechtung zwischen einem Werkunternehmen und einem Verladerbetrieb nicht als Gestaltungsmißbrauch im Sinne des § 5 GüKG angesehen werden kann. Die Beförderungen zwischen den rechtlich selbständigen Unternehmen dürfen nicht dem Werkverkehr zugeordnet werden. Wollte man diese Rechtsfolge aus dem verkehrsgewerberechtlichen Umgehungsverbot ableiten, so würde aufgrund des § 5 GüKG nicht der Schein dem Sein weichen, sondern an die Stelle der Rechtsklarheit eine unangemessene Verfälschung der Rechtsverhältnisse eintreten. Es würde also umgekehrt das Sein durch einen falschen Schein ersetzt werden[46].

III. Zusammenfassung

1. Bei Werkunternehmen stellt sich zunächst die Frage, wer bei einem Beförderungsvorgang als der die Güterbeförderung ausführende Unternehmer anzusehen ist. Falls ausnahmsweise nur der Absender der eigentliche Transportunternehmer ist, befördert er seine eigenen Güter im Werkverkehr. Es muß somit stets festgestellt werden, ob der „Fuhrunternehmer" noch für eigene Rechnung und unter eigener Verantwortung handelt. Im Gegensatz zu natürlichen Personen und Personengesellschaften ist jedoch die juristische Person als solche immer Unternehmer. Vor allem steht es einem gewerblichen Güterverkehr nicht entgegen, wenn der Unternehmer nur für *einen* anderen befördert.

2. Trotz einer engen finanziellen, organisatorischen, räumlichen und personellen Verflechtung zwischen einem Verladerbetrieb und einem Werkunternehmen ist der beteiligte Absender stets ein *anderer* im Sinne des § 3 Abs. 1 GüKG, wenn es sich um rechtlich selbständige Unternehmen handelt.

Die §§ 5 Nr. 4 DBest.z.NotVO, 8 Abs. 2 GFG, 4 Abs. 2 DVO z. GFG, 3 Abs. 3 GFÄG und 48 Abs. 3 a. F. GüKG zeigen, daß dem Verkehrsgewerberecht eine wirtschaftliche Unternehmenseinheit fremd ist.

---

[46] Vgl. *Bartholomeyczik*, ZfVerkW 1964 S. 166 und BB 1964 S. 1031, der diese für § 5 GüKG zutreffende Formulierung geprägt hat.

Der in § 3 Abs. 1 GüKG enthaltene Begriff „für andere“ ist daher rein bürgerlich-rechtlich aufzufassen, zumal der Gesetzgeber gerade mit der Streichung des Konzernverkehrs (§ 48 Abs. 3 a. F. GüKG) unmißverständlich zu erkennen gegeben hat, daß bei eng verbundenen Unternehmen wirtschaftliche Gesichtspunkte für die Abgrenzung nicht ausschlaggebend sind. Zwei miteinander eng verflochtene, aber rechtlich selbständige Unternehmen können verkehrsgewerberechtlich nicht als *ein* Unternehmen angesehen werden. Eine wirtschaftliche Betrachtungsweise, wie sie von der Bundesanstalt praktiziert und von Zippel befürwortet wird, scheidet hier aus. Diese Handhabung widerspricht vor allem der aufgezeigten rechtspolitischen Tendenz, den Werkverkehr einzudämmen.

3. In engen Verflechtungsfällen stellt sich die Beförderung durch Werkfrachtführer auch nicht als ein Umgehungstatbestand gemäß § 5 GüKG dar.

Der Gesetzgeber hat bewußt eine Beförderung zwischen eng verflochtenen Unternehmen als gewerblichen Güterverkehr gewertet und eine wirtschaftliche Unternehmenseinheit nicht anerkannt. Daß eine enge Verflechtung zwischen der Verladerschaft und Fuhrunternehmen nicht häufig vorkommt und somit diese Gestaltung als ungewöhnlich bezeichnet werden könnte, indiziert für sich allein betrachtet noch keine Umgehung.

Vor allem gefährdet die Tätigkeit des Werkfrachtführers nicht das mit der Verkehrsteilung letztlich verfolgte Ziel, durch die Einengung des Werkverkehrs sowie durch Genehmigungszwang, Kontingentierung und Tarifpflicht des gewerblichen Güterfernverkehrs der Bundesbahn genügend Transporte zuzuführen. Würde man die Beförderungen zwischen rechtlich selbständigen Unternehmen dem Werkverkehr zuordnen, so würde aufgrund des § 5 GüKG nicht der Schein dem Sein weichen, sondern an die Stelle der Rechtsklarheit eine unangemessene Verfälschung der Rechtsverhältnisse eintreten. Es würde also umgekehrt das Sein durch einen falschen Schein ersetzt werden.

IV. Die Tarifumgehung nach § 22 Abs. 2 Satz 2 GüKG

1. Die Auslegung des Tarifumgehungsverbots

Als entscheidende Frage verbleibt, wann sich die Gewinnbeteiligung des Verladers an einem Werkunternehmen als Tarifumgehung im Sinne des § 22 Abs. 2 Satz 2 GüKG darstellt.

Nach § 20 Abs. 1 GüKG müssen die Tarife alle zur Bestimmung des Beförderungsentgelts notwendigen Angaben und alle anderen für den

Beförderungsvertrag maßgebenden Beförderungsbedingungen[1] enthalten. Unter Beförderungsentgelt versteht man das Entgelt des Unternehmers für die eigentliche Beförderung und für Nebenleistungen. Die Beförderungsentgelte für den Kraftwagengüterfernverkehr bestimmen sich auch heute noch nach dem Reichskraftwagentarif vom 30. Juni 1936, der jedoch zwischenzeitlich mehrfach abgewandelt und ergänzt worden ist. Bei den Beförderungsentgelten handelte es sich bis vor kurzem um Festentgelte. Am 1. Mai 1970 sind jedoch im Reichskraftwagentarif mit ganz wenigen Ausnahmen Margentarife in Kraft getreten, nach denen die vorgesehenen Richtsätze jeweils um 6 % über- und unterschritten werden dürfen.

Dieser Reichskraftwagentarif, der gemäß § 106 Abs. 2 GüKG auf Grund des § 20 a GüKG als erlassen gilt, ist als unmittelbar geltende Rechtsnorm zu qualifizieren[2]. Schon daraus folgt, daß die Parteien des Beförderungsvertrages auf keinen Fall ein höheres oder niedrigeres Entgelt als im Tarif vorgesehen vereinbaren dürfen[3]. Darüber hinaus legt § 22 Abs. 2 GüKG[4] unmißverständlich fest, daß Ermäßigungen des Beförderungsentgelts und andere Vergünstigungen, die nicht veröffentlicht worden sind und nicht unter gleichen Bedingungen jedermann zugute kommen, unzulässig sind. Unzulässig sind ferner Zahlungen und andere Zuwendungen, die einer Umgehung des tarifmäßigen Beförderungsentgelts gleichkommen.

a) Die Entwicklung des Rechts des Güterfernverkehrstarifs und seine Sicherung durch den Gesetzgeber

Um die Bedeutung und Tragweite der Tarifumgehungsbestimmung erfassen zu können, muß man sich zunächst die Entwicklung des Rechts des Güterfernverkehrstarifs, seine sich stetig mehr differenzierende Sicherung durch den Gesetzgeber und die damit verfolgten rechtspolitischen Zwecke vergegenwärtigen.

Bestimmungen über Tarife sind erst jüngeren Datums. Zwar befanden sich bereits in der GewO Ansätze zur staatlichen Reglementie-

---

1 Vgl. hierzu *H-E-P-K*, Anm. 5 zu § 20 GüKG.

2 Die Gültigkeit des RKT ist seit der eindeutigen Klarstellung in § 106 Abs. 2 GüKG durch das Erste Änderungsgesetz vom 3. Juni 1957 nicht mehr bestritten worden, vgl. *H-E-P-K*, Anm. 2 zu § 106 GüKG; *Schlegelberger-Geßler*, § 425 Anm. 38; *Stabenow* S. 12; eingehende Auseinandersetzung mit der Streitfrage bei *Köpfler* S. 8 ff.

3 Vgl. *H-E-P-K*, Anm. 3 a zu § 32 GüKG; *Schlegelberger-Geßler*, § 425 Anm. 37; *Stabenow* S. 29; BGH, Urt. v. 22. 10. 1959 in NJW 1960 S. 335.

4 Die Vorschrift wiederholt § 14 Abs. 2 GFG und sinngemäß auch § 9 Abs. 2 KVO (Kraftverkehrsordnung für den Güterfernverkehr mit Kraftfahrzeugen — Beförderungsbedingungen —, RKT Teil I), deren Vorbild § 6 Abs. 2 Satz 1 und 2 EVO war, vgl. *H-E-P-K*, Anm. 10 zu § 22 GüKG.

rung des Straßengüterverkehrs. Eine feste Tarifregelung war jedoch nicht vorgesehen und wurde auch durch die Verordnung betreffend Kraftfahrzeuglinien vom 24. Januar 1919 und das Gesetz über Kraftfahrlinien vom 26. August 1925 nicht eingeführt. Erst die auf § 5 des Gesetzes über Kraftfahrlinien beruhende Kraftfahrlinienverordnung vom 20. April 1928 brachte einige Bestimmungen über Beförderungspreise, die als Grundlage des geltenden Tarifrechts im Straßengüterverkehr bezeichnet werden können.

§ 15 der Kraftfahrlinienverordnung verpflichtete den Unternehmer zu einer betriebsgerechten und auf alle Kunden gleichmäßig anzuwendenden Preisgestaltung, soweit dies im Interesse des öffentlichen Verkehrs geboten erschien. Sowohl die Festsetzung als auch jede Änderung des Entgeltes — worunter jede Art von Entschädigung für die Verkehrsleistung zu verstehen war — mußten von der zuständigen Behörde genehmigt werden. Um Preisunterbietungen vorzubeugen, ordnete § 17 Abs. 2 der Kraftfahrlinienverordnung weiter an: „Die angesetzten Beförderungspreise sind gleichmäßig anzuwenden. Ermäßigungen, die nicht unter gleichen Bedingungen jedermann zugute kommen, sind verboten und nichtig.“ Ein Verstoß gegen dieses Ermäßigungsverbot zog eine Übertretungsstrafe nach sich.

Als dann der Wettbewerb des Lastkraftwagens gegenüber den Eisenbahnen ein derartiges Ausmaß angenommen hatte, daß der gesamte Verkehrsapparat zu zerrütten drohte, wurde es notwendig, feste Beförderungsentgelte für das damalige Reichsgebiet festzusetzen. Die NotVO vom 6. Oktober 1931 brachte in § 22 die Weisung an den Reichsverkehrsminister, einheitlich für das Reich Mindestbeförderungspreise festzusetzen. Die Tarife sollten so bemessen werden, daß „der Preiswettbewerb zwischen Eisenbahnen und Kraftfahrzeugen auf gleiche Grundlage gestellt und der gemeinwirtschaftliche Aufbau des deutschen Eisenbahngütertarifs nicht gefährdet wird“. Damit war nicht schlechthin eine Tarifparität zwischen Schiene und Straße vorgeschrieben, sondern lediglich weitgehend der Selbstkostengrundsatz für die Preisbildung im Güterfernverkehr ausgeschaltet[5]. Am 9. Oktober 1931[6] erging der „Reichskraftwagentarif für Güter und Tiere“, der dem damals bereits bestehenden Eisenbahngütertarif nachgebildet worden war. § 22 Abs. 3 NotVO untersagte es dem Unternehmer, Beförderungsverträge zu einem geringeren Preis abzuschließen. § 24 NotVO bedrohte zudem eine Unterbietung mit Strafgeld, das in dem Hundertfachen des Unterschieds zwischen dem vereinbarten und dem staatlich festgesetzten Beförderungspreis bestand.

---

[5] *Stabenow* S. 18.
[6] RMinBl. S. 747.

Die mit der NotVO erstrebte Befriedung des Wettbewerbs zwischen den Eisenbahnen und den Unternehmern von Güterfernverkehr konnte aber nicht erreicht werden. Wie sich aus der amtlichen Begründung zum GFG vom 26. Juni 1935[7] unmißverständlich ergibt, hatte sich die Überwachung des Reichskraftwagentarifs durch Landesbehörden als unmöglich erwiesen. Hinzu kam, daß sich der Tarifkampf beider Verkehrsmittel von dem gesetzlich festgelegten Beförderungspreis für die Unterwegsstrecke auf die dem Urverlader vom Spediteur berechnete, durch das Gesetz nicht gebundene Gesamtfracht verschoben hatte. Diesen Mängeln wollte der Gesetzgeber mit dem GFG energisch abhelfen. Der Kreis der Unternehmer mußte auf ein im Interesse des Gesamtverkehrs wirtschaftlich vertretbares Maß beschränkt und die bisher fehlende Tarifkontrolle sichergestellt werden[8].

Im Gegensatz zu dem bisherigen Tarif wurde der am 30. März 1936 aufgestellte Reichskraftwagentarif deshalb als Festtarif ausgestaltet und auf der Grundlage einer prinzipiellen Parität der Entgelte und Bedingungen im Güterfernverkehr mit Eisenbahn und Kraftwagen aufgebaut[9]. Damit sollte verhindert werden, daß aus Preiserwägungen Verschiebungen in der Wahl der konkurrierenden Verkehrsträger auftraten. Nach zwar nicht unbestrittener Auffassung[10], der sich der Reichsverkehrsminister mit Anordnung vom 8. August 1938[11] anschloß, sollte dieser Festtarif nicht nur zwischen Unternehmer und frachtbriefmäßigem Absender verbindlich sein, sondern er sollte auch im Verhältnis zwischen Spediteur und Verladerschaft für den einem Beförderungsvertrag zugrunde liegenden Speditionsvertrag gelten.

Die zivilrechtliche Sicherung der Festentgelte in § 14 Abs. 2 und 3 GFG entsprach der Regelung des heute geltenden Rechts: Die privatrechtliche Frachtforderung bestand kraft Gesetzes in der vom Tarif angeordneten Höhe. Unter besonderen Voraussetzungen konnten Tarifverstöße auch zur Rücknahme der Genehmigung, zu strafrechtlicher Verfolgung und bei Spediteuren zur Untersagung der Berufsausübung führen (§§ 37 Abs. 1 Nr. 3, 27 GFG).

Die schärfste Waffe im Kampf gegen Tarifverletzungen bildete jedoch der Zwangszusammenschluß der Unternehmer des gewerblichen Güterfernverkehrs in den Reichskraftwagenbetriebsverband[12]. Gemäß § 15 GFG stand diesem Verband der Anspruch auf das Entgelt für die

---

[7] Abgedruckt bei *Hein*, GFG S. 9 ff.; zum Teil ebenfalls bei *Balfanz-v. Tegelen*, Einl. Anm. I 5.

[8] Vgl. amtliche Begründung zum GFG.

[9] Vgl. hierzu vor allem *v. Beck*, VZ 1936 S. 343 ff.; *Reuter* S. 43.

[10] Vgl. *v. Schoenebeck* S. 107 f.

[11] —K 2.7431— in RVerkBl. B 1938 S. 174.

[12] Über Entstehung, Wesen und Aufgaben des Reichskraftwagenbetriebsverbandes vgl. *Bauer* S. 15 ff.

Beförderungsleistung seines Mitglieds zu. Er mußte die zu zahlenden Frachten berechnen, einziehen und an das Mitglied auszahlen (§ 10 GFG). Neben weiteren Aufgaben hatte er dafür zu sorgen, daß die Unternehmer und die anderen am Beförderungsvertrag Beteiligten ihre gesetzlichen Pflichten erfüllten. Bei Tarifverstößen konnte er Nachforderungen geltend machen.

Verstieß ein einzelnes Mitglied des Verbands gegen die Tarifpflicht, so konnte es nach § 6 der Satzung des Reichskraftwagenbetriebsverbandes[13] aus dem Verband ausgeschlossen werden. Damit war dem Unternehmer gleichzeitig untersagt, weiterhin Güterfernverkehr zu betreiben (§§ 26, 37 GFG). Denn ein Ausschluß zog automatisch den Verlust der Genehmigung nach sich.

Das GüKG vom 17. Oktober 1952, das zwischenzeitlich bereits mehrfach geändert worden ist, hält trotz nicht zu verkennender Liberalisierungstendenzen an dieser Grundkonzeption des GFG fest[14]. Zwar hat das vierte Änderungsgesetz vom 1. August 1961[15] gewisse Lockerungen bei der Tarifbildung gebracht und im Güterkraftverkehrsrecht das Margentarifsystem eingeführt. Dennoch ist rechtlich die Reglementierung jedenfalls im Grundsatz unverändert geblieben[16]. Während § 7 GüKG Zweck und Ausmaß der staatlichen Mitwirkung bei der Tariffestsetzung generell regelt, enthalten die §§ 20 bis 23, 78 Abs. 1 Nr. 2, Abs. 2 Nr. 3 und 4, 98, 99 Abs. 1 Nr. 4 c und 6 GüKG eingehende Vorschriften über den Inhalt des Tarifs, das Verfahren seiner Erstellung und die Folgen von Tarifverletzungen.

Nach § 22 Abs. 1 GüKG sind die Beförderungsentgelte jetzt Festentgelte oder Mindest-Höchstentgelte. Der Grundsatz der Parität zwischen Schiene und Straße bei den Transportpreisen ist damit dem Prinzip nach aufgehoben[17]. Die Tarife gelten aber nicht nur zwischen dem frachtbriefmäßigen Absender und dem Unternehmer, sondern § 20

---

[13] Vgl. vorläufige Satzung des Reichskraftwagenbetriebsverbandes, erlassen auf Grund des § 38 Abs. 2 GFG am 21. September 1935 (RVerkBl. B S. 142), und die endgültige Satzung vom 4. Mai 1936 (RVerkBl. B S. 205), geändert durch Verordnung vom 20. Oktober 1936 (RVerkBl. B S. 326).

[14] Eine Darstellung der Verordnung zur Einschränkung des Güterfernverkehrs mit Kraftfahrzeugen vom 6. Dezember 1939 (RGBl. S. 2410) erübrigt sich, da der Verordnung keine allgemeingültige verkehrswirtschaftliche Konzeption zugrunde lag. Da das GFÄG vom 2. September 1949 das Problem der Tarifsicherung bewußt ausgeklammert hat (vgl. amtliche Begründung zum GFÄG —WiGBl. 1949 S. 306—, abgedruckt bei *Gerlach-Hallbauer* S. 33 ff.), erscheint eine Erörterung gleichfalls entbehrlich.

[15] BGBl. I S. 1157. Sogenannte „Große GüKG-Novelle", vgl. hierzu vor allem *Balfanz*, NJW 1961 S. 2239 ff.; *Eichhoff*, DVG 1965 S. 65.

[16] *Balfanz*, NJW 1961 S. 2242. Die Lockerung des Tarifzwanges und die Einräumung größerer Gestaltungsmöglichkeiten wurde wiederholt mit überzeugenden Argumenten gefordert, vgl. *Hamm* S. 48 f., 223 f.

[17] Vgl. *Eichhoff*, DGV 1965 S. 65; *Balfanz-v. Tegelen*, Einf. Anm. III 2 e.

Abs. 2 Satz 1 GüKG zufolge hinsichtlich der Beförderungsleistung auch für den Speditionsvertrag zwischen dem Spediteur und seinem Auftraggeber.

Für die Sicherung des Tarifs ist die Bundesanstalt für den Güterfernverkehr zuständig. Um die Überwachung zu ermöglichen, muß jeder Unternehmer des Güterfernverkehrs der Bundesanstalt oder einer von ihr zugelassenen Frachtenprüfstelle monatlich die Unterlagen über durchgeführte Transporte vorlegen (§ 58 GüKG). Art und Form der Unterlagen sind durch gesonderte Bestimmungen vorgeschrieben. Auch ist die Bundesanstalt berechtigt, Betriebsprüfungen und Straßenkontrollen durchzuführen (§ 55 GüKG). Werden Tarifabweichungen festgestellt, muß sie nach § 23 GüKG einen Tarifausgleich herbeiführen[18].

Verstöße gegen Vorschriften des GüKG und vor allem Tarifverletzungen berechtigen zudem nach § 78 GüKG, die Genehmigung zurückzunehmen. Auch werden Tarifverletzungen § 98 GüKG zufolge als Zuwiderhandlungen im Sinne des Wirtschaftsstrafgesetzes vom 9. Juli 1954[19] bestraft. Bestimmte Verstöße sind schließlich in § 99 GüKG als Ordnungswidrigkeiten ausgestaltet.

b) Sinn und Zweck der Tarifregelung

Die aufgezeigte Entwicklung des Rechts des Güterfernverkehrstarifs und seine umfassende Sicherung durch den Gesetzgeber verdeutlichen, daß die Tarifregelung in erster Linie dem Schutz der Bundesbahn gegen Unterbietung durch den freien Kraftfahrzeugverkehr dient. Sie erstrebt, die Wettbewerbslage der beiden Verkehrsträger anzugleichen. Das ist in Rechtsprechung und Lehre unbestritten[20]. Dem Gesetzgeber kommt es weit mehr auf den Schutz der Bundesbahn vor dem Wettbewerb des Güterkraftverkehrs als auf die Berücksichtigung der Interessenlage der Parteien des Frachtvertrages an. Er will durch die Vor-

---

18 Vgl. hierzu grundsätzlich *Stabenow* S. 30 ff.

19 BGBl. I S. 157.

20 Vgl. BVerwG, Urt. v. 4. 7. 1957 in Buchholz BVerwG 442.03, Nr. 1 zu § 23 GüKG; BGH, Urt. v. 19. 10. 1952 in VRS 5/105; Urt. v. 15. 4. 1957 in VRS 13/103 f.; Urt. v. 29. 10. 1962 in NJW 1963 S. 102 (104); Urt. v. 30. 1. 1964 in VersR 1964 S. 479; LG Bremen, Urt. v. 14. 12. 1962 in BB 1963 S. 414; OLG Saarbrücken, Beschluß v. 26. 3. 1970 in BB 1970 S. 1588 (1589); *H-E-P-K*, Anm. 3 zu § 22 GüKG; *Lütkes-Meier-Wagner*, Anm. 1 zu § 22 GüKG; *Kanow*, WRP 1970 S. 420; *Stabenow* S. 9; *Woltereck*, JR 1964 S. 139; *Baumbach-Duden*, Anm. 1 A zu § 22 GüKG. Im Ergebnis soll jedoch durch den Tarifzwang auch im Verhältnis der Transportunternehmer des Güterkraftverkehrs untereinander das wettbewerbliche Gleichgewicht herbeigeführt und gewahrt werden, vgl. BGH, Urt. v. 3. 11. 1959 in NJW 1960 S. 284; Urt. v. 26. 11. 1971 in NJW 1972 S. 390 (391); *Lütkes-Meier-Wagner*, Anm. 1 zu § 22 GüKG; *Münz-Haselau-Herrmann-Liebert*, Anm. 1 zu § 22 GüKG.

schriften des GüKG die Einhaltung des Tarifs selbst unter teilweiser Zurückstellung von Rechtsgrundsätzen, die im allgemeinen den Privatrechtsverkehr bestimmen, sichern. „Den Unternehmern des Güterkraftverkehrs und ihren Auftraggebern sollte jeder Anreiz genommen werden, von den tariflichen Bestimmungen abweichende Vereinbarungen zu treffen[21]."

Seit der Verkehrsnovelle vom 1. August 1961 steht jedoch nicht mehr wie ehedem allein der Gedanke des bisherigen Tarifrechts im Vordergrund, daß kein Verlader durch preisrechtliche Überlegungen in der Wahl des Verkehrsmittels beeinflußt werden soll. Es wäre aber verfehlt, aus dem jetzt durch die Margentarife beschränkt zugelassenen Preiswettbewerb zu folgern, der Schutz der Bundesbahn sei hiermit gänzlich in den Hintergrund getreten und der Tarifzwang diene nur noch dem Ziel, die Funktionsfähigkeit des Verkehrsträgers Güterfernverkehr zu erhalten[22]. Denn nach wie vor hatte sich der Gesetzgeber von der Vorstellung leiten lassen, bei einer völligen Aufhebung der Tarifbindung sei im Hinblick auf die Besonderheiten des Verkehrs mit einem ruinösen Wettbewerb sowohl zwischen den Verkehrsträgern als auch innerhalb des Güterfernverkehrsgewerbes zu rechnen[23]. Der Schutz der Bundesbahn soll deshalb weiterhin trotz Margentarifs durch dessen Untergrenze gewährleistet werden, die auf keinen Fall unterschritten werden darf[24].

c) Auslegungsgrundsätze bei § 22 Abs. 2 Satz 2 GüKG

Diese Schutzfunktion des Tarifs bedingt nach der ständigen Rechtsprechung des BGH eine weite Auslegung des § 22 Abs. 2 Satz 2 GüKG[25]. Letztlich ist mit dieser Feststellung für die Deutung des Tarifumgehungsverbots und seine Anwendung im konkreten Einzelfall aber wenig gewonnen[26]. Auszugehen ist vielmehr von der Überlegung, daß § 22 Abs. 2 Satz 2 GüKG einen speziellen Anwendungsfall der Generalklausel des § 5 GüKG beinhaltet, wonach die Vorschriften dieses Gesetzes nicht durch Schaffung von Scheintatbeständen umgangen werden

---

21 BGH, Urt. v. 15. 12. 1965 in VersR 1966 S. 157.

22 So aber *v. Tegelen*, BB 1967 S. 483.

23 Vgl. *H-E-P-K*, Anm. 3 zu § 22 GüKG; *Zippel*, DGV 1964 S. 33.

24 *Eichhoff*, DGV 1965 S. 65; *H-E-P-K*, Anm. 1 a zu § 22 GüKG; *Münz-Haselau-Herrmann-Liebert*, Anm. 2 zu § 22 GüKG.

25 Vgl. BGH, Urt. v. 3. 3. 1960 in NJW 1960 S. 1057 f.; Urt. v. 29. 10. 1962 in NJW 1963 S. 102 (103); Urt. v. 16. 3. 1967 in BB 1967 S. 478. Ebenso *Baumbach-Duden*, Anm. 1 B zu § 22 GüKG; *Zippel*, DGV 1964 S. 28. a. A. *Kanow* (Betr. 1970 S. 2110; WRP 1970 S. 420), der eine enge Interpretation mit der Begründung befürwortet, die Tarifbindung sei als Ausnahme von dem Grundsatz der Privatautonomie zu werten.

26 So auch *Kanow* (WRP 1970 S. 420) hinsichtlich seiner Ausgangsthese, § 22 Abs. 2 Satz 2 GüKG müsse als Ausnahmeregelung eng ausgelegt werden.

dürfen. Das bedeutet, daß die für das allgemeine verkehrsgewerberechtliche Umgehungsverbot maßgebenden Grundsätze auch hier uneingeschränkt anzuwenden sind. Den Parteien des Beförderungsvertrages ist es also verboten, durch rechtsmißbräuchliche Gestaltungen den Tarifzwang zu umgehen. Ein Mißbrauch von Formen und Gestaltungsmöglichkeiten des bürgerlichen Rechts oder des Handelsrechts liegt vor, wenn sie einen der unmittelbaren Tarifverletzung ähnlichen Erfolg erreichen, der vom Gesetz nach seiner rechtspolitischen Zwecksetzung mißbilligt wird.

Die Konkretisierung[27] des Tarifumgehungsverbots muß daher an den Grundgedanken der Tarifbindung anknüpfen, daß das Entgelt für die Beförderungsleistung nicht manipuliert werden darf[28]. Die Frage lautet stets, ob die konkrete Vereinbarung im Endergebnis auf eine Frachtverbilligung hinausläuft, durch die die Wahl des Verkehrsmittels beeinflußt wird. Trifft das zu, ist eine Tarifumgehung zu bejahen. Auf die subjektive Vorstellung von einer verbotenen Vergünstigung oder einer der Tarifumgehung gleichkommenden Zuwendung kommt es nicht an[29]. Es ist allein auf den objektiven Tatbestand der Tarifwidrigkeit abzustellen[30]. Auch beschränkt sich eine Umgehung nicht auf die Parteien des Beförderungsvertrages. Es sind sämtliche Zuwendungen an Dritte untersagt, die an der Kostengestaltung des Beförderungsvertrages wirtschaftlich interessiert sind[31]. Jedoch muß die Vergünstigung in einer Beziehung zum Frachtgeschäft und damit zu dem gesetzlich bestimmten Entgelt stehen[32].

Ob eine unzulässige Ermäßigung des Beförderungsentgelts in dem dargelegten Sinne vorliegt, kann nur wirtschaftlich beurteilt werden[33]. Denn was im Einzelfall als Entgelt anzusehen ist, läßt sich nur kaufmännisch-rechnerisch beantworten[34]. Die rechtliche Einkleidung der

---

27 Zur Konkretisierung in der Rechtswissenschaft allgemein vgl. *Engisch* (S. 85 ff., 128 ff., 146 ff., 178 ff., 237 ff.), der fünf Konkretisierungstendenzen aufzeigt: die Hinwendung zum Realen, zum Ganzheitlichen, zum Spezifischen, zum Einzelnen sowie zum Typus.

28 So vor allem *Kanow*, WRP 1970 S. 420.

29 BGH, Urt. v. 29. 10. 1962 in NJW 1963 S. 102 (103).

30 *Balfanz-v. Tegelen*, Anm. 2 am Ende zu § 22 GüKG; *Zippel*, DGV 1964 S. 28; BGH, Urt. v. 26. 11. 1971 in NJW 1972 S. 390.

31 BGH, Urt. v. 29. 10. 1962 in NJW 1963 S. 102 (103); OLG Hamburg, Urt. v. 23. 9. 1960 in BB 1961 S. 16; *Balfanz-v. Tegelen*, Anm. 2 zu § 22 GüKG.

32 BGH, Urt. v. 29. 10. 1962 in NJW 1963 S. 102 (103); Urt. v. 22. 11. 1962 —II ZR 43/61—.

33 BGH, Urt. v. 3. 11. 1959 in NJW 1960 S. 284; Urt. v. 3. 3. 1960 in NJW 1960 S. 1057 (1058); Urt. v. 26. 11. 1971 in NJW 1972 S. 390 (Es „ist bei Anwendung der der Tarifsicherung dienenden Vorschriften insbesondere auf die wirtschaftlichen Zusammenhänge Rücksicht zu nehmen"); *Balfanz-v. Tegelen*, Anm. 2 zu § 22 GüKG; *Stabenow* S. 29; *Münz-Haselau-Herrmann-Liebert*, Anm. 3 zu § 22 GüKG.

34 *Stabenow* S. 29.

Frachtverbilligung ist nicht entscheidend. So sind eine unangemessen lange Stundung[35] oder Erlaßverträge über eine Frachtschuld[36] ebenso verboten wie Sachzuwendungen[37] oder Dienstleistungen[38], die sich über die Tariffracht hinaus als zusätzliche Gegenleistungen darstellen oder die andererseits den Frachtbetrag zu mindern geeignet sind[39]. Eine mittelbare Frachtrückzahlung ist immer dann gegeben, wenn sich die wirtschaftlichen Werte der vereinbarten Leistung und Gegenleistung nicht entsprechen[40].

Es wäre aber verfehlt, bei jedem Wertunterschied einen unzulässigen Frachtnachlaß anzunehmen. Kanow[41] weist zutreffend darauf hin, daß die Führung eines modernen Unternehmens ein hohes Maß an Flexibilität und Anpassungsfähigkeit verlangt. Das gebietet, solche Nebengeschäfte uneingeschränkt für zulässig zu erachten, die mit dem Ziel, Kunden zu halten oder zu gewinnen, unter Hinnahme gewisser finanzieller Nachteile wirtschaftlich vertretbar und üblich sind. Vor allem muß man den Parteien bei der Bewertung ihrer Leistungen einen gewissen Ermessensspielraum zubilligen, da der Wert einer Leistung keine allgemein gültige und feststehende Größe ist. Entscheidend ist eine Bewertung nach „wirtschaftlich vernünftigen Maßstäben"[42]. So erblickte das LG Saarbrücken in seinem Urteil vom 5. Dezember 1969[43] in einer einem Spediteur gezahlten Unkostenpauschale keine Tarifverletzung, da die gewählte Berechnungsweise „sachbezogen und nicht unvernünftig" erschien.

2. Die Gewinnbeteiligung des Verladers an einem als Einzelunternehmen oder gemeinsam betriebenen Werkunternehmen als Tarifumgehung

a) Die Zulässigkeit der Beteiligung

In Übereinstimmung mit dem BGH[44] ist bei der Problematik des Werkunternehmens zunächst davon auszugehen, daß es Verladern oder

---

[35] Vgl. OLG Hamm, Beschluß v. 8. 2. 1962 in VRS 23/474.

[36] Vgl. LG Hamburg, Urt. v. 12. 3. 1953 —25 0 184/52—; LG Berlin, Urt. v. 26. 4. 1955 —15 S 34/55—; LG Bielefeld, Urt. v. 25. 2. 1960 —9 S 24/59—; sämtliche Entscheidungen zitiert nach *Balfanz-v. Tegelen,* Anm. 2 zu § 22 GüKG. Vgl. auch BGH, Urt. v. 3. 11. 1959 in NJW 1960 S. 284.

[37] Vgl. BGH, Urt. v. 15. 12. 1965 in VersR 1966 S. 157.

[38] Vgl. BGH, Urt. v. 1. 12. 1965 in VersR 1966 S. 134.

[39] Vgl. im einzelnen *H-E-P-K,* Anm. 10 zu § 22 GüKG; *Balfanz-v. Tegelen,* Anm. 2 zu § 22 GüKG.

[40] *Kanow,* WRP 1970 S. 421.

[41] WRP 1970 S. 421.

[42] Vgl. BGH, Urt. v. 15. 6. 1970 in BB 1970 S. 1069 (1070).

[43] VersR 1970 S. 1004 (1005).

[44] Urt. v. 15. 6. 1970 in BB 1970 S. 1069 (1070); ebenso *Münz-Haselau-Herrmann-Liebert,* Anm. 2 c zu § 5 GüKG.

anderen Personen, die einen maßgeblichen Einfluß auf das Frachtgeschäft haben, nicht schlechthin verboten ist, sich als Gesellschafter an einem Güterfernverkehrsunternehmen zu beteiligen. Das folgt schon daraus, daß der Gesetzgeber selbst den Verkehr zwischen eng verflochtenen Unternehmen dem gewerblichen Güterkraftverkehr zugeordnet hat und ihn somit für zulässig erachtet. Deshalb darf diesen Gesellschaftern auch ein bestimmter Gewinnanteil versprochen werden, da eine Gewinnbeteiligung zu den typischen Merkmalen eines Gesellschaftsvertrages gehört[45]. Dabei ist es gleichgültig, ob es sich um eine stille Gesellschaft, eine OHG oder KG handelt[46].

Nach Gesellschaftsrecht steht es nun den Beteiligten grundsätzlich frei, einen beliebigen Gewinnanteil zu vereinbaren[47]. Im Hinblick auf Sinn und Zweck des Tarifzwangs kann aber nicht angezweifelt werden, daß in derartigen Vereinbarungen ein Gestaltungsmißbrauch liegen kann, falls die vereinbarte Gewinnbeteiligung objektiv auf eine Frachtverbilligung hinausläuft. Dabei besteht kein Unterschied, ob der Gewinn ausgeschüttet oder stehen gelassen wird. In beiden Fällen vergrößert sich wirtschaftlich das Vermögen des Zuwendungsempfängers. Es bleibt die entscheidende Frage, nach welchen Kriterien bei einer gesellschaftsrechtlichen Beteiligung eine Tarifumgehung zu prüfen ist.

b) Das Kriterium der „üblichen und angemessenen" Vergütung

In seinem Grundsatzurteil vom 3. März 1960[48] erachtete der BGH eine Tarifverletzung dann für gegeben, wenn die Gewinnbeteiligung die Leistung des Gesellschafters in unangemessener Weise übersteigt. Es müsse geprüft werden, welche Vergütung für die Leistung des Gesellschafters „üblich und angemessen" sei. Dieser Grundsatz wurde von dem BGH noch in zwei weiteren Entscheidungen vom 16. März 1967[49] und 15. Juni 1970[50] bestätigt und vertieft. In allen Fällen handelte es sich um eine Beteiligung eines stillen Gesellschafters an einem Werkunternehmen.

Dem BGH muß im Ausgangspunkt zugestimmt werden. Während das Urteil vom 3. März 1960 noch vermuten ließ, der BGH wolle den angemessenen Gewinn allein abstrakt von der Höhe der geleisteten Einlage her bestimmen, bringen die zwei späteren Entscheidungen deutlich zum Ausdruck, daß auf die beiderseitig übernommenen Leistungen

---

45 Vgl. *Schlegelberger-Geßler*, § 105 Anm. 6, § 161 Anm. 2, § 335 Anm. 20.
46 Vgl. BGH, Urt. v. 15. 6. 1970 in BB 1970 S. 1069 (1070).
47 Vgl. §§ 722 Abs. 1 BGB, 109, 121, 168 Abs. 2, 336 HGB.
48 NJW 1960 S. 1057 (1059).
49 BB 1967 S. 478 f.
50 BB 1970 S. 1069 f.

und Pflichten abzustellen ist. Nur eine solche Betrachtungsweise deckt sich mit dem bereits aus der rechtspolitischen Zwecksetzung des § 22 Abs. 2 Satz 2 GüKG abgeleiteten allgemeinen Grundsatz, daß eine mittelbare Frachtrückzahlung nur dann gegeben ist, wenn sich die wirtschaftlichen Werte der vereinbarten Leistung und Gegenleistung nicht entsprechen. Entscheidend ist daher immer die Frage, ob die vereinbarte Gewinnquote im richtigen, der Leistung oder den Leistungen der Mitgesellschafter entsprechenden Verhältnis zur Eigenleistung steht. Läßt sich ein Mißverhältnis feststellen, muß der Teil der Gewinnausschüttung, der das angemessene Maß übersteigt, als eine unzulässige Ermäßigung oder Rückvergütung des Beförderungsentgelts betrachtet werden. Insoweit ist die Gewinnvereinbarung nichtig[51]. Vor allem können die vom BGH zur stillen Gesellschaft entwickelten Gedankengänge unbedenklich auf sämtliche Formen von Beteiligungen angewendet werden[52]. Denn allein das Kriterium der „üblichen und angemessenen" Vergütung gestattet eine dem Sinngehalt des Tarifumgehungsverbots gerecht werdende Abgrenzung.

c) Die maßgebenden Bewertungsgesichtspunkte

Wann eine übliche und angemessene Gewinnbeteiligung vorliegt, kann nicht generell beantwortet werden. Da die Gesellschafter in der Ausgestaltung ihrer Gesellschaftsverhältnisse weitgehend frei sind, ist es bei der Vielgestaltigkeit der hierbei in Betracht kommenden Umstände tatsächlicher Art nicht möglich, feste und allgemein geltende Regeln aufzustellen. Es kommt stets auf die besonderen Umstände des Einzelfalles an. Jedoch lassen sich gewisse Leitlinien aufzeigen, die eine sachgerechte Entscheidung erleichtern.

aa) Die Beteiligung am Unternehmensrisiko als bewertungsfähige Leistung

Auszugehen ist von der Überlegung, daß immer durch Auslegung des jeweiligen Gesellschaftsvertrages untersucht werden muß, welche Rechte und Pflichten die Vertragsteile haben und in welcher Weise sie am Unternehmensrisiko beteiligt sind. Auch die Beteiligung an diesem Risiko ist eine übernommene Leistungsverpflichtung, die nicht außer acht gelassen werden darf, wenn die Angemessenheit der Gewinnbe-

---

[51] BGH, Urt. v. 16. 3. 1967 in BB 1967 S. 478 f.; Urt. v. 15. 6. 1970 in BB 1970 S. 1069.

[52] So auch *Balfanz-v. Tegelen*, Anm. 2 zu § 22 GüKG; *H-E-P-K*, Anm. 10 D zu § 22 GüKG, Anm. 6 i zu § 5 GüKG; *Kanow*, WRP 1970 S. 422; Betr. 1970 S. 2111.

teiligung sachgerecht beurteilt werden soll[53]. Deshalb ist es entgegen der Auffassung der Bundesanstalt und Zippels[54] grundsätzlich angemessen, einem mit dem Verlustrisiko belasteten stillen Gesellschafter eine echte, durch festgelegte Zinssätze nicht begrenzte Gewinnchance einzuräumen[55]. Zugunsten des Güterfernverkehrsunternehmers ist aber zu berücksichtigen, daß er neben der Kapital- und Risikobeteiligung Träger der Genehmigung ist und seine Arbeitskraft, seine fachlichen Fähigkeiten und die für den Transportablauf wesentlichen Einrichtungen zur Verfügung stellt[56].

bb) Die §§ 168 Abs. 2, 336 Abs. 1 HGB

Im übrigen kann bei der stillen Gesellschaft und der KG unbedenklich auf die von Rechtsprechung und Lehre zu den §§ 336 Abs. 1 und 168 Abs. 2 HGB entwickelten Grundsätze zurückgegriffen werden. Nach § 336 Abs. 1 HGB gilt, falls der Anteil des stillen Gesellschafters am Gewinn und Verlust nicht bestimmt ist, ein den Umständen nach angemessener Anteil als bedungen. Für die KG normiert § 168 Abs. 2 HGB die gleiche Rechtsfolge hinsichtlich des Jahresgewinns, der nach Verteilung der Vorzugsgewinnanteile verbleibt. In beiden Fällen muß der Richter somit feststellen, welches Verhältnis der Gewinnanteile den Umständen nach angemessen erscheint.

Die Regelung des § 168 Abs. 2 HGB ist sowohl für den Gewinnanteil des einzelnen persönlich haftenden Gesellschafters als auch für den des einzelnen Kommanditisten anzuwenden[57]. Eine Verteilung nach Köpfen wie bei der OHG (§ 121 Abs. 3 HGB) vermag nur ausnahmsweise einen befriedigenden Verteilungsmaßstab abzugeben[58]. Vor allem sind die Verhältnisse aller Gesellschafter gegeneinander abzuwägen, nicht nur die jeder Gruppe unter sich[59]. Die Gewinnanteile der persönlich haftenden Gesellschafter brauchen also nicht gleich zu sein; ebenso können die der Kommanditisten voneinander abweichen[60]. Maßgebend ist allein die Angemessenheit.

Bei der Prüfung müssen die unbeschränkt persönliche Haftung der Komplementäre, ihre Pflicht zur Geschäftsführung und das für sie be-

---

53 BGH, Urt. v. 16. 3. 1967 in BB 1967 S. 478 (479).
54 DGV 1963 S. 348; 1964 S. 32.
55 BGH, Urt. v. 16. 3. 1967 in BB 1967 S. 478 (479); ebenso *H-E-P-K*, Anm. 10 D zu § 22 GüKG; *Balfanz-v. Tegelen*, Anm. 2 zu § 22 GüKG.
56 *H-E-P-K*, Anm. 10 D zu § 22 GüKG; *Balfanz-v. Tegelen*, Anm. 2 zu § 22 GüKG.
57 *Schlegelberger-Geßler*, § 168 Anm. 4; *Schilling* in GroßKomm. HGB, § 168 Anm. 5.
58 Vgl. BGH, Urt. v. 22. 3. 1956 in WM 1956 S. 1062 (1064).
59 *Schilling* in GroßKomm. HGB, § 168 Anm. 5.
60 *Schlegelberger-Geßler*, § 168 Anm. 4.

stehende Wettbewerbsverbot auf der einen Seite sowie die Höhe der Einlage des Kommanditisten, sein damit beschränktes Risiko, seine Entbindung von der Geschäftsführung und Vertretung und sein Recht zum Wettbewerb auf der anderen Seite berücksichtigt werden[61]. In der Regel wird danach bei den persönlich haftenden Gesellschaftern und besonders bei den geschäftsführenden Gesellschaftern ein höherer Gewinnanteil als bei den anderen Gesellschaftern und besonders den Kommanditisten angemessen sein[62].

Jedoch kann gerade bei kapitalistisch organisierten Gesellschaften[63] die besondere Bedeutung der Einlage eines Gesellschafters oder Kommanditisten für das Unternehmen eine höhere Gewinnquote rechtfertigen. Wenn beispielsweise erst die Beteiligten die Gründung oder Erhaltung eines gewinnbringenden Unternehmens ermöglicht, wird die persönliche Haftung eines Gesellschafters vor allem dann, wenn ihm größeres Privatvermögen nicht zur Verfügung steht oder er im Innenverhältnis vom Verlustrisiko befreit ist, nur gering ins Gewicht fallen[64].

cc) Die wirtschaftlich vernünftige Einschätzung der beiderseitig übernommenen Rechte und Pflichten

Andererseits wird sich bei einem kapital- und ertragskräftigen Werkunternehmen häufig die Frage aufdrängen, ob das Unternehmen überhaupt auf die Kapitalbeteiligung angewiesen war oder ob bei der Beteiligung andere Gesichtspunkte wie etwa die vom Gesellschafter eingebrachten Geschäftsbeziehungen oder sonstige Nebenleistungen im Vordergrund gestanden haben[65]. Nach allgemeinem Gesellschaftsrecht steht zwar die Bewertung einer Einlage für die Kapitalfestsetzung in dem nur durch § 138 BGB eingeschränkten freien Ermessen der Gesellschafter[66]. Schon im Rahmen der §§ 168 Abs. 2, 336 Abs. 1 HGB muß man jedoch auf die etwa von ihrer Bewertung abweichende Bedeutung der Geld- und Sacheinlagen für die Verwirklichung des Gesellschaftszwecks abstellen[67].

Dies gilt im verstärkten Maße für die bei § 22 Abs. 2 Satz 2 GüKG erforderliche Feststellung, ob eine übliche und angemessene Gewinn-

---

[61] *Schlegelberger-Geßler*, § 168 Anm. 4; vgl. auch *Schilling* in GroßKomm. HGB, § 168 Anm. 5; *Heymann-Kötter*, § 168 Anm. 4 sowie RG, Urt. v. 20. 12. 1894 in GruchBeitr. 38/1132 ff.

[62] *Schilling* in GroßKomm. HGB, § 168 Anm. 5.

[63] Vgl. hierzu vor allem *Schlegelberger-Geßler*, § 161 Anm. 31; *Weipert* in RGRKomm. z. HGB, § 161 Anm. 32.

[64] *Schilling* in GroßKomm. HGB, § 168 Anm. 5; ähnlich *Schlegelberger-Geßler*, § 168 Anm. 4.

[65] Vgl. BGH, Urt. v. 15. 6. 1970 in BB 1970 S. 1069 f.

[66] BGH, Urt. v. 21. 4. 1955 in BGHZ 17/130 (134).

[67] Vgl. *Heymann-Kötter*, § 168 Anm. 4.

beteiligung vorliegt. Die grundsätzliche Bewertungsfreiheit der Gesellschafter hat ihre Grenzen an den Tarifvorschriften, die nicht dadurch umgangen werden dürfen, daß Einlagen und damit auch der davon abhängige Gewinnanteil unangemessen hoch festgesetzt werden. Hierfür ist es nach dem BGH[68] nicht entscheidend, daß eine nach kaufmännischen Grundsätzen überhaupt nicht mehr zu verantwortende oder offensichtlich willkürliche Überbewertung gegeben ist. „Es genügt vielmehr ein objektiv feststellbares Übermaß, wenn und soweit ein innerer Zusammenhang zwischen der überhöhten Gewinnbeteiligung und dem Beförderungsentgelt erkennbar ist, der dem Verbot des § 22 GüKG widerspricht[69]."

Dem ist zuzustimmen. Zur Klarstellung muß aber darauf hingewiesen werden, daß die Formulierung „objektiv feststellbares Übermaß" nicht so verstanden werden darf, als ob nur eine abstrakt zu bestimmende ziffernmäßige Bewertung der Einlage zulässig wäre. Schon in seiner Entscheidung vom 16. März 1967 hat der BGH ausgeführt, daß eine Risikobeteiligung nicht abstrakt, sondern so zu beurteilen ist, „wie sie unter den konkreten Umständen bei Vertragsabschluß aus der Sicht der Parteien wirtschaftlich vernünftig einzuschätzen war"[70]. In seinem Urteil vom 15. Juni 1970 hat er ebenfalls allein darauf abgestellt, „wie unter den konkreten Umständen bei Vertragsabschluß die beiderseitige Beteiligung aus der Sicht der Parteien wirtschaftlich vernünftig einzuschätzen war" und inwieweit die Parteien eine „Einlage tatsächlich als einen echten gesellschaftlichen Beitrag angesehen haben und vernünftigerweise ansehen konnten"[71].

Gefordert wird also eine wirtschaftlich vernünftige Einschätzung der beiderseitig übernommenen Rechte und Pflichten[72]. Eine Tarifumgehung liegt daher nur vor, wenn eine bestimmte Bewertung und damit zusammenhängend die konkret vereinbarte Gewinnquote selbst unter Berücksichtigung der von den Parteien angelegten Wertungsmaßstäbe wirtschaftlich unvernünftig erscheint und somit eine mißbräuchliche Ausnutzung der gesellschaftsrechtlichen Gestaltungsfreiheit darstellt.

dd) Die Bewertung der Geschäftsbeziehungen zur Verladerschaft

Eine besondere Bedeutung gewinnt in diesem Zusammenhang noch die Frage, ob § 22 Abs. 2 Satz 2 GüKG es gestattet, zugunsten eines

---

68 Urt. v. 15. 6. 1970 in BB 1970 S. 1069 (1070).
69 BGH, Urt. v. 15. 6. 1970 in BB 1970 S. 1069 (1070).
70 BGH, Urt. v. 16. 3. 1967 in BB 1967 S. 478 (479).
71 BGH, Urt. v. 15. 6. 1970 in BB 1970 S. 1069 (1070).
72 Zu weitgehend *Kanow* (WRP 1970 S. 422; Betr. 1970 S. 2111), nach dem die Höhe des Gewinnanspruchs „keinesfalls willkürlich nach oben geschraubt" werden darf.

Gesellschafters dessen Geschäftsbeziehungen zu der Verladerschaft gewinnerhöhend zu bewerten. Der BGH scheint dies in seinem Urteil vom 15. Juni 1970[73] uneingeschränkt zu befürworten. Der Beklagte, der persönlich haftender Gesellschafter und alleiniger Geschäftsführer einer Kartonfabrik war, beteiligte sich als stiller Gesellschafter an einem Fuhrunternehmen. Vom Reingewinn sollte er 45 % erhalten. Befördert wurden nahezu ausschließlich Güter, die von der Kartonfabrik geholt oder dorthin gebracht wurden, wobei die Kartonfabrik ihrerseits mit dem Versandweg die Frachtführer auswählte. Dem Berufungsgericht wurde vorgehalten, daß es hätte prüfen müssen, „ob Gesellschafter, die das Gewinnverhältnis nach wirtschaftlich vernünftigen Maßstäben geregelt hätten, zugunsten des Beklagten dessen Geschäftsbeziehungen mit auf die Waagschale geworfen hätten, soweit sie bei einer gesellschaftlichen Verbindung der Parteien einen zusätzlichen und abschätzbaren Vorteil für das Unternehmen bedeuten"[74].

Aus der Entscheidung läßt sich nicht eindeutig ersehen, welcher Art die Geschäftsbeziehungen des Beklagten waren und zu wem sie bestanden haben. Sollte mit „Geschäftsbeziehungen" lediglich ausgedrückt worden sein, daß der Beklagte kraft seiner Stellung als persönlich haftender Gesellschafter und alleiniger Geschäftsführer der Kartonfabrik imstande war, Güter der Kartonfabrik dem Werkunternehmen anzudienen, könnte den Ausführungen des BGH nicht beigepflichtet werden.

Einer solchen nach allgemeinem Gesellschaftsrecht zulässigen Bewertung steht nämlich der bei § 22 Abs. 2 Satz 2 GüKG ausschlaggebende Gedanke gegenüber, daß jede Zuwendung unzulässig ist, die eine Gegenleistung für die Einflußmöglichkeit des Zuwendungsempfängers auf die Transportvergabe beinhaltet. So ist es verboten, einem Verlader selbst oder seinem Angestellten, der einen maßgeblichen Einfluß auf die Transportvergabe besitzt, als Vergütung für die Auftragserteilung Vermittlungsgebühren, Werbekosten, Schmiergelder oder ähnliche Zuwendungen in Geld zu gewähren[75]. Da es auf die rechtliche Einkleidung der Frachtrückerstattung nicht ankommt, dürfen derartige Zuwendungen auch nicht in der Weise gemacht werden, daß dem Dritten in einem Gesellschaftsvertrag für dessen Einfluß auf die Transportvergabe überhöhte Gewinnansprüche versprochen werden[76]. Es sind sämtliche Zuwendungen an Dritte untersagt, wenn ein am Frachtvertrag Beteiligter oder der Dritte selbst als Lieferant, Abnehmer, Vertriebs-

[73] BB 1970 S. 1069 (1070).
[74] BGH, Urt. v. 15. 6. 1970 in BB 1970 S. 1069 (1070).
[75] Vgl. BGH, Urt. v. 29. 10. 1962 in NJW 1963 S. 102 f.
[76] BGH, Urt. v. 16. 3. 1967 in BB 1967 S. 478; *Balfanz-v. Tegelen*, Anm. 2 zu § 22 GüKG.

agent des Lieferanten oder dergleichen an der Kostengestaltung des Beförderungsvertrages wirtschaftlich interessiert ist[77].

Bei dem Beklagten handelt es sich nun um eine Person, die an der Kostengestaltung der zwischen der Kartonfabrik und dem Werkunternehmen abgeschlossenen Frachtverträge wirtschaftlich interessiert ist. Dem Werkfrachtführer ist es daher untersagt, dem Beklagten in irgendeiner Form Vergütungen für dessen Einflußnahme auf die Transportvergabe zukommen zu lassen. Da sich die Geschäftsbeziehungen des Beklagten zu der Kartonfabrik nur als eine Umschreibung dieser Einflußmöglichkeit darstellen, dürfen sie bei der Gewinnausschüttung nicht zu seinen Gunsten berücksichtigt werden. Sie sind somit auch nicht bewertungsfähig. Andernfalls würde man dem Beklagten die dem Tarifzwang zuwiderlaufende Möglichkeit eröffnen, sich aus preislichen Überlegungen zu der Wahl eines bestimmten Verkehrsmittels zu entscheiden.

Anders ist die Rechtslage jedoch zu beurteilen, wenn der Beklagte oder ein anderer an einem Werkunternehmen beteiligte Gesellschafter Geschäftsbeziehungen zu solchen Personen unterhält, an deren Kostengestaltung der Beförderungsverträge er nicht wirtschaftlich interessiert ist. Setzt er sich aufgrund seiner geschäftlichen Kontakte dafür ein, daß diese Verlader jetzt ihre Güter dem Werkunternehmen anvertrauen, handelt er dem Sinn und Zweck des Tarifumgehungsverbots nicht zuwider. Denn bei der Verladerschaft scheiden preisliche Überlegungen hinsichtlich der Wahl des Verkehrsmittels aus. Es besteht kein innerer Zusammenhang zwischen dem tarifmäßigen Entgelt und der Gewinnausschüttung des Werkunternehmens. Der Gesellschafter befindet sich zudem in derselben Situation wie ein Güterfernverkehrsunternehmer, der seine Geschäftsbeziehungen dazu benutzt, neue Kunden zu gewinnen. Da die Beziehungen des beteiligten Gesellschafters zu der Verladerschaft die Stellung des Werkunternehmens im Wettbewerb erheblich verbessern und einen zusätzlichen und abschätzbaren Vorteil für das Unternehmen bedeuten, können sie bei der Gewinnverteilung gebührend mitberücksichtigt werden.

ee) Die §§ 772 Abs. 1 BGB, 121 Abs. 3 HGB

Die für die stille Gesellschaft und die KG in Anlehnung an die §§ 336 Abs. 1 und 168 Abs. 2 HGB aufgezeigten allgemeinen Bewertungsmaßstäbe gelten im Prinzip auch bei der bürgerlich-rechtlichen Gesellschaft und der OHG. Handelt es sich um eine Gesellschaft des bürgerlichen Rechts, muß aber beachtet werden, daß es der Gesetzgeber nach § 722

[77] Vgl. BGH, Urt. v. 3. 3. 1960 in NJW 1960 S. 1057 (1058); Urt. v. 29. 10. 1962 in NJW 1963 S. 102 (103).

Abs. 1 BGB im Normalfall für angemessen erachtet, daß die Gewinnverteilung nach Köpfen erfolgt. Diese Vorschrift ist keine Auslegungsregel, sondern ein das Fehlen vertraglicher Regelung ergänzender Rechtssatz, in dem sich der Grundsatz der gleichmäßigen Behandlung aller Gesellschafter ausprägt[78]. Das Gesetz geht von einer personalistischen Auffassung der Gesellschaft aus und legt deshalb nicht die Höhe der Kapitalbeteiligung zugrunde[79].

Entspricht die in einem Gesellschaftsvertrag vereinbarte Gewinnquote dieser gesetzgeberischen Grundidee, dürfte grundsätzlich eine vernünftige Einschätzung der beiderseitig übernommenen Leistungen und Verpflichtungen vorliegen. An eine abweichende Bewertung müssen daher besonders strenge Anforderungen gestellt werden. Das gleiche gilt § 121 Abs. 3 HGB zufolge bei der OHG für die Verteilung des Jahresgewinns, welcher nach Abzug der sich gemäß § 121 Abs. 1 HGB zu errechnenden Vorzugsgewinnanteile verbleibt. Auch insoweit erachtet das Gesetz grundsätzlich eine Verteilung nach Köpfen für angemessen.

3. Die Gewinnbeteiligung des Verladers an einem in der Rechtsform einer juristischen Person betriebenen Werkunternehmen als Tarifumgehung

Die bisherigen Ausführungen zeigen bereits, daß auch bei der Beteiligung eines Verladers an einem in der Rechtsform einer juristischen Person betriebenen Werkunternehmen eine Tarifumgehung nur dann vorliegt, wenn die Gewinnbeteiligung des Gesellschafters unüblich und unangemessen hoch ist. Entscheidend ist immer die Frage, ob die vereinbarte Gewinnquote im richtigen, der Leistung oder den Leistungen der Mitgesellschafter entsprechenden Verhältnis zur Eigenleistung steht.

Ist das Werkunternehmen beispielsweise eine GmbH, wird sich im Regelfall die Gewinnverteilung nach dem Verhältnis der Geschäftsanteile richten (§ 29 Abs. 2 GmbHG). Gemäß § 14 GmbHG bestimmt sich der Geschäftsanteil jedes Gesellschafters nach dem Betrag der von ihm übernommenen Stammeinlage. Diese Stammeinlage kann in bar, in Sachwerten[80] oder in beidem geleistet werden. Gerade bei einem kapital- und ertragskräftigen Unternehmen wird sich wie bei den Personengesellschaften häufig die Frage aufdrängen, ob das Unternehmen überhaupt auf die Einlage angewiesen war. Trifft das nicht zu, darf die Einlage bei der Gesamtabwägung nur in einem geringen Umfang mitberücksichtigt werden.

---

78 RG, Urt. v. 15. 5. 1936 in RGZ 151/321 (326).

79 *Erman-Schulze-Wenck*, § 722 Anm. 1.

80 Vgl. hierzu *Schilling* in Hachenburg, GmbH-Ges., § 5 Anm. 14 ff.; BGH, Urt. v. 2. 5. 1966 in NJW 1966 S. 1311 ff.

Vor allem ist die nach § 5 Abs. 4 GmbHG vorgeschriebene Bewertung der Sacheinlagen im Gesellschaftsvertrag für den Richter nicht bindend, da auch hier die Gesellschafter in der Bewertung grundsätzlich frei sind. Eine Überbewertung führt nur dann zur Nichtigkeit des Einlageversprechens und damit des Gesellschaftsvertrages, wenn ein grober, offensichtlicher Verstoß gegen gesunde kaufmännische Grundsätze vorliegt[81]. Für die Feststellung einer Tarifumgehung kommt es aber darauf an, ob eine bestimmte Bewertung und damit zusammenhängend die konkret vereinbarte Gewinnquote unter Berücksichtigung der von den Parteien angelegten Wertungsmaßstäbe wirtschaftlich vernünftig erscheint.

Um Wiederholungen zu vermeiden, darf im übrigen auf die bei den Personengesellschaften entwickelten Grundsätze verwiesen werden, die sinngemäß auch bei den in der Rechtsform einer juristischen Person betriebenen Werkunternehmen anzuwenden sind.

Eine Besonderheit ist jedoch noch zu erwähnen. Handelt es sich bei dem Werkunternehmen um eine Einmanngesellschaft, muß die Gewinnausschüttung unabhängig von der Höhe des erzielten Gewinns schon begriffsnotwendig stets angemessen sein. Denn dem alleinigen Gesellschafter steht der gesamte erarbeitete Gewinn zu. Es fehlt hier an einer weiteren Person, die ebenfalls einen Anspruch auf einen Teil des erzielten Gewinns besitzt. Eine Feststellung, ob die vereinbarte Gewinnquote im richtigen, der Leistung oder den Leistungen der Mitgesellschafter entsprechenden Verhältnis zur Eigenleistung steht, ist nicht möglich und auch entbehrlich. Eine Tarifumgehung scheidet insoweit aus.

4. Die enge Verflechtung zwischen Verladerbetrieben und Fuhrunternehmen als Tarifumgehung

Bei Werkunternehmen kann es nun keinen Unterschied machen, ob es sich um eine „bloße Beteiligung“ oder um einen engen Verflechtungsfall zwischen Verladerschaft und Fuhrunternehmen handelt. Selbst wenn die Gesellschafter beider Unternehmen identisch sind, liegt eine Tarifumgehung nur vor, wenn einem Gesellschafter wegen seiner stärkeren Einflußmöglichkeit auf die Transportvergabe ein unangemessener Gewinnanspruch eingeräumt wird. Ist das zu verneinen, darf die Gewinnausschüttung nicht beanstandet werden. Denn da die Tarife wirtschaftlichen Grundsätzen entsprechen müssen[82], ist gewährleistet, daß der Gewinn eines Fuhrunternehmers stets im Verhältnis zu seinen Einlagen und dem vorhandenen Unternehmensrisiko angemessen ist. Fließt der von einem Werkunternehmen erarbeitete Gewinn mehreren Gesell-

---

[81] Vgl. BGH, Urt. v. 16. 2. 1959 in NJW 1959 S. 934 (936); *Schilling* in Hachenburg, GmbH-Ges., § 5 Anm. 28 a.

[82] Vgl. *H-E-P-K,* Anm. 5 b zu § 20 a GüKG.

schaftern zu, muß der Gewinn insgesamt ebenfalls als angemessen gewertet werden. Andernfalls würde man zu dem unzutreffenden Ergebnis gelangen, die Tarife seien so bemessen, daß den Transportunternehmern ein unangemessen hoher Gewinn sichergestellt wird.

Eine enge organisatorische, finanzielle, personelle und räumliche Verflechtung als solche rechtfertigt keine abweichende Beurteilung. Sie bewirkt lediglich, daß der Verlader einen stärkeren Einfluß auf das Fuhrunternehmen ausüben kann, um eine sachgerechte und zügige Beförderung seiner Güter zu gewährleisten. Das entspricht wirtschaftlich vernünftigen Überlegungen und tangiert nicht den Tarifzwang. Denn dieser verbietet es nur, sich aus preislichen Überlegungen zu der Wahl eines bestimmten Verkehrsmittels zu entschließen.

Die Bundesanstalt erachtet demgegenüber bei einer engen Verflechtung eine Tarifumgehung deshalb für gegeben, weil der Verlader wegen der rückfließenden Frachtengelte billiger befördere als im Werkverkehr. Diese Argumentation geht bereits von der unzutreffenden Annahme aus, in Wirklichkeit läge bei Werkunternehmen ein Eigenverkehr des Verladers vor. Da die rechtspolitische Zwecksetzung der §§ 3 Abs. 1, 48 Abs. 1 GüKG es gebietet, selbst den Verkehr zwischen besonders eng verflochtenen Unternehmen dem gewerblichen Güterkraftverkehr zuzuordnen, kann die Gewinnausschüttung als solche niemals eine Tarifverletzung indizieren, und zwar auch dann nicht, wenn im Endergebnis tatsächlich für den Verlader die Beförderung durch ein Werkunternehmen billiger als im Werkverkehr sein sollte. Denn die Beteiligten haben keine Möglichkeit, diese unterstellte Frachtverbilligung zu vermeiden. Würde man eine Tarifverletzung schon allein wegen der engen Verflechtung bejahen, liefe das auf ein Verbot der Beförderung zwischen diesen Unternehmen hinaus. Ein solches Verbot läßt sich aber aus dem GüKG nicht ableiten.

Vor allem muß man bedenken, daß der Gesetzgeber in der NotVO den Konzernverkehr nicht als Werkverkehr anerkannt und diese Entscheidung damit begründet hatte, die Bindung an Tarife bedeute für den Verkehr der Konzernwerke untereinander keine den Verkehr hindernde oder gar ausschließende Belastung, da sie im Wege buchmäßiger Verrechnung jederzeit leicht ausgeglichen werden könne[83]. Da § 48 Abs. 3 a. F. GüKG ersatzlos gestrichen und insoweit die während der Geltungsdauer der NotVO bestehende Rechtslage wiederhergestellt worden ist, kommt dieser gesetzgeberischen Überlegung auch heute noch eine ausschlaggebende Bedeutung zu. Sie verdeutlicht zusätzlich, daß die im Prinzip sich als Verrechnung darstellende Gewinnausschüttung eines eng mit einem Verladerbetrieb verflochtenen Werk-

[83] Vgl. *Isaac*, Anm. 17 zu § 1 NotVO; *Göller* S. 13; *Hein*, Verkehrstechnik 1931 S. 527.

unternehmens nicht als solche schon eine verbotene Frachtrückerstattung beinhaltet. Eine Tarifumgehung kann nur vorliegen, wenn einem oder mehreren Gesellschaftern im Verhältnis zu anderen überhöhte Gewinnansprüche zugesagt werden.

Unabhängig hiervon erscheint es schon im Hinblick auf den Verkehrswert einer Güterfernverkehrsgenehmigung[84] und die zur Erfüllung der in den §§ 26 ff. GüKG genannten Verpflichtungen notwendigen Mehraufwendungen äußerst zweifelhaft, ob die Betriebskosten beim Werkunternehmen tatsächlich niedriger als beim Werkverkehr sind. Etwaige Steuerersparnisse dürfen bei dieser Gesamtbetrachtung nicht mitberücksichtigt werden, da § 22 Abs. 2 Satz 2 GüKG es nicht untersagt, sich aus steuerlichen Gründen zu der Wahl eines bestimmten Verkehrsmittels zu entschließen. Zumindest können derartige allgemeine Begründungsversuche nicht anerkannt werden, solange der Nachweis der billigeren Beförderung nicht erbracht ist.

Schließlich ist kein einsehbarer Grund vorhanden, warum diese Überlegungen der Bundesanstalt — ihre Richtigkeit einmal unterstellt — nur zu einer Tarifverletzung in engen Verflechtungsfällen führen sollen, da dann bei jeder Form der Beteiligung eines Verladers im Endergebnis dessen Gesamtbeförderungskosten niedriger sein müßten als bei einer Beförderung im Eigenverkehr. Es könnten allenfalls graduelle Unterschiede bestehen. Die Argumentation der Bundesanstalt läuft somit eindeutig auf eine unzumutbare Benachteiligung der Gesellschafter hinaus, die überwiegend oder sogar allein das mit jedem Fuhrunternehmen verbundene erhebliche Unternehmensrisiko tragen müssen. Eine solch unbillige Auslegung und Anwendung des § 22 Abs. 2 Satz 2 GüKG kann nicht zutreffend sein.

V. Zusammenfassung

1. Die Konkretisierung des Tarifumgehungsverbotes (§ 22 Abs. 2 Satz 2 GüKG) muß an den Grundgedanken der Tarifbindung anknüpfen, daß das Entgelt für die Beförderungsleistung nicht manipuliert werden darf. Die Frage lautet stets, ob die konkrete Vereinbarung im Endergebnis auf eine Frachtverbilligung hinausläuft, durch die die Wahl des Verkehrsmittels beeinflußt wird. Das ist der Fall, wenn sich die wirtschaftlichen Werte der vereinbarten Leistung und Gegenleistung nicht entsprechen.

2. Die Gewinnbeteiligung eines Absenders an einem Güterfernverkehrsunternehmen ist dann als eine Tarifumgehung zu werten, wenn

[84] Zur Frage, ob für Güterfernverkehrsgenehmigungen in der Steuerbilanz eine Aktivierungspflicht besteht, vgl. BFH, Urt. v. 27. 5. 1970 in BB 1970 S. 1288; Urt. v. 18. 12. 1970 in BB 1971 S. 465 sowie *Dziadkowski*, BB 1971 S. 473 ff.

die vereinbarte Gewinnquote nicht im richtigen, der Leistung oder den Leistungen der Mitgesellschafter entsprechenden Verhältnis zur Eigenleistung steht. Läßt sich ein Mißverhältnis feststellen, muß der Teil der Gewinnausschüttung, der das angemessene Maß übersteigt, als eine unzulässige Ermäßigung oder Rückvergütung des Beförderungsentgelts angesehen werden. Eine Umgehung scheidet aus, wenn die Vergütung für die Leistung des Gesellschafters „üblich und angemessen" ist.

3. Wann bei Werkunternehmen eine übliche und angemessene Gewinnbeteiligung vorliegt, kann nicht generell beantwortet werden. Auszugehen ist von der Überlegung, daß durch Auslegung des jeweiligen Gesellschaftsvertrages zu untersuchen ist, welche Rechte und Pflichten die Vertragsteile haben und in welcher Weise sie am Unternehmensrisiko beteiligt sind. Da sich auch die Beteiligung an diesem Risiko als eine übernommene Leistungsverpflichtung darstellt, ist es grundsätzlich angemessen, einem mit dem Verlustrisiko belasteten stillen Gesellschafter eine echte, durch festgelegte Zinssätze nicht begrenzte Gewinnchance einzuräumen.

4. Im Rahmen der gebotenen Gesamtabwägung besteht keine Bindung an die von den Parteien getroffene Bewertung ihrer Einlagen. Zu fordern ist aber keine abstrakt zu bestimmende ziffernmäßige Bewertung, sondern eine wirtschaftlich vernünftige Einschätzung der beiderseitig übernommenen Rechte und Pflichten. Eine Tarifumgehung liegt nur vor, wenn eine bestimmte Bewertung und damit zusammenhängend die konkret vereinbarte Gewinnquote selbst unter Berücksichtigung der von den Parteien angelegten Wertungsmaßstäbe wirtschaftlich unvernünftig erscheint und somit eine mißbräuchliche Ausnutzung der gesellschaftsrechtlichen Gestaltungsfreiheit beinhaltet. Nicht bewertungsfähig sind die „Geschäftsbeziehungen" eines am Werkunternehmen beteiligten Gesellschafters zu einem Verladerunternehmen, an dessen Kostengestaltung der Beförderungsverträge er wirtschaftlich interessiert ist.

5. Diese dargestellten Grundsätze sind unabhängig davon anzuwenden, ob es sich um eine „bloße Beteiligung" oder um einen engen Verflechtungsfall zwischen der Verladerschaft und Fuhrunternehmen handelt. Selbst wenn die Gesellschafter beider Unternehmen identisch sind, liegt ein Verstoß gegen § 22 Abs. 2 Satz 2 GüKG nur vor, wenn einem Gesellschafter wegen seiner stärkeren Einflußmöglichkeit auf die Transportvergabe ein unangemessener Gewinnanspruch eingeräumt wird. Betreibt eine Einmann-Gesellschaft ein Güterferverkehrsunternehmen, scheidet eine Tarifumgehung stets aus. Denn eine Feststellung, ob die vereinbarte Gewinnquote im richtigen, der Leistung oder den Leistungen der Mitgesellschafter entsprechenden Verhältnis zur Eigenleistung steht, ist hier nicht möglich und auch entbehrlich.

G. Die Werkspedition

I. Der Abfertigungsdienst und seine gesetzliche Regelung

Es verbleibt zu prüfen, ob überhaupt und gegebenenfalls inwieweit Werkspeditionen den Zielsetzungen des GüKG zuwiderlaufen. Bestimmungen über den Abfertigungsdienst finden sich in den §§ 33 ff. und 44 GüKG. Wichtig ist ferner die Anordnung PR Nr. 146/48 über den Abfertigungsdienst des Güterfernverkehrs mit Kraftfahrzeugen vom 29. Dezember 1948[1], die zuletzt durch die Verordnung PR Nr. 3/59 vom 23. Januar 1959[2] geändert worden ist.

Gemäß § 33 GüKG ist Abfertigungsspediteur ein Spediteur, der im Güterfernverkehr Transporte abfertigt. Nach § 35 GüKG erhält er von dem Unternehmer des Güterfernverkehrs für seine Tätigkeit ein Entgelt, die sogenannte Werbe- und Abfertigungsvergütung. Dieses Entgelt ist in § 4 AO PR 146/48 als Festsatz normiert und bestimmt sich prozentual nach dem tarifmäßigen Beförderungsentgelt entsprechend Güterklasse und Beförderungsentfernung, und zwar unterteilt als Abfertigungsvergütung und als Werbe- und Vermittlungsprovision.

Rechtsgrundlage für die Zahlungverpflichtung des Unternehmers ist nicht der Beförderungsvertrag, sondern ein besonderer Geschäftsbesorgungsvertrag[3], der sich in der Regel als zusätzliche Nebenabrede zum Beförderungsvertrag darstellt[4]. Dieser Vertrag kann auch — was in der Praxis der Ausnahmefall ist — geschlossen werden, ohne daß der Abfertigungsspediteur Partei des Beförderungsvertrages ist[5]. Dann muß dem Abfertigungsspediteur für seine Tätigkeit gleichfalls eine Vergütung zustehen, und zwar unabhängig davon, ob dem Unternehmer zugleich das Ladegut durch einen Frachtagenten gegen Zahlung einer Provision vermittelt worden ist[6]. Eine echte Vermittlungstätigkeit des Abfertigungsspediteurs persönlich schließt aber seine gleichzeitige oder

---

1 VerkBl. 1948 S. 93.

2 BAnz. Nr. 15 vom 23. Januar 1959.

3 §§ 675, 631 ff. BGB iVm. § 354 Abs. 1 HGB.

4 *Ruwe* S. 37.

5 *Balfanz-v. Tegelen*, Anm. zu § 35 GüKG, Anm. zu § 33 GüKG; *H-E-P-K*, Anm. 3 c zu § 33 GüKG; *Hallbauer*, Anm. zu § 33 GüKG; *Stoll*, GüKG S. 25 FßBn. 1 (zu § 33).

6 BGH, Urt. v. 21. 12, 1959 in BB 1960 S. 154.

nachträgliche Tätigkeit als Abfertigungsspediteur — und ebenso umgekehrt — aus[7].

Zwingende Voraussetzung für den Anspruch auf die Werbe- und Abfertigungsvergütung ist jedoch, daß der Spediteur nach Maßgabe des § 34 GüKG zum Abfertigungsspediteur bestellt worden ist[8]. Diese Bestellung kann ihrer Rechtsnatur und ihrer Rechtswirkung nach nicht der Genehmigung für den Güterfernverkehr und der Erlaubnis für den Güternahverkehr gleichgestellt werden. Sie ist nämlich nicht Voraussetzung für die Ausübung des Speditionsgewerbes oder des Abfertigungsdienstes, sondern hat lediglich tarifmäßige Bedeutung. Nur wer zum Abfertigungsspediteur bestellt ist, hat einen Anspruch auf die Werbe- und Abfertigungsvergütung.

Dennoch ist die von der Genehmigungsbehörde erteilte Befugnis höchstpersönlicher Natur, da § 34 Abs. 2 GüKG für die Erteilung der Bestellung auf die Zuverlässigkeit und damit auf die persönlichen Eigenschaften einer Person abstellt. Die Genehmigung kann daher weder übertragen noch einem anderen zur Ausnutzung überlassen werden. Dem steht nicht entgegen, daß die Bestellung zum Abfertigungsspediteur nur einer handelsgerichtlich eingetragenen Speditions*firma* erteilt werden darf, die zuverlässig ist und nach ihren betrieblichen und wirtschaftlichen Einrichtungen die Gewähr für die Erfüllung der Aufgaben des Abfertigungsdienstes bietet[9]. Denn das bedeutet nicht, daß die Firma als solche Inhaber dieser Bestellung würde. Das Gesetz will vielmehr klarstellen, daß nur solche Kaufleute oder Gesellschafter Abfertigungsspediteur sein können, die Vollkaufleute sind[10]. Auf Minderkaufleute sind nämlich nach § 4 HGB die Vorschriften über Firmen nicht anzuwenden.

Die Genehmigung nach § 34 GüKG wird daher ebenso wie die Güterfernverkehrsgenehmigung dem Einzelkaufmann als natürliche oder juristische Person oder bei einer Personalgesellschaft jedem einzelnen Gesellschafter in seiner gesamthänderischen Verbundenheit erteilt, da nur ihnen die Rechtsordnung die Fähigkeit zugesprochen hat, Träger von Rechten und Pflichten zu sein. Sie persönlich müssen sämtliche

---

[7] Vgl. VG Köln, Urt. v. 10. 7. 1962 —2 K 994/62— mit Hinweis auf BGH, Urt. v. 22. 10. 1959 in NJW 1960 S. 335; OLG Hamm, Urt. v. 11. 11. 1957 —3 Ws 367/57—; LG Hamburg, Urt. v. 22. 4. 1960 —3 O 20/60—; *H-E-P-K*, Anm. 4 zu § 35 GüKG; *v. Tegelen*, BB 1967 S. 483; *Weigelt*, Blatt Spediteur/Güterfernverkehr, Erl. 1 Anm. IV 2 f.

[8] BGH, Urt. v. 10. 12. 1969 in NJW 1970 S. 563 (564); *Balfanz-v. Tegelen*, Anm. 1 zu § 34 GüKG; *H-E-P-K*, Anm. 1 a zu § 34 GüKG; *Weigelt*, Blatt Spediteur/Güterfernverkehr, Erl. 1 Anm. IV 2 d.

[9] Vgl. hierzu im einzelnen *H-E-P-K*, Anm. 3—7 zu § 34 GüKG; *Balfanz-v. Tegelen*, Anm. 2 zu § 34 GüKG; *Ruwe* S. 32—36.

[10] BVerwG, Urt. v. 22. 1. 1971 in BB 1971 S. 632.

geforderten Zuverlässigkeitsvoraussetzungen erfüllen. Veräußert der Einzelkaufmann sein Unternehmen, wechselt bei einer Personalgesellschaft ein in der Urkunde aufgeführter Gesellschafter oder tritt ein neuer Gesellschafter der Gesellschaft bei, ist deshalb auch ein neues Genehmigungsverfahren erforderlich[11].

Die Abfertigungsspediteure der Deutschen Bundesbahn werden von den zuständigen Bundesbahndirektionen bestellt[12]. Im übrigen finden die Bestimmungen der §§ 33 ff. GüKG uneingeschränkt Anwendung. Die Vorschriften gelten aber nicht im Möbelfernverkehr (§ 44 GüKG). Auch beim Güternahverkehr beurteilt sich die Rechtslage nicht nach ihnen. Dort müssen sich Spediteure und Unternehmer im Rahmen des nach § 84 GüKG erlassenen Tarifs[13] einigen, falls Abfertigungsdienste erbracht werden[14].

Die einem Abfertigungsspediteur nach §§ 35 GüKG, 4 AO PR 146/48 gewährte Werbe- und Abfertigungsvergütung vermindert nun das tarifmäßige Entgelt des Fuhrunternehmers, und zwar unabhängig davon, ob sie von dem Tarifentgelt abgezogen oder vom Unternehmer bar gezahlt oder gutgeschrieben wird[15]. Diese Verminderung des tariflichen Entgelts erfolgt aber nicht ohne Gegenleistung, da sie die Abfertigungsdienste abgilt. Der Abzug der Werbe- und Abfertigungsvergütung könnte daher gemäß § 632 Abs. 2 BGB nie als ein Verstoß gegen den Tarifzwang des § 22 GüKG gewertet werden, wenn die Vergütung jeweils entsprechend den im Einzelfall erbrachten Abfertigungsleistungen berechnet würde[16].

Die Werbe- und Abfertigungsvergütung ist jedoch stets als Pauschale festgesetzt worden[17]. Wie bereits erwähnt, stellt sie sich auch heute als ein pauschalierter Festsatz dar. Der Abfertigungsspediteur

---

[11] So unmißverständlich BVerwG, Urt. v. 22. 1. 1971 in BB 1971 S. 632. Der Auffassung von *H-E-P-K* (Anm. 9 b zu § 34 GüKG — Stand: September 1971 —), wonach die Genehmigung zum Abfertigungsspediteur auch dann erlöschen soll, wenn ein maßgeblicher Geschäftsanteil einer GmbH an Dritte veräußert wird, kann jedoch nicht zugestimmt werden. Denn die Genehmigung wird der juristischen Person als Unternehmer erteilt und zudem nicht von Zuverlässigkeitsvoraussetzungen bei den Gesellschaftern persönlich abhängig gemacht. *H-E-P-K* haben ihre Auffassung jetzt auch geändert (vgl. Anm. 9 zu § 34 GüKG).

[12] § 34 Abs. 4 GüKG. Vgl. auch AO PR 24/49.

[13] Verordnung TS Nr. 11/58 über einen Tarif für den Güternahverkehr mit Kraftfahrzeugen (GNT) vom 29. Dezember 1958 (BAnz. Nr. 1 vom 3. Januar 1959), zuletzt geändert durch die Verordnung TSN Nr. 1/70 vom 25. März 1970 (BAnz. Nr. 67 vom 10. April 1970).

[14] *Weigelt*, Blatt Spediteur/Güterfernverkehr, Erl. 1 Anm. IV 2 a; *Rewolle*, Betr. 1969 S. 161 f.; OLG München, Urt. v. 19. 11. 1961 in DGV 1963 S. 368.

[15] BGH, Urt. v. 15. 3. 1967 in NJW 1967 S. 1323.

[16] *H-E-P-K*, Anm. 2 a zu § 35 GüKG.

[17] Vgl. Erlaß des Reichsverkehrsministers vom 6. April 1933 in RMinBl. 1933 S. 112; Erlaß des Reichsverkehrsministers vom 19. November 1938 in RVerkBl. B 1938 S. 246.

kann sie nicht nur fordern, sondern er *muß* sie auch fordern, und zwar grundsätzlich ohne Rücksicht darauf, welche einzelnen Leistungen des Abfertigungsdienstes er erbracht hat[18]. Die Vergütung erweist sich damit als ein Bestandteil der tariflichen Regelung des Frachtentgeltes. Der Abzug dieser Pauschalvergütung als solcher von der Fracht darf dennoch nicht als eine Verletzung des Tarifzwanges angesehen werden, da die Zahlung, Gutschrift oder Verrechnung der Werbe- und Abfertigungsvergütung mit dem tarifmäßigen Entgelt durch die AO PR 146/48 preisrechtlich genehmigt und durch § 35 GüKG zugelassen worden ist[19].

Die Pauschalierung und die Einbeziehung der Werbe- und Abfertigungsvergütung in das System der tarifgebundenen Fracht kann aber leicht zu mißbräuchlichen Frachtverkürzungen führen. Soll der Tarif Realität besitzen und seine Funktionen tatsächlich erfüllen können, muß seine Umgehung in jedem Fall ausgeschlossen sein. Daher betont § 5 Nr. 1 AO PR 146/48, daß die Vergütung für den Abfertigungsdienst „in keinem Falle zu einem Abweichen von den Sätzen des Reichs-Kraftwagen-Tarifs führen" darf. Zudem bestimmt diese Vorschrift weiter: „insbesondere darf die Werbe- und Abfertigungsvergütung von Abfertigungsspediteuren weder ganz noch teilweise in irgendeiner Form an Dritte mit Ausnahme von an dem Transport beteiligten Spediteuren weitergegeben werden." Es ist deshalb untersagt, die Vergütung so zu verwenden, daß in ihrer Verwendung doch eine Tarifunterbietung im Sinne des § 22 Abs. 2 GüKG liegt, der über § 20 Abs. 2 Satz 1 GüKG auch hinsichtlich des Speditionsverhältnisses zwischen Abfertigungsspediteur und Auftraggeber uneingeschränkt Anwendung findet.

II. Die Rechtsprechung der Zivilgerichte zur Werkspedition

1. Das Urteil des BGH vom 10. Dezember 1969

Es wurde bereits ausgeführt, daß die Bundesanstalt bei Werkspeditionen eine Verletzung der §§ 22 Abs. 2 Satz 2 GüKG, 5 Nr. 1 AO PR 146/48 dann für gegeben erachtet, wenn ein Speditionsunternehmen eng mit einem Verladerbetrieb verflochten ist oder dem Verlader bei einer „bloßen Beteiligung" eine höhere als 8 %ige Gewinnquote vertraglich zugebilligt wird. Der BGH hatte noch keine Gelegenheit, zu diesem Problemkreis unmittelbar Stellung zu nehmen. Ein wichtiger Hinweis auf diese Frage findet sich jedoch in seinem Urteil vom 10. De-

---

18 BGH, Urt. v. 10. 12. 1969 in NJW 1970 S. 563 (565); *H-E-P-K*, Anm. 2 b zu § 35 GüKG; *Ruwe* S. 38.

19 Vgl. *Ruwe* S. 38.

zember 1969[20], das zudem grundlegende Ausführungen zu der Auslegung des § 5 Nr. 1 AO PR 146/48 enthält.

Der Senat mußte prüfen, ob ein Abfertigungsspediteur (Fa. Sch) Teile der Werbe- und Abfertigungsvergütung auch an einen Spediteur (Beklagte) weitergeben darf, der keine zur Tätigkeit des Abfertigungsspediteurs gehörenden Aufgaben wahrgenommen hat, aber in sonstiger Weise am Transport beteiligt ist. Die Beklagte war als Hausspedition der Firma B befugt, über die Vergabe der Transportaufträge zu entscheiden. Auch oblag ihr die Überwachung und Abrechnung und damit die Verantwortung für die Durchführung der Transporte. Gemäß einer Vereinbarung mit der Firma Sch erhielt die Beklagte die Hälfte der von diesem Abfertigungsunternehmen erhobenen Werbe- und Abfertigungsvergütung.

In den Entscheidungsgründen wird festgestellt, daß diese Vereinbarung nicht zu beanstanden sei. Nach dem Wortlaut des § 5 Nr. 1 AO PR 146/48 genüge es, daß der Spediteur, der einen Anteil an der Werbe- und Abfertigungsvergütung erhalte, in irgendeiner Weise am Transport beteiligt sei, somit einen beliebigen Einfluß auf die Durchführung des konkreten Transports habe. Diese wörtliche Auslegung entspreche auch dem Sinn und Zweck der Bestimmung, die verhindern wolle, „daß durch eine Weiterleitung der WAV der Auftraggeber (der wirtschaftlich an der Höhe der Fracht Interessierte) weniger Fracht zahlt, als der Tarif vorsieht". Die Vorschrift verfolge nicht den Zweck, dem Abfertigungsspediteur die Werbe- und Abfertigungsvergütung zu erhalten und nur insoweit die Weitergabe zu gestatten, als ein anderer Spediteur unmittelbar bei jedem einzelnen Transport Aufgaben des Abfertigungsspediteurs wahrnehme.

Eine Umgehungsmöglichkeit wird aber in derartigen Fällen nicht stets ausgeschlossen. Der BGH führt hierzu wörtlich aus: „Es kann allerdings eine Vereinbarung des hier gegebenen Inhalts dann als Umgehungstatbestand (§ 5 GüKG) mit dem Ziele einer tarifwidrigen Zuwendung i. S. des § 22 Abs. 2 GüKG unwirksam sein, wenn bei einer wirtschaftlichen Gesamtbetrachtung die Zuwendung an den Spediteur letztlich wirtschaftlich dem verladenden Unternehmer zufließt, d. h. wenn dieser seine Transporte zu tarifwidrigen Beförderungsentgelten durchführen läßt. Der erkennende Senat hat dies für einen Fall bejaht, in dem es sich um rechtlich selbständige Unternehmen handelte, an beiden Unternehmen aber ausschließlich dieselben Personen beteiligt waren (vgl. das unveröffentlichte Urteil v. 9. 7. 1969—I ZR 103/67). Im Streitfall ist hierzu jedoch nur geltend gemacht worden, Dr. X., zu dessen Konzern auch die Firma B. gehöre, sei zu 49 % an der Firma

[20] NJW 1970 S. 563.

des Beklagten beteiligt. Die bloße Beteiligung an Unternehmen, von denen eines der verladenden, das andere der transportierenden Wirtschaft angehört, ist jedoch nicht ohne weiteres geeignet, einen Umgehungstatbestand zu erfüllen (vgl. BGH, NJW 60, 1057, 1059)."

Das in der Entscheidung vom 10. Dezember 1969 angeführte unveröffentlichte Urteil vom 9. Juli 1969 behandelt die Frage, wann die Erhebung einer Vermittlungsprovision sich als Tarifumgehung darstellt. Da der Hinweis auf dieses Urteil nur so verstanden werden kann, daß der BGH seine zu § 32 a. F. GüKG entwickelten Grundsätze auch für die Feststellung angewandt wissen will, ob eine unzulässige Weitergabe der Werbe- und Abfertigungsvergütung vorliegt, soll diese Entscheidung gleichfalls erörtert werden.

2. Das Urteil des BGH vom 9. Juli 1969

Der Entscheidung vom 9. Juli 1969[21] lag folgender Sachverhalt zugrunde: Die Kaufleute P und M gründeten 1950 die verklagte GmbH als Schiffahrtsgesellschaft. P war ferner Alleininhaber der Firma G, M deren stiller Gesellschafter. Beide Unternehmen hatten gemeinsame Geschäftsräume in Berlin. Der Geschäftsführer der Beklagten war gleichzeitig Prokurist der Firma G.

Die Firma G hatte sich zunächst als Zuckeragent betätigt. Sie stand mit dem Fuhrunternehmen L in Geschäftsbeziehung. Die Firma L führte die Transporte des zur Ergänzung von Zuckerlagern in Berlin von westdeutschen Zuckerfabriken bezogenen Zuckers aus und gewährte der Firma G für die Vermittlung dieser Frachten eine Provision.

Ab 1957 trat die Firma G für das von ihr selbst unterhaltene Zuckerlager als Eigenkäufer auf. Sie übersandte der Firma L Dispositionen, aus denen sowohl die Beförderungstermine als auch die von den Zuckerfabriken abzuholenden Zuckermengen und -sorten ersichtlich waren. Die Zuckerfabriken zahlten die Fracht und waren auch als Absender auf den Frachtbriefen vermerkt. Die Beklagte, die durch ihre Verbindung zu der Firma G von den zu erwartenden Transporten erfuhr, benachrichtigte die Firma L stets telephonisch von diesen Transporten. Hierfür zahlte die Firma L der Beklagten eine Vermittlungsprovision.

Der BGH stellt zunächst fest, daß die Firma G bei der hier gebotenen wirtschaftlichen Gesamtbetrachtung Absender sei, obwohl auf den Frachtbriefen die Zuckerfabriken als Absender ausgewiesen seien. Denn als Absender müsse derjenige angesehen werden, der Herr des Transportgeschäfts sei. Für diese Feststellung komme es maßgeblich

[21] —I ZR 103/67—.

darauf an, „für wen die Frachtkosten ein bei seiner die beförderten Güter betreffenden Kalkulation wirtschaftlich zu beachtender Faktor sind oder auch für wen die Vermittlungsprovision sich auf die Geschäfte betreffend die beförderten Güter wirtschaftlich auswirkt oder auch wer die Entscheidung über die Art des Transports (Schiene oder Straße) trifft".

Eine Tarifumgehung liege nun grundsätzlich nicht vor, wenn die Beklagte als Dritte eine Tätigkeit ausgeübt habe, durch die ein Frachtvertrag zwischen der Firma G als Absender und dem Frachtführer L zustandegekommen sei. Die rechtliche Beurteilung habe aber nicht nur das Verhalten der Beklagten für sich allein zu berücksichtigen, sondern auch die Firma G einzubeziehen. Der BGH führt hierzu aus: „Die Beklagte und die Firma G sind zwar rechtlich selbständige Unternehmen. An beiden Firmen waren aber ausschließlich dieselben beiden Personen beteiligt und zwar an der Beklagten als Gesellschafter der GmbH und an der Firma G als Alleininhaber und stiller Gesellschafter. Die, wie bereits dargelegt, im Rahmen des § 22 Abs. 2 Satz 2 GüKG gebotene wirtschaftliche Betrachtungsweise rechtfertigt die Feststellung des Berufungsgerichts, angesichts dieser Identität der Unternehmensinhaber im wirtschaftlichen Sinne sei die Sachlage so anzusehen, als ob die Firma G die Provision erhalten habe."

Der Senat bejahte demnach eine Tarifumgehung, da die Firma G selbst als Herr des Transportgeschäfts nicht berechtigt gewesen sei, eine Vermittlungsprovision zu erheben. Bedeutend an der Entscheidung ist vor allem, daß nicht geprüft wurde, ob die beiderseitige Gewinnbeteiligung der Kaufleute P und M an der verklagten GmbH eine Tarifumgehung indiziert. Der GmbH wurde vielmehr wegen der bestehenden Inhaberidentität schon das Recht abgesprochen, eine Vermittlungsprovision zu erheben.

Eine Anwendung dieser Grundsätze auf eine Werkspedition könnte bei zunächst unterstellter vergleichbarer Interessenlage bedeuten, daß ein Abfertigungsunternehmen keine Werbe- und Abfertigungsvergütung erheben darf, wenn es mit dem Versenderunternehmen wirtschaftlich gesehen identisch ist. Ein unabhängiger dritter Abfertigungsspediteur dürfte einem solchen mit der Verladerschaft eng verflochtenen Speditionsunternehmen auch nicht ohne Verstoß gegen § 5 Nr. 1 AO PR 146/48 Teile der erhobenen Werbe- und Abfertigungsvergütung zuwenden, worauf der BGH in seinem Urteil vom 9. Dezember 1969[22] unmittelbar hingewiesen hat. Diese Fragen mußten von Zivilgerichten — soweit ersichtlich — noch nicht abschließend beurteilt werden. Lediglich das LG Lüneburg kam in seiner rechtskräftigen Entscheidung

---

[22] NJW 1970 S. 563 (565).

vom 19. November 1964[23] zu dem Ergebnis, daß eine Werkspedition bei Transporten des mit ihr eng verbundenen Versenderunternehmens keine Werbe- und Abfertigungsvergütung erheben darf.

3. Das Urteil des LG Lüneburg vom 19. November 1964

Bei der verklagten Werkspedition handelte es sich um eine GmbH, die im wesentlichen Waren der Firma M abfertigte. Gesellschafter waren M und seine Ehefrau. Von dem Kapital der Beklagten entfielen 75 % auf M, den alleinigen Inhaber der Firma M, und 25 % auf seine Ehefrau. M war zugleich alleiniger Geschäftsführer der Beklagten. Beide Firmen hatten zusammen ein Büro, einen gemeinsamen Angestellten und dieselben Fernsprechanschlüsse. Die Firma M verrichtete zudem die Buchhaltung der Beklagten.

Der Kläger — ein Fernverkehrsunternehmer — hatte vorgetragen, eine Werbe- und Abfertigungsvergütung dürfe nur erhoben werden, wenn der Absender und der Spediteur voneinander verschieden und unabhängig seien. Die Beklagte habe jedoch mit der Abfertigung der von der Firma M zum Versand gebrachten Waren tatsächlich Geschäfte der Firma M getätigt, da sie sich bei einer wirtschaftlichen Betrachtungsweise nur als Speditionsabteilung der Firma M darstelle.

Das LG Lüneburg gab der Klage statt. In den Gründen wird ausgeführt, der Anspruch auf eine Werbe- und Abfertigungsvergütung entstehe nicht, wenn die Vergütung in irgendeiner Form an Dritte weitergegeben würde. Das aber sei hier geschehen. Die Vergütung sei im Ergebnis der Firma M zugute gekommen, ohne daß es darauf ankomme, ob und in welchem Umfang die Beklagte auch für andere Absender als Abfertigungsspediteur tätig geworden sei und dann eine echte Werbe- und Abfertigungsvergütung verdient habe.

Das Gericht verweist zunächst auf die enge finanzielle, organisatorische, personelle und räumliche Verflechtung zwischen der Firma M und der Beklagten. Es ist jedoch nicht genau ersichtlich, welche konkreten Folgerungen aus dieser engen Verbindung gezogen werden. Es wird lediglich anschließend festgestellt, die Beklagte habe auch selbst eingeräumt, „daß sie bei ihrer Tätigkeit für die Firma M in deren Interesse gehandelt habe, um die Transporte überhaupt durchführen zu können und um eine pünktliche Lieferung des Sandes an die Abnehmer zu gewährleisten, was bei einer Einschaltung anderer Speditionsunternehmer kaum möglich gewesen sei". Vor allem habe die Beklagte auch in den Fällen die Werbe- und Abfertigungsvergütung an die Firma M weitergegeben, in denen die Käufer die Beförderungsentgelte erstattet

[23] —1 S 269/64—.

hätten. Hier habe die Firma M „durch die Einschaltung der Beklagten als Abfertigungsspedition anstelle eines anderen, mit ihr wirtschaftlich nicht eng verbundenen und unabhängigen Spediteurs ebenfalls ungerechtfertigte Vorteile erlangt. Denn bei einer Inanspruchnahme der Dienste eines fremden Spediteurs wäre diesem nicht nur die Fracht zu erstatten gewesen, sondern ihm hätte auch eine Werbe- und Abfertigungsvergütung zugestanden, die daher im Ergebnis nicht der Firma M mittelbar zugutegekommen wäre wie in den Fällen einer Einschaltung der Beklagten als Abfertigungsspediteur".

III. Die Rechtsprechung der Verwaltungsgerichte zur Werkspedition

1. Das Urteil des BVerwG vom 21. Dezember 1962

Die angeführten Entscheidungen des BGH vom 9. Juli 1969 und 10. Dezember 1969 sowie vor allem das Urteil des LG Lüneburg vom 19. November 1964 verdeutlichen, daß die Problematik der Tarifumgehung bei entsprechend enger Verflechtung zwischen Verladerbetrieben und Abfertigungsspeditionen nicht erst bei der Ausschüttung oder Weitergabe des erzielten Gewinns einsetzt, sondern vielmehr bereits mit der Erhebung der Werbe- und Abfertigungsvergütung. Wenn eine Werkspedition wirtschaftlich gesehen nur einen zwar rechtlich verselbständigten Teil des Verladerunternehmens bildet, drängt sich bereits die Frage auf, ob hier überhaupt ein Dritter agiert, der für fremde Rechnung arbeitet und der echt speditionell tätig wird. Gerade unter diesem Gesichtspunkt gewinnen zwei Entscheidungen des BVerwG grundsätzliche Bedeutung. Der Senat mußte jeweils prüfen, ob ein mit einem Verladerbetrieb eng verflochtenes Speditionsunternehmen nach § 34 Abs. 2 GüKG zum Abfertigungsspediteur bestellt werden kann.

In seinem Urteil vom 21. Dezember 1962[24] beantwortete das BVerwG die aufgeworfene Frage nicht endgültig, sondern verwies die Sache an das OVG Lüneburg zurück. Dem Rechtsstreit lag folgender Sachverhalt zugrunde: Die Klägerin war als Speditions-GmbH durch Gesellschaftsvertrag zwischen einer Zuckerfabrik AG und ihrem Direktor gegründet worden. Vom Stammkapital entfielen drei Viertel auf die Zuckerfabrik, die mit der Klägerin zudem eine zunächst befristete Gewinnabführungs- und Verlustübernahme-Vereinbarung abgeschlossen hatte. Nach der Eintragung in das Handelsregister nahm die Klägerin ihren Geschäftsbetrieb auf dem Gelände der Zuckerfabrik und in deren Geschäftsräumen auf.

---

24 *Buchholz* BVerwG 442.03, Nr. 1 zu § 34 GüKG.

Das OVG Lüneburg hatte zuvor mit Urteil vom 8. November 1960[25] unter Aufhebung der für die Klägerin günstigen erstinstanzlichen Entscheidung die Klage abgewiesen mit der Feststellung, die beantragte Bestellung zum Abfertigungsspediteur müsse nach Lage der Dinge dazu führen, daß die Betätigung der Klägerin gegen § 22 Abs. 2 GüKG sowie gegen § 5 AO PR 146/48 verstoße. Alsdann fehle es der Klägerin aber an der für die Bestellung erforderlichen persönlichen Zuverlässigkeit.

Die Tarifumgehung wurde in der vorgesehenen Gewinnausschüttung lediglich an die beteiligte Zuckerfabrik erblickt. Das OVG Lüneburg argumentierte, die Werbe- und Abfertigungsvergütung müsse dem Abfertigungsspediteur verbleiben und dürfe in keinerlei Form an Dritte weitergegeben werden. § 5 AO PR 146/48 sei schon verletzt, wenn die Weitergabe an solche Dritte erfolge, deren wirtschaftliches Interesse an der Werbe- und Abfertigungsvergütung nicht ohne weiteres ersichtlich sei. Vorliegend bestünde sogar eine enge Interessenverflechtung zwischen den Vergütungen des Abfertigungsspediteurs und den wirtschaftlichen Interessen der Zuckerfabrik, die vor allem durch die weitgehende Organ- und Personalunion der beschäftigten Angestellten, die Raumunion und die vollständige Gewinnunion unterstrichen würde. Auch verstoße die Gewinnausschüttung gegen Sinn und Zweck der Tarifbestimmungen. Der Umstand einer Gewinnerzielung aus der Abfertigungsvergütung beeinflusse entscheidend die Gewichte in der ausbalancierten Interessenwaagschale der Großverkehrsträger. Wenn die Zuckerfabrik aus den Vertragsabschlüssen der Klägerin mit den Verkehrsunternehmern Gewinne ziehen könne, wende sie sich nach ökonomischer Vernunft dem freien Verkehrsgewerbe zu. Dadurch würde der vom Gesetzgeber bezweckte Schutz der Bundesbahn vereitelt. Das aber führe zu einer Umgehung des Tarifzwangs.

Das OVG Lüneburg prüfte jedoch nicht abschließend, ob die klagende GmbH überhaupt als selbständiges Speditionsunternehmen angesehen werden konnte. Es findet sich in den Gründen lediglich der Hinweis, ein Spediteur im Sinne des § 33 GüKG sei jedenfalls weder rechtlich noch tatsächlich vorhanden gewesen, solange die rechtliche Verselbständigung der Speditionsabteilung der Zuckerfabrik noch nicht durchgeführt gewesen sei. Ein Antrag der Zuckerfabrik auf Bestellung zum Abfertigungsspediteur hätte daher abgelehnt werden müssen. Denn Industrie- und Handelsunternehmen, die eigene Beförderungsaufträge vergeben würden, seien keine Abfertigungsspediteure. Wenn sich nun durch die rechtliche Verselbständigung der bisherigen Speditionsabteilung der Zuckerfabrik in den bisher von ihr getätigten Geschäften nichts geändert habe, dürften erhebliche Bedenken bestehen, „ob die

---

[25] —II—OVG—A 113/59—.

Durchführung derartiger Geschäfte in Zukunft den Aufgabenkreis des Abfertigungsspediteurs erfüllen können". So wolle die Klägerin keine Werbungsaufgaben durchführen, „obwohl die dem Abfertigungsspediteur unabdingbar zustehende Vergütung die Zahlung von Werbe- und Vermittlungsprovision vorsieht". Zum mindesten würden bei der Klägerin die ausgesprochenen Fremdgeschäfte fehlen, die bei der Berufsausübung des Spediteurs üblich seien. Aus der Art ihrer Speditionsgeschäfte ergäbe sich aber in jedem Fall, daß auch nach der Gründung der Klägerin das wirtschaftliche Interesse der Zuckerfabrik Motiv für die Bestellung zum Abfertigungsspediteur sei.

Entgegen der Auffassung des OVG Lüneburg hielt das BVerwG in seinem Revisionsurteil die Prüfung für unentbehrlich, ob es sich bei der Klägerin überhaupt um ein echtes Speditionsunternehmen oder um ein nur den Zwecken der Zuckerfabrik dienendes Unternehmen handelt, dem es an allen anderen Transportgeschäften („Fremdgeschäften") fehlt.

Um diese Frage beantworten zu können, erachtete es das BVerwG für wesentlich, ob die Klägerin „bereit und in der Lage ist, die einem Abfertigungsspediteur zufallenden Pflichten gegenüber jedermann zu erfüllen". Denn nur dann dürfe die Klägerin bestellt werden mit der Folge, daß sie die dem Abfertigungsspediteur zustehende Werbe- und Abfertigungsvergütung fordern könne und müsse. Insoweit könne die vom Berufungsgericht nicht abschließend gewürdigte Erklärung der Klägerin von Bedeutung sein, sie beabsichtige, die dem Abfertigungsspediteur zufallenden Werbungsaufgaben durchzuführen. Wenn die Klägerin sich ausschließlich zu dem Zwecke betätigen wolle, „die Zu- und Abgangstransporte der Zuckerfabrik in zweckmäßiger Weise zu koordinieren, so würde dies — wie ihre Absicht, keine Werbungsmaßnahmen durchzuführen — nicht dafür sprechen, daß sie die Aufgaben eines Abfertigungsspediteurs wahrnehmen will".

Im übrigen hielt das BVerwG auch die Ausführungen des OVG Lüneburg zu § 22 Abs. 2 GüKG und § 5 AO PR 146/48 für nicht in jeder Hinsicht unbedenklich. Es wurde darauf hingewiesen, daß diese Bestimmungen nicht jede Weitergabe eines wirtschaftlichen Gewinns des Abfertigungsspediteurs an einen Dritten verbiete. Einer Aktiengesellschaft wie der Zuckerfabrik sei es nicht schlechthin verwehrt, sich durch Gründung einer Spedition dem freien Verkehrsgewerbe zuzuwenden. „Ein den Tarifzwang vereitelnder und deshalb der Bestellung zum Abfertigungsspediteur entgegenstehender Zweck dieser Gründung ergäbe sich nur dann, wenn die Klägerin als Abfertigungsspediteur Aufträge der Zuckerfabrik AG erledigen würde, an denen die Zuckerfabrik als Frachtschuldner beteiligt ist. Dann läge es in der Tat nahe, daß sie die auf dem Umwege über die Klägerin an sie wirtschaftlich im Ergebnis zurückfließende Werbe- und Abfertigungsvergütung für die Einschaltung eines Abfertigungsspediteurs nur einsparen will."

2. Der Beschluß des BVerwG vom 28. Februar 1969

Die zweite Entscheidung des BVerwG zur Werkspedition datiert vom 28. Februar 1969[26]. Der Senat wies die Revisionszulassungsbeschwerde einer Speditions-GmbH gegen das Berufungsurteil des VGH Baden-Württemberg vom 9. November 1965[27] gemäß § 132 Abs. 2 VwGO zurück. Die Klägerin war Ende 1950 als Speditionsunternehmen gegründet worden. Gesellschafter der Klägerin waren E und B, die beiden persönlich haftenden Gesellschafter des Versenderunternehmens B. KG. Die Klägerin hatte bis zum 1. März 1960 keine eigene Buchführung. Sie war in den Räumen der Firma B. KG untergebracht. Lagerräume und Umschlageeinrichtungen wurden auch später noch von der Firma B. KG zur Verfügung gestellt. Im März 1964 schied der Gesellschafter E durch Übertragung seines Geschäftsanteils auf seine Ehefrau aus der Klägerin aus und verblieb nur noch in der Firma B. KG. Der andere Gesellschafter der Klägerin war bereits früher aus der Firma B. KG als persönlich haftender Gesellschafter ausgeschieden und in diese Gesellschaft als Kommanditist eingetreten. Die Klägerin, die schon Anfang 1952 zum Abfertigungsspediteur für den Kraftwagengüterverkehr der Deutschen Bundesbahn bestellt worden war, betrieb seit 1960 ihre Bestellung zum Abfertigungsspediteur für den allgemeinen Güterfernverkehr. Das Regierungspräsidium hatte den Antrag abgelehnt. Die nach erfolglosem Widerspruchsverfahren erhobene Klage blieb ebenso wie die Berufung ohne Erfolg. Das Berufungsgericht ließ die Revision nicht zu.

In dem Beschluß des BVerwG vom 28. Februar 1969 findet sich kein Hinweis, ob die Klägerin überhaupt als Spediteur im Sinne der §§ 33, 34 GüKG iVm. § 407 HGB anzusehen war, obwohl das Berufungsgericht dies im Hinblick auf die enge wirtschaftliche Verflechtung der Klägerin mit der Firma B. KG und die geringen getätigten Fremdgeschäfte angezweifelt hatte. Der VGH Baden-Württemberg hatte aber diese Frage nicht vertieft, sondern die Berufung mit der Feststellung zurückgewiesen, auf jeden Fall stelle sich die Gewinnausschüttung als Tarifumgehung dar und begründe die Unzuverlässigkeit der Klägerin. Denn die Klägerin sei mit dem Verladerbetrieb wirtschaftlich gesehen identisch und sei auch nur gegründet worden, um der Firma B. KG zu dienen, nicht aber, um sich kommerziell im Speditionsgeschäft zu betätigen.

---

[26] —VII B 39.66—; *H-E-P-K* (Anm. 4 d zu § 34 GüKG) stimmen dieser Entscheidung ausdrücklich zu.

[27] —III 450/63—.

Das BVerwG bestätigte diese Ausführungen unter Hinweis auf das Urteil vom 21. Dezember 1962, in dem diese Frage schon eingehend erörtert worden sei. Es wurde nochmals hervorgehoben, daß nach § 22 Abs. 2 GüKG und § 5 AO PR 146/48 die Weitergabe der dem Abfertigungsspediteur zustehenden Werbe- und Abfertigungsvergütung an Dritte nicht zulässig sei, wenn sie der Umgehung des tariflichen Beförderungsentgelts gleichkomme. Der Senat führte hierzu aus: „Deshalb wird in der Regel einem Speditionsunternehmen die Bestellung zum Abfertigungsspediteur zu versagen sein, mit dem bestimmte Versender ständig zusammenarbeiten und an dem sie wirtschaftlich beteiligt sind. In diesem Falle kann die von dem Unternehmer des Güterfernverkehrs dem Abfertigungsspediteur nach § 35 GüKG geschuldete Werbe- und Abfertigungsvergütung im Wege der Gewinnausschüttung den Versendern zufließen, die dann — rückschauend betrachtet — nicht das volle tarifliche Entgelt, sondern ein in Höhe der Werbe- und Abfertigungsvergütung ermäßigtes Beförderungsentgelt entrichtet haben. Diese durch die Gewinnausschüttung bewirkte Zuwendung kommt einer Umgehung des tarifmäßigen Entgelts gleich und ist nach § 22 Abs. 2 GüKG unzulässig."

Unerheblich sei, daß die Klägerin gesellschaftsrechtlich zu dieser Gewinnausschüttung verpflichtet sei. Auch darin könne eine Tarifverletzung liegen, wenn die Gewinnausschüttung letzten Endes auf eine Ermäßigung des Beförderungsentgelts hinauslaufe. Denn der zum Schutz eines geordneten Verkehrswesens bestehende Tarifzwang könne gemäß § 5 GüKG nicht durch bürgerlich-rechtliche oder handelsrechtliche Gestaltungsmöglichkeiten vereitelt werden. Der ungewöhnliche Weg liege bei den Werkspeditionen, die fast ausschließlich für den sie wirtschaftlich beherrschenden Versender tätig seien, in der rechtlichen Verselbständigung der früheren Versandabteilung des Auftraggebers. Es würde also lediglich zwischen Versender und Beförderungsunternehmer ein rechtlich selbständiges Unternehmen dazwischengeschoben, durch das der Versender in einer nach außen hin erkennbaren Form dem Beförderungsunternehmer entgegentrete und diesen durch Zahlung der Werbe- und Abfertigungsvergütung zu einer Ermäßigung des Beförderungsentgelts veranlasse.

IV. Der allgemeine Spediteurbegriff des § 407 HGB

1. Spediteur trotz fehlender Fremdgeschäfte

Bedeutend an der Entscheidung des BVerwG vom 21. Dezember 1962 ist zunächst, daß der Senat die Prüfung für unentbehrlich erachtete, ob es sich bei der Klägerin überhaupt um ein echtes Speditionsunternehmen oder um ein nur den Zwecken des beteiligten Versenders dienendes Unternehmen handelte, dem es an Fremdgeschäften fehlte. Diese Formulierung könnte so verstanden werden, daß einer eng mit einem Verladerbetrieb verflochtenen Werkspedition bei fehlenden Fremdgeschäften schon die Spediteureigenschaft nach § 407 HGB abgesprochen werden müßte. So wertet auch v. Tegelen[28] eine Werkspedition nur dann als Spedition im Rechtssinne, wenn „sie nach ihrem Gesellschaftszweck und ihrer tatsächlichen Geschäftsführung gewerbsmäßig für Rechnung anderer im eigenen Namen tätig wird“. Sie müsse also „bereit und in der Lage sein, für beliebige Dritte Versendungen zu besorgen“.

Dem kann nicht zugestimmt werden. Ein Speditionsunternehmen braucht keine echten Fremdgeschäfte zu tätigen. Eine Spedition im Rechtssinne liegt schon vor, wenn gewerbsmäßig für Rechnung *eines* Versenders Beförderungsverträge mit Frachtführern abgeschlossen werden. Gewerbsmäßig bedeutet, daß der Unternehmer den Willen haben muß, durch fortgesetzte Tätigkeit als Spediteur dauernde Einnahmen zu erzielen[29]. Hierfür ist es unerheblich, ob er für mehrere oder nur für einen Auftraggeber tätig wird. Der Umfang des Betriebs stellt ebenfalls kein Merkmal der Gewerbsmäßigkeit dar[30].

Einer Werkspedition darf daher die beantragte Bestellung zum Abfertigungsspediteur nicht wegen fehlender Fremdgeschäfte verweigert werden. Die Ablehnung wäre allenfalls dann gerechtfertigt, wenn im konkreten Einzelfall der Gewerbebetrieb nach Art und Umfang einen in kaufmännischer Weise eingerichteten Geschäftsbetrieb nicht erfordern würde und der Werkspediteur aus diesem Grund als Minderkaufmann angesehen werden müßte. Denn im Sinne des § 34 GüKG können nur solche Kaufleute oder Gesellschafter Abfertigungsspediteur sein, die Vollkaufleute sind[31].

2. Die Personenidentität zwischen Spediteur und Versender

Bereits aus der dem HGB entnommenen Begriffsbestimmung des Spediteurs ergibt sich aber, daß die Werbe- und Abfertigungsvergütung von solchen Firmen nicht erhoben werden darf, die mit dem Versender identisch sind und für diesen Versender abfertigen.

Bei der Tätigkeit des Spediteurs müssen grundsätzlich drei Personen auftreten, nämlich der Versender, der Spediteur als Absender und der Frachtführer. Dabei soll von den Ausnahmefällen des Selbsteintritts nach § 412 HGB und der Einschaltung eines Zwischenspediteurs gemäß

---

[28] BB 1967 S. 480.
[29] *Schlegelberger-Schröder*, § 407 Anm. 8.
[30] *Brüggemann* in GroßKomm. HGB, § 1 Anm. 14.
[31] BVerwG, Urt. v. 22. 1. 1971 in BB 1971 S. 632.

§ 411 HGB abgesehen werden. Betreibt etwa ein Einzelkaufmann als Alleininhaber ein Handels- oder Industrieunternehmen unter der einen Firma und ein Speditionsgeschäft unter einer anderen Firma, bewirkt diese Personenidentität den Fortfall des für den Spediteurbegriff notwendigen Dritten, des Versenders. Denn die Verschiedenheit der Firma führt noch nicht zu einer Mehrheit von Rechtspersönlichkeiten[32]. Die Spedition besorgt also nicht Geschäfte für Rechnung eines anderen, sondern für eigene Rechnung. Vor allem zahlt der Güterfernverkehrsunternehmer in solchen Fällen die Werbe- und Abfertigungsvergütung, auch wenn sie an die Speditionsfirma geleistet wird, unmittelbar an das Handels- oder Industrieunternehmen. Es handelt sich dann um eine Zahlung, die „einer Umgehung des tarifmäßigen Beförderungsentgelts gleichkommt“, § 22 Abs. 2 Satz 2 GüKG.

In diesem Sinne dürften auch Hein-Eichhoff-Pukal-Krien[33] zu verstehen sein, die in dem Antrag eines Speditionsunternehmens, „welches einem oder mehreren Industrie- oder Handelsunternehmen gehört“, auf Bestellung zum Abfertigungsspediteur den Versuch sehen, den Tarifzwang des § 22 GüKG und das Verbot der Beteiligung an der Abfertigungsvergütung nach § 5 Nr. 1 AO PR 146/48 zu umgehen, und zwar „insbesondere wenn nur Güter der beteiligten Industrie- oder Handelsunternehmen von dem Abfertigungsspediteur abgefertigt werden“. Mit dem Begriff „gehört“ kann keine wesentliche gesellschaftsrechtliche Beteiligung gemeint sein, da sonst der Ausdruck „wesentliche Beteiligung“ verwandt worden wäre. Dieser Ausdruck ist der Rechtssprache wohlbekannt. Ein von einer Personenmehrheit oder in der Rechtsform einer juristischen Person betriebenes Speditionsunternehmen gehört nicht einem Industrie- oder Handelsunternehmen, sondern den Gesellschaftern in ihrer gesamthänderischen Verbundenheit oder der juristischen Person. Daß nur an eine Personenidentität zwischen dem Versender und dem Spediteur als Absender gedacht ist, zeigt zudem die von Hein-Eichoff-Pukall-Krien[34] aus der Kommentierung gezogene Folgerung, daß zu Abfertigungsunternehmen nicht Handels- und Industrieunternehmen bestellt werden dürfen, die eigene Beförderungsaufträge zu vergeben haben.

3. Das Handeln für fremde Rechnung

Einer rechtlich selbständigen Werkspedition könnte allenfalls dann die Spediteureigenschaft abgesprochen werden, wenn es die Güter des beteiligten Versenderunternehmens für *eigene* Rechnung durch Fracht-

---

[32] *Schlegelberger-Hildebrandt,* § 17 Anm. 5; *Würdinger* in GroßKomm. HGB, § 17 Anm. 4.
[33] Anm. 8 b zu § 35 GüKG.
[34] Anm. 4 a IV zu § 34 GüKG; Anm. 5 a I zu § 33 GüKG.

führer versenden würde. So sind beispielsweise nicht Spediteure die Auslieferungslager von Industrieunternehmen, selbst wenn sie eine eigene Rechtspersönlichkeit haben und in gewissen Zeitabständen mit dem Dritten über die entstandenen Geschäftsunkosten abrechnen[35].

Ob eine derartige Ausnahmesituation der Entscheidung des BVerwG vom 21. Dezember 1962 zugrunde gelegen hat, läßt sich aus den Ausführungen jedoch nicht entnehmen. Im übrigen dürfte eine Werkspedition stets darauf achten, für Rechnung des beteiligten Versenders zu handeln.

V. Der Begriff „Abfertigungsspediteur“

Wie der Senat in dem Urteil vom 21. Dezember 1962 mit seiner Bezugnahme auf die Voraussetzungen der Werbe- und Abfertigungsvergütung zu erkennen gibt, wird letztlich auch nicht die allgemeine Spediteureigenschaft eines Werkspediteurs angezweifelt, sondern die Frage aufgeworfen, ob bei einer Tätigkeit für nur einen bestimmten Versender wegen der fehlenden allgemeinen und individuellen Werbung noch von einem *Abfertigungs*spediteur die Rede sein kann. Dies müßte verneint werden, wenn dem Spediteur ein Vergütungsanspruch gegen den Güterfernverkehrsunternehmer nur zustehen würde, wenn er eine Werbung betreibt. Dann würde nämlich feststehen, daß diese Tätigkeit unverzichtbar zu seinem Aufgabenkreis gehört und den Begriff „Abfertigungsspediteur“ entscheidend mitprägt.

1. Die Aufgaben des Abfertigungsspediteurs

Welche Aufgaben der Abfertigungsspediteur im einzelnen hat, soll eigentlich nach § 36 GüKG durch eine Abfertigungsordnung geregelt werden, die jedoch bis heute noch aussteht. Aus § 2 AO PR 146/48 läßt sich aber sein Tätigkeitsbereich ersehen. Danach hat der Abfertigungsspediteur „regelmäßig“ folgende Aufgaben zu erfüllen:

1. Ordnungsgemäße Berechnung der Tariffracht.
2. Allgemeine und individuelle Werbung für den Kraftwagengüterfernverkehr.
3. Vorbereitende Behandlung der Sendungen für die Beförderung.
4. Ausstellung der Beförderungspapiere.
5. Die Abwicklung der Frachtzahlung entsprechend dem jeweils geltenden Frachtzahlungsanweisungs- und Frachtstundungsverfahren im Kraftwagengüterfernverkehr.
6. Mitwirkung im Nachnahmeverfahren.
7. Bereitstellung von ausreichenden Lager- und Umschlagseinrichtungen für Annahme und Ablieferung des Gutes.

---

[35] *Schlegelberger-Schröder*, § 407 Anm. 7 a.

8. Sicherung eines reibungslosen Zu- und Ablaufs von Einzelsendungen.
9. Erledigung von Steuer- und Zollformalitäten, soweit sie dem Unternehmer obliegen.
10. Vorhaltung von Tarifmaterial und Unterhaltung einer Auskunftsstelle für den gewerblichen Güterfernverkehr.
11. Führung eines Abfertigungsbuches.

Zudem erwähnt § 5 Nr. 2 und Nr. 3 AO PR 146/48 die Verpflichtung des Abfertigungsspediteurs, in bestimmten Fällen die Vermittlung der Laderaumverteilungsstellen in Anspruch zu nehmen und die Zahlung des Entgelts des Unternehmers im Frachtanweisungs- und Frachtstundungsverfahren zu bewirken.

Es ist nun nicht notwendig, daß der Abfertigungsspediteur alle die in diesen Vorschriften genannten Geschäfte im Einzelfall ausführt, um seine Vergütung zu verdienen. Obwohl es sich bei der Werbe- und Abfertigungsvergütung um eine Pauschalvergütung handelt, wird jedoch übereinstimmend gefordert, daß er ein gewisses Mindestmaß an Tätigkeiten aufbringen muß[36]. Da das Gesetz diese Mindestaufgaben nicht festlegt, muß immer im konkreten Fall geprüft werden, ob die Voraussetzungen des Vergütungsanspruchs vorliegen.

So läßt sich aus dem Teilurteil des LG Berlin vom 13. Mai 1963[37], den Urteilen des KG Berlin vom 22. Mai 1964[38] und des OLG Düsseldorf vom 20. Januar 1966[39] sowie dem Schiedsurteil des AG Rosenheim vom 16. September 1963[40] entnehmen, daß die Auftragsvergabe allein noch nicht als echte Leistung des Abfertigungsspediteurs bezeichnet werden kann. Die Zusendung von Frachtbriefformularen an den Unternehmer, die Eintragung der Aufträge in das Abfertigungsbuch, Rechnungserstellung, Frachtzahlung oder ähnliche belanglose Tätigkeiten genügen gleichfalls noch nicht, um den Vergütungsanspruch entstehen zu lassen. Aus den erwähnten Urteilen läßt sich aber nicht ersehen, ob die allgemeine und individuelle Werbung unverzichtbare Voraussetzung für diesen Leistungsanspruch und somit auch für die Begriffsbestimmung „Abfertigungsspediteur“ ist. Auch in der Literatur wird auf diese Frage nicht näher eingegangen. Lediglich v. Tegelen[41] erachtet ohne nähere Begründung den Anspruch auf Werbe- und Abfertigungsvergütung auch dann für gegeben, wenn „z. B. die Werbung für den Kraftwagengüterverkehr“ fehlt.

---

[36] Vgl. *Weigelt,* Blatt Spediteur/Güterfernverkehr, Erl. 1 Anm. IV 2 b; *v. Tegelen,* BB 1967 S. 482.
[37] —7 O 22/63—.
[38] —5 U 1580/63—.
[39] —18 U 254/65—.
[40] —C 818/61—.
[41] BB 1967 S. 482.

2. Die Teilbarkeit des Anspruchs auf Werbe- und Abfertigungsvergütung

a) Die Wortinterpretation des § 4 AO PR 146/48

Bei der weiteren Untersuchung muß von § 4 AO PR 146/48 ausgegangen werden. Nach dieser Vorschrift bestimmt sich das Entgelt des Abfertigungsspediteurs prozentual nach dem tarifmäßigen Beförderungsentgelt entsprechend Güterklassen und Entfernung, und zwar unterteilt als Abfertigungsvergütung und als Werbe- und Vermittlungsprovision. Die Werbe- und Abfertigungsvergütung stellt sich also nach dem Wortlaut des § 4 AO PR 146/48 nicht als eine einheitliche Vergütung dar, die nur gemeinsam verdient werden könnte, sondern sie kann je nach Art und Umfang der Tätigkeit des Abfertigungsspediteurs gesondert entstehen.

Das OLG Braunschweig kam daher in einer rechtskräftigen Entscheidung vom 3. Oktober 1967[42] zu dem Ergebnis, daß einem Abfertigungsspediteur die Werbevergütung nur dann zusteht, wenn er tatsächlich eine allgemeine und individuelle Werbung für den Güterkraftverkehr entfaltet. Trifft das nicht zu, kann er nur die Abfertigungsvergütung verlangen, wenn er ein gewisses Mindestmaß an Abfertigungsaufgaben wahrgenommen hat[43].

b) Die historische Interpretation

Diese Wortinterpretation des § 4 AO PR 146/48 wird durch die historische Entwicklung der Werbe- und Abfertigungsvergütung erhärtet.

Unter dem Geltungsbereich der NotVO war es zunächst den Unternehmern gemäß einer Verfügung des Reichsverkehrsministers vom 16. Februar 1932[44] untersagt, den Spediteuren für bestimmte, im Interesse der Unternehmer erbrachte Leistungen eine Leistungsvergütung aus der Fracht zu gewähren. Diese Auslegung des § 22 Abs. 3 NotVO wurde jedoch überwiegend für unzutreffend erachtet, da eine verschleierte Rückvergütung nicht vorliegen könne, wenn dem Spediteur für seine den Fuhrunternehmer entlastenden Tätigkeit eine angemessene und ortsübliche Vergütung gezahlt werde[45]. Durch Erlaß vom 6. April 1933[46] änderte der Reichsverkehrsminister deshalb den Reichs-

---

[42] —3 U 47/67—; *H-E-P-K* (Anm. 2 a zu § 35 GüKG) stimmen dieser Entscheidung ausdrücklich zu.

[43] Ebenso *Balfanz-v. Tegelen* (Anm. zu § 35 GüKG), jedoch unter fälschlichem Hinweis auf das Urteil des OLG Düsseldorf vom 20. Januar 1966 (—18 U 254/65—), das sich mit diesem Problemkreis nicht befaßt.

[44] —K. 492/32— in RMinBl. 1932 S. 85.

[45] Vgl. *Isaac,* Anm. 6 zu § 3 NotVO; *Göller* S. 30 ff.; *Heimes* S. 28 ff.; a. A. *Hein,* Anm. 5 c zu § 22 NotVO.

[46] RMinBl. 1933 S. 112.

kraftwagentarif und ordnete an, daß die Unternehmer „für die mit der Zuführung und Abholung der Güter und die sonstigen mit dem Frachtgeschäft verbundenen Nebenleistungen Dritter“ einheitlich festgesetzte Pauschalvergütungen gewähren konnten. Eine allgemeine und individuelle Werbung wurde nicht ausdrücklich für den Vergütungsanspruch vorausgesetzt.

Nach Inkrafttreten des GFG erwies es sich gleichfalls als unentbehrlich, den Kraftwagenspediteuren eine Leistungsvergütung zukommen zu lassen[47]. Die ihnen gegenüber den Unternehmern obliegenden Pflichten und die an sie zu zahlenden Gebühren wurden zunächst in einem Rahmenvertrag vom 7. April 1936 zwischen dem Reichs-Kraftwagen-Betriebsverband und der Reichsverkehrsgruppe Spedition und Lagerei allgemein geregelt[48].

In der verkehrsgewerberechtlichen Literatur blieb es jedoch äußerst umstritten, inwieweit sich die Zahlung einer Leistungsvergütung überhaupt mit dem Ziel des GFG vertrug, einen gerechten Leistungwettbewerb zwischen Eisenbahn und Kraftfahrzeugen sicherzustellen[49]. Vor allem Linden[50] wies nachdrücklich darauf hin, daß dem Spediteur damit auf der Kraftwagenseite Verdienstmöglichkeiten offenstünden, die man bei der Eisenbahn nicht kenne. Dadurch werde naturgemäß der angestrebte Leistungswettbewerb der Verkehrsmittel beeinträchtigt[51]. Da man jedoch auf die Mitarbeit der Spediteure nicht verzichten könne, müsse „unter allen Umständen seine Entlohnung für diese Abfertigungstätigkeit in so angemessener Weise und selbstverständlich gerecht erfolgen, daß er dadurch keine über Gebühr hohen Gewinne erzielt“[52]. Das Moment der Verkehrswerbung für den Kraftwagen dürfe aber zur Begründung der Leistungsvergütung nicht mit herangezogen werden[53]. Denn der Spediteur pflege die Werbung der Kundschaft in erster Linie im Interesse seines eigenen Geschäfts[54].

Durch Anordnung vom 2. Februar 1938[55] ermächtigte der Reichsverkehrsminister sodann den Reichs-Kraftwagen-Betriebsverband, Spediteure zur Verrichtung der mit der Abfertigung der Güter und der

[47] Vgl. *Gülde*, Anm. 5 a zu § 13 GFG.

[48] Vgl. *H-E-P-K*, Anm. 4 a zu § 33 GüKG und *Gülde*, Anm. 7 zu § 10 GFG.

[49] Vgl. vor allem *Linden*, DVN A 1936 Nr. 7 S. 1 f.; VZ 1936 S. 427 ff.; *v. Beck*, VZ 1936 S. 342 f.; *v. Schoenebeck* S. 113 f.; *Reuter* S. 49 f.; *Bäte*, DVN A 1936 Nr. 9 S. 1 ff.; *Benz*, DVN A 1936 Nr. 11 S. 3 f.

[50] VZ 1936 S. 427 ff.

[51] *Linden*, VZ 1936 S. 430.

[52] *Linden*, VZ 1936 S. 433; ähnlich *v. Beck*, VZ 1936 S. 343; *v. Schoenebeck* S. 113.

[53] Ebenso *v. Beck*, VZ 1936 S. 343 und *v. Schoenebeck* S. 113, die forderten, daß die Spediteurvergütung ihrer Art nach künftig keine Werbeprovision mehr sein dürfe.

[54] *Linden*, VZ 1936 S. 431.

[55] K. 2566 in RVerkBl. B 1938 S. 27.

Frachtberechnung verbundenen Aufgaben vertraglich zu verpflichten und sie hierfür angemessen zu entschädigen. Er behielt sich jedoch vor, die Höhe der Abfertigungsgebühr zu genehmigen. Zugleich bestimmte er, daß alle Spediteure, die dem Güterfernverkehr der Deutschen Reichsbahn und den Laderaumverteilungsstellen des Verbandes Güter zuführen, eine noch festzulegende Werbevergütung erhalten würden. Leistungsvergütungen und Zuwendungen anderer Art, insbesondere Rollgeldzuschüsse, dürften dann vom Verband nicht mehr gezahlt werden[56].

Mit Anordnung vom 8. August 1938[57] wurde daraufhin der Abfertigungsdienst für denjenigen Teil des gewerblichen Güterfernverkehrs, dem von Mitgliedern der Reichsverkehrsgruppe Spedition und Lagerei Güter zugeführt wurden, der Reichsverkehrsgruppe Spedition und Lagerei übertragen, und zwar im Rahmen des den Vertrag vom 7. April 1936 ablösenden und der Anordnung anliegenden neuen Vertrages vom 13. Juli 1938[58]. Aufgrund § 1 Satz 2 dieses Vertrages erging eine Abfertigungsordnung, die in der Gestalt einer Verpflichtungserklärung des als Abfertigungsspediteur zu bestellenden Spediteurs die dem Abfertigungsspediteur gegenüber dem Unternehmer obliegenden Leistungen im einzelnen festlegte. Die in der Abfertigungsordnung aufgeführten Leistungen finden sich in der AO PR 146/48 wieder[59].

Durch Erlaß vom 19. November 1938[60] setzte der Reichsverkehrsminister schließlich sowohl eine Werbevergütung als auch hiervon getrennt eine Abfertigungsvergütung fest[61]. Gemäß Ziff. 1 Satz 1 und 2 dieses Erlasses wurde ferner angeordnet: „Den der Reichsverkehrsgruppe Spedition und Lagerei angehörenden Spediteuren, die dem Güterfern-

---

[56] Vgl. Anordnung vom 16. März 1938 —K 2.2104—, abgedruckt bei *v. Schoenebeck* S. 128.

[57] K 2.7431 in RVerkBl. B 1938 S. 174.

[58] RVerkBl. B 1938 S. 175.

[59] *H-E-P-K*, Anm. 4 a zu § 33 GüKG.

[60] K 2.11551 in RVerkBl. B 1938 S. 246.

[61] Ziff. 4 und 5 des Erlasses vom 19. November 1938 lauteten:

4. Die Werbevergütung beträgt:
für Stückgut und Ladungen der Klassen A bis C .... 3 %
für Ladungen der Klassen D bis C und aller Ausnahmetarife ...... 2 %
der tarifmäßigen Fracht.

5. Die Abfertigungsvergütung beträgt:
für Stückgut und Ladungen der Klasse A bei Entfernungen bis 250 km 9 %
für Stückgut und Ladungen der Klasse A bei Entfernungen über 250 km 6 %
für Ladungen der Klasse B bei Entfernungen bis 250 km .... 7 %
für Ladungen der Klasse B bei Entfernungen über 250 km .... 5 %
für Ladungen der Klasse C bei Entfernungen bis 250 km .... 6 %
für Ladungen der Klasse C bei Entfernungen über 250 km .... 4 %
für Ladungen der Klassen D bis G und aller Ausnahmetarife ...... 3 %
für Sammelgut .... 2 %
der tarifmäßigen Fracht.

verkehr mit Kraftfahrzeugen Güter zuführen, kann von dem Beförderungsunternehmer eine Werbevergütung gezahlt werden. Außerdem erhalten die auf Grund der Ziffer I 1 der Allgemeinen Anordnung vom 8. August 1938 — K 2.7431 (RVkBl. B S. 174) mit dem Abfertigungsdienst betrauten Spediteure von dem Unternehmer von Güterfernverkehr eine Abfertigungsvergütung". Aus der Formulierung, daß den der Reichsverkehrsgruppe Spedition und Lagerei angehörenden Spediteuren eine Werbevergütung gezahlt werden *„kann"*, während die mit dem Abfertigungsdienst betrauten Spediteure eine Abfertigungsgebühr *„erhalten"*, folgt unmißverständlich, daß die Zahlung einer einheitlichen Vergütung nicht zwingend vorgeschrieben war. Dies wird zudem durch den Erlaß vom 17. Oktober 1939[62] verdeutlicht, wonach eine Werbevergütung nicht mehr gezahlt werden durfte.

c) *Abfertigungsspediteur trotz fehlender Werbung*

Es muß daher davon ausgegangen werden, daß es sich bei der in § 4 AO PR 146/48 angeführten Vergütung entsprechend dem Wortlaut dieser Bestimmung gleichfalls um keine einheitliche Vergütung handelt, die nur gemeinsam verdient werden könnte. Wenn aber eine reine Abfertigungstätigkeit schon ausreicht, die festgesetzte Abfertigungsvergütung fordern zu können und zu müssen, gehört eine allgemeine und individuelle Werbung nicht zwingend zu dem Aufgabenbereich eines Abfertigungsspediteurs. So waren auch die Abfertigungsspediteure unter dem Geltungsbereich des GFG nur damit betraut gewesen, die mit der Abfertigung der Güter und der Frachtberechnung verbundenen Aufgaben wahrzunehmen. Hierfür *mußte* ihnen eine Abfertigungsgebühr bezahlt werden. Eine Werbevergütung *konnte* jedoch *allen* der Reichsverkehrsgruppe Spedition und Lagerei angehörenden Spediteuren gewährt werden. Schon das zeigt, daß die allgemeine und individuelle Werbung nicht zu dem typischen Tätigkeitsbereich eines Abfertigungsspediteurs zu rechnen ist.

Entgegen der Auffassung des BVerwG führt eine fehlende Werbung somit nicht dazu, einem Spediteur die Eigenschaft als Abfertigungsspediteur abzusprechen, sondern dem Spediteur ist es nur verboten, eine Werbevergütung zu fordern. Für die Werkspedition bedeutet dies, daß die begehrte Bestellung zum Abfertigungsspediteur nicht mit der Begründung versagt werden kann, der Spedition fehle die Absicht, eine allgemeine und individuelle Werbung zu betreiben.

---

[62] K 2.10951 in RVerkBl. B 1939 S. 357.

VI. Zusammenfassung

1. Bei Werkspeditionen ist zunächst zu beachten, daß entgegen v. Tegelen eine Spedition nicht bereit und in der Lage sein muß, für beliebige Dritte Versendungen zu besorgen. Eine Spedition im Rechtssinne (§ 407 HGB) liegt schon vor, wenn gewerbsmäßig für Rechnung *eines* Versenders Beförderungsverträge mit Frachtführern abgeschlossen werden. Bereits aus der dem HGB entnommenen Begriffsbestimmung des Spediteurs ergibt sich aber, daß die Werbe- und Abfertigungsvergütung von solchen Firmen nicht erhoben werden darf, die mit dem Versender identisch sind, falls für diesen Versender abgefertigt wird. Aus § 34 GüKG folgt zudem, daß nur Vollkaufleute Abfertigungsspediteure sein können.

2. Wird ein Spediteur nur für einen bestimmten beteiligten Versender tätig, kann ihm entgegen der Auffassung des BVerwG wegen der fehlenden allgemeinen und individuellen Werbung nicht die Eigenschaft als *Abfertigungs*spediteur abgesprochen werden.

Bei der in § 4 AO PR 146/48 festgesetzten Werbe- und Abfertigungsvergütung handelt es sich um keine einheitliche Vergütung, die nur gemeinsam verdient werden könnte. Betreibt ein Spediteur keine allgemeine und individuelle Werbung, ist es ihm lediglich untersagt, vom Güterfernverkehrsunternehmer eine Werbevergütung zu fordern. Hat er ein gewisses Mindestmaß an Abfertigungsaufgaben verrichtet, muß ihm trotz fehlender Werbung für seine im Interesse des Unternehmers erbrachten Abfertigungsleistungen die gesetzlich vorgeschriebene Abfertigungsvergütung gezahlt werden.

Da die reine Abfertigungstätigkeit somit schon ausreicht, die Abfertigungsvergütung fordern zu können und zu müssen, gehört eine allgemeine und individuelle Werbung nicht zwingend zu dem Aufgabenbereich eines Abfertigungsspediteurs. Für die Werkspedition bedeutet dies, daß die begehrte Bestellung zum Abfertigungsspediteur nicht mit der Begründung versagt werden kann, der Spedition fehle die Absicht, eine allgemeine und individuelle Werbung zu betreiben.

VII. Die Erhebung der Werbe- und Abfertigungsvergütung als Tarifumgehung gemäß § 22 Abs. 2 Satz 2 GüKG

1. Ablehnung einer Unternehmenseinheit „Abfertigungsspedition-Versenderunternehmen"

Es verbleibt die Frage, ob bei einer engen Verflechtung schon in der Erhebung der Werbe- und Abfertigungsvergütung eine Tarifumgehung im Sinne des § 22 Abs. 2 Satz 2 GüKG liegt. Die Bundesanstalt und

Zippel[63] bejahen dies ausdrücklich mit der Begründung, wegen der wirtschaftlichen Unternehmenseinheit würde die Vergütung unmittelbar in das Vermögen des beteiligten Versenderunternehmens fließen. Dem Versender sei es aber untersagt, eine Werbe- und Abfertigungsvergütung zu erheben. Auch der Hinweis des BGH in seinem Urteil vom 10. Dezember 1969[64] auf seine Entscheidung vom 9. Juli 1969 und somit auf seine Rechtsprechung zu § 32 a.F. GüKG kann so verstanden werden, daß ein Abfertigungsunternehmen keine Vergütung erheben darf, wenn es mit dem Versenderunternehmen wirtschaftlich gesehen identisch ist.

Eine solche Betrachtungsweise verkennt, daß sich aus dem GüKG kein Anhaltspunkt dafür gewinnen läßt, selbst in engsten Verflechtungsfällen die bürgerlich-rechtliche Selbständigkeit natürlicher oder juristischer Personen zu mißachten. Im Gegenteil zeigen die §§ 35 GüKG, 2, 4 AO PR 146/48, daß es dem Gesetzgeber für die Frage der Tarifverletzung weniger auf die Person desjenigen, welcher die Abfertigungsdienste verrichtet, sondern vordringlich auf das Verhältnis von Leistung und Gegenleistung ankommt.

Die in den §§ 2, 5 Nr. 2 und 3 AO PR 146/48 aufgeführten Abfertigungsleistungen obliegen, wenn kein Abfertigungsspediteur eingeschaltet ist, überwiegend dem Güterfernverkehrsunternehmer[65]. Wird der Abfertigungsspediteur mit Zustimmung des Unternehmers tätig, so nimmt er diesem die Leistungen ab, die zur Abfertigung der Güterbeförderung gehören. Nur wenige Abfertigungsleistungen erbringt der Abfertigungsspediteur, der gleichzeitig allgemeiner Spediteur im Sinne des § 407 HGB ist, um Verpflichtungen aus seinem Speditionsverhältnis mit dem Versender zu erfüllen[66].

Demgegenüber findet sich in dem Urteil des LG Hamburg vom 1. Februar 1965[67] die Begründung, die Beklagte habe ihre Tätigkeit (Abschluß des Beförderungsvertrages, Werbung für den Kraftwagengüterverkehr, Ausstellung der Beförderungspapiere) für die beiden infrage stehenden Transporte nicht für den Güterfernverkehrsunternehmer, sondern für ihre Auftraggeberin erbracht.

Diese Auffassung führt aber die Werbe- und Abfertigungsvergütung insgesamt ad absurdum. Denn jeder Abfertigungsspediteur, mag es

---

[63] DGV 1964 S. 32; ebenso wohl *Münz-Haselau-Herrmann-Liebert*, Anm. 2 b zu § 34 GüKG.

[64] NJW 1970 S. 563 (565).

[65] Vgl. *H-E-P-K*, Anm. 7 d I zu § 34 GüKG, Anm. 4 b zu § 33 GüKG; *Balfanz-v. Tegelen*, Anm. zu § 33 GüKG; *Weigelt*, Blatt Spediteur/Güterfernverkehr, Erl. 1 Anm. IV 2 b; *Ruwe*, Anm. zu § 33 GüKG; *Ruwe* S. 28; *Hallbauer*, Anm. zu § 33 GüKG; *Wolgast*, BB 1955 S. 54.

[66] Vgl. *H-E-P-K*, Anm. 4 c zu § 33 GüKG; siehe auch *Mette*, DGV 1962 S. 37 ff.

[67] —21 S 4/64—.

sich um eine Werkspedition handeln oder nicht, wird natürlich aufgrund eines Vertragsverhältnisses für den Versender tätig. Da der Güterfernverkehrsunternehmer nach §§ 35 GüKG, 4 Abs. 1 AO PR 146/48 Schuldner der Werbe- und Abfertigungsvergütung wird, muß der Abfertigungsspediteur schon aus diesem Grund zumindest überwiegend Aufgaben erfüllen, die an sich dem Güterfernverkehrsunternehmer obliegen[68]. Das wird bekräftigt durch Art. 3 Abs. 1 Satz 2 der Verordnung (EWG) 1174/68 vom 30. Juli 1968 über die Einführung eines Margentarifsystems im Güterkraftverkehr zwischen den Mitgliedstaaten[69]. Danach müssen die Kosten der Werbung und Abfertigung im grenzüberschreitenden Güterkraftverkehr innerhalb der EWG bei der Ermittlung des Tarifniveaus des Güterfernverkehrs mitberücksichtigt werden.

Wäre die Abfertigungstätigkeit bereits Gegenstand des Speditionsvertrages und mit dem Speditionsentgelt bezahlt, so gäbe es überhaupt keine Werbe- und Abfertigungsvergütung mehr. Denn dann müßte *jeder* Abfertigungsspediteur ausschließlich für den Auftraggeber (Versender) tätig sein, und zwar gleichgültig, ob der Versender an der Abfertigungsspedition beteiligt ist oder nicht. Der Abfertigungsdienst ist daher stets Gegenstand einer Verpflichtung, die dem Abfertigungsspediteur gegenüber dem Güterfernverkehrsunternehmer obliegt. Dieser hat deshalb auch die Abfertigungstätigkeit zu entgelten.

Obwohl es sich bei der Werbe- und Abfertigungsvergütung um Pauschalvergütungen handelt, betrachtet der Gesetzgeber diese zwingend vorgeschriebene Zahlung als adäquate Gegenleistung für die im Interesse des Unternehmers erbrachten Tätigkeiten. Die Zahlung der Werbe- und Abfertigungsvergütung stellt sich somit letztlich nur deshalb nicht als unzulässige Schmälerung des Tarifentgelts gemäß § 22 Abs. 2 GüKG dar, weil durch sie Leistungen angemessen abgegolten werden. Daß als Leistender nur der Abfertigungs*spediteur* anerkannt wird, erklärt sich daraus, daß die Abfertigungstätigkeit seit jeher von Spediteuren ausgeübt wurde. Das dürfte vor allem darauf zurückzuführen sein, daß vor 1945 die Berufsvertretungen der Spediteure und der Güterfernverkehrsunternehmer keinen Anlaß hatten, „Berufsfremden" den Vorteil der nur den Abfertigungsspediteuren vorbehaltenen Vergütung zukommen zu lassen[70]. Den Abfertigungsspediteuren wird es jedoch schon gestattet, sich des Versenders als Erfüllungsgehilfen bei der Durchführung des Abfertigungsdienstes zu bedienen, ohne dadurch den Vergütungsanspruch zu verlieren[71]. Darüber hinaus be-

---

68 Vgl. *H-E-P-K*, Anm. 2 zu § 33 GüKG; *v. Tegelen*, BB 1967 S. 481.
69 ABl. E 6 Nr. L 194/1 vom 6. August 1968.
70 Vgl. *v. Tegelen*, BB 1967 S. 480.
71 Vgl. *H-E-P-K*, Anm. 2 b zu § 35 GüKG.

stünden keine rechtspolitischen Bedenken, anderen Gewerbetreibenden oder sogar der Verladerschaft selbst die Möglichkeit zu eröffnen, als Abfertigungsunternehmen gegen Entgelt tätig zu werden, falls die auch beim Spediteur geforderten persönlichen und sachlichen Zuverlässigkeitsvoraussetzungen vorliegen[72]. So gewährt beispielsweise auch die Bundesbahn jedem einen Nachlaß aus der Fracht, der ihr Leistungen abnimmt[73].

Wenn aber vordringlich wegen der erbrachten Abfertigungsleistung eine Tarifverletzung ausscheidet, ist es für die Tarifordnung gleichgültig, ob diese Leistungen von einem Abfertigungsspediteur mit oder ohne Fremdbeteiligung getätigt werden. Es besteht kein Anlaß, mittels einer konstruierten Unternehmenseinheit diese Grundvorstellung des Gesetzes beiseitezuschieben. Vor allem wäre nicht einzusehen, warum ein Unternehmer trotz erbrachter Leistungen dem Abfertigungsspediteur die Vergütung verweigern dürfte, die er einem Spediteur ohne Fremdbeteiligung sogar zahlen muß. Hierbei ist es entgegen der Auffassung des BVerwG und des LG Lüneburg unerheblich, ob die Werkspedition zugleich die Zu- und Abgangstransporte des beteiligten Versenderunternehmens in zweckmäßiger Weise koordiniert oder andere Aufgaben erfüllt, die ein unabhängiges Speditionsunternehmen nicht in der gleichen zufriedenstellenden Weise wahrnehmen könnte. Entscheidend für den Vergütungsanspruch ist nur, ob auch für den Güterfernverkehrsunternehmer ausreichende Abfertigungsleistungen erbracht werden. Wer zwischen Werkspeditionen und anderen Speditionen differenziert, ermöglicht dem Unternehmer eine ungerechtfertigte Bereicherung und schafft Unterschiede, für die eine hinreichende Begründung nicht gefunden werden kann[74].

2. Die Rechtsprechung des BGH zu § 32 a. F. GüKG

Die Erkenntnis, daß es für die Tarifordnung gleichgültig ist, ob die Abfertigungsdienste von einem Abfertigungsspediteur mit oder ohne Fremdbeteiligung verrichtet werden, verdeutlicht zugleich, daß die

[72] So hat die Bundesanstalt schon Anfang 1967 dem Bundesverkehrsministerium einen Vorschlag zur Gesetzesänderung unterbreitet, nach der die Befugnis, abzufertigen und bei entsprechender Tätigkeit eine Werbe- und Abfertigungsvergütung zu erheben, nicht mehr auf bestellte Abfertigungsspediteure beschränkt bleiben soll. Es wurde angeregt, diese Befugnis zukünftig jedem einzuräumen, der als Absender Transporte im Güterfernverkehr abfertigt und hierzu nach Bestellung durch die höhere Landesverkehrsbehörde legitimiert ist. Es sollten auch Verladerbetriebe, die eigene Güter versenden und abfertigen, die Tariffracht in Höhe der dafür vorgesehenen Vergütungssätze kürzen dürfen.

[73] z. B. Zusammenstellen von Zügen auf einem Privatgleis, Anbringen von Wagenzetteln usw.

[74] Insoweit im Ergebnis ebenso *v. Tegelen,* BB 1967 S. 481.

Rechtsprechung des BGH zu § 32 a. F. GüKG nur bedingt auf die Werkspeditionen übertragen werden kann. Soweit es sich um den Problemkreis handelt, ob die Zahlung einer Abfertigungsgebühr als Tarifumgehung zu werten ist, fehlt es an einer vergleichbaren Interessenlage.

Der BGH sieht in der Erhebung einer Vermittlungsprovision dann eine Tarifumgehung im Sinne des § 22 Abs. 2 Satz 2 GüKG, wenn der Vermittler wirtschaftlich gesehen der Absender, also Herr des Transportgeschäfts ist[75] oder wenn Vermittler und Absender wirtschaftlich gesehen identisch sind[76].

Diese Rechtsprechung beruht auf der zutreffenden Erkenntnis, daß in derartigen Fällen der angebliche Vermittler keine ausreichende Leistung im Interesse des Unternehmers erbringt, die es rechtfertigen würde, ihm aus der Fracht eine Vermittlungsprovision zu zahlen. Der Tarifzwang gebietet es, daß Leistung und Gegenleistung in einem angemessenen Verhältnis zueinander stehen. Trifft das nicht zu, ist eine Umgehung dann zu bejahen, wenn die Vergünstigung in einer Beziehung zum Frachtgeschäft und damit zu dem gesetzlich bestimmten Entgelt steht. Zum anderen will § 32 GüKG im Zusammenhang mit den Tarifsicherungsvorschriften verhindern, daß dem Transportunternehmer als dem wirtschaftlich Schwächeren das Entgelt für eine Vermittlung aufgebürdet wird, die in Wahrheit nichts anderes als eine Laderaumbeschaffung für den Verlader und somit eine Wahrnehmung von Verladerinteressen beinhaltet[77].

Dieser gerade in § 32 Abs. 4 n. F. GüKG zum Ausdruck gekommenen Zwecksetzung handelt ein eng mit einem Verladerbetrieb verflochtenes Unternehmen zuwider. Denn da dem Werkvermittler die Transporte automatisch angedient werden, muß er gegenüber der Verladerschaft fast keine Geschäftstätigkeit entfalten und damit zusammenhängend auch keine nennenswerten Aufwendungen erbringen, die als adäquate Gegenleistung für eine zu gewährende Provision gewertet werden könnten. Seine Aufgabe besteht lediglich darin, formal als Dritter bei

---

[75] Vgl. hierzu BGH, Urt. v. 9. 7. 1969 in MDR 1969 S. 827; Urt. v. 30. 1. 1964 in VersR 1964 S. 479; Urt. v. 5. 6. 1968 in VersR 1968 S. 763. Es wird aber derjenige noch als Vermittler angesehen, der hinsichtlich des beförderten Gutes als Vertriebsagent, Handelsvertreter oder dergleichen eine im Grundgeschäft wichtige wirtschaftliche Position einnimmt und dadurch zwar nicht den alleinigen, aber dennoch einen maßgebenden Einfluß auf die Vergabe des Transportgutes und die Wahl des Verkehrsmittels hat, vgl. hierzu BGH, Urt. v. 9. 7. 1969 in MDR 1969 S. 827; enger Bayer.ObLG, Beschluß v. 30. 4. 1969 —BWReg. 4 a St 31/68—.

[76] Vgl. hierzu BGH, Urt. v. 30. 1. 1964 in VersR 1964 S. 479, wo eine wirtschaftliche Identität zwischen dem Beklagten zu 1) und dem Beklagten zu 2) angenommen wurde; LG Ravensburg, Urt. v. 16. 6. 1963 —IV O 59/62—, auszugsweise wiedergegeben bei *Haselau* S. 4; LG Hamburg, Urt. v. 4. 7. 1963 —21 O 84/62—, auszugsweise wiedergegeben bei *Haselau* S. 23.

[77] Vgl. *H-E-P-K*, Anm. 6 zu § 32 GüKG.

der Auftragsvergabe mitzuwirken. Es liegt also keine echte Vermittlungstätigkeit vor. Allein dieser Umstand indiziert eine Tarifumgehung. Auch ohne ein spezielles Umgehungsverbot würden diese Überlegungen zu einer restriktiven Interpretation des § 32 GüKG nötigen[78]. Es ist somit entbehrlich und sogar dogmatisch verfehlt, dieses Ergebnis mit einer dem GüKG fremden wirtschaftlichen Unternehmenseinheit begründen zu wollen. Die Umgehung ist schon deshalb zu bejahen, weil eine angemessene Gegenleistung fehlt.

Demgegenüber nimmt der Abfertigungsspediteur dem Unternehmer stets Abfertigungsaufgaben ab, die dieser sonst selbst und unter eigenem Aufwand zu leisten hätte. Verrichtet er ein gewisses Mindestmaß an Abfertigungstätigkeiten, muß ihm hierfür die als pauschalierter Festsatz normierte Abfertigungsvergütung gewährt werden. Leistung und Gegenleistung entsprechen sich, so daß eine Tarifverletzung ausscheidet.

Bei einer engen Verflechtung ist es dem Werkspediteur jedoch verwehrt, neben der Abfertigungsvergütung noch eine Werbe- und Vermittlungsprovision zu fordern. Es fehlen bereits die Anspruchsvoraussetzungen der §§ 35 GüKG, 2, 4, 5 AO PR 146/48. Denn gegenüber dem beteiligten Versenderunternehmen betreibt der Werkspediteur keine allgemeine und individuelle Werbung für den Kraftwagengüterverkehr, da ihm ebenso wie dem Werkvermittler die Transporte ohne sein Zutun angedient werden. Vor allem ist die Transportvergabe als solche noch keine entschädigungspflichtige Werbetätigkeit. Eine Werbevergütung darf dem Werkspediteur daher nur für die in Bezug auf echte Fremdgeschäfte entfaltete allgemeine und individuelle Werbung gezahlt werden.

Wird dennoch für Transporte des eng verflochtenen Versenderunternehmens eine Werbevergütung erhoben, stellt sich die Zahlung des Fuhrunternehmers als eine verbotene Zuwendung im Sinne des § 22 Abs. 2 GüKG dar. Denn mit der Zahlung werden keine angemessenen Gegenleistungen abgegolten. Nur insoweit besteht eine mit § 32 GüKG vergleichbare Interessenlage, die es gestattet, die Rechtsprechung des BGH zum Vermittlerwesen sinngemäß auch auf die Werkspedition anzuwenden. Da es sich aber bei der Werbe- und Abfertigungsvergütung um keine einheitliche Vergütung handelt, die nur gemeinsam verdient werden könnte, berührt die unzulässig erhobene Werbe- und Vermittlungsprovision nicht den Anspruch des Werkspediteurs auf Gewährung einer Abfertigungsgebühr.

Als Zwischenergebnis kann daher festgehalten werden, daß die Erhebung der Abfertigungsvergütung nur dann eine Tarifumgehung

---

[78] So unmißverständlich BGH, Urt. v. 12. 5. 1971 in NJW 1971 S. 1839 f. zu dem gleichgelagerten Problemkreis bei § 652 Abs. 1 BGB.

beinhaltet, wenn der Werkspediteur nicht die vorausgesetzten Abfertigungsleistungen erbringt. Betreibt er keine allgemeine und individuelle Werbung, steht ihm die Werbevergütung nicht zu.

VIII. Die Weitergabe der Werbe- und Abfertigungsvergütung als Tarifumgehung gemäß §§ 5 Nr. 1 AO PR 146/48, 20 Abs. 2 Satz 1 GüKG iVm. § 22 Abs. 2 Satz 2 GüKG

1. Sinn und Zweck der §§ 5 Nr. 1 AO PR 146/48, 20 Abs. 2 Satz 1 GüKG

Wie bei den Werkunternehmen liegt die eigentliche Problematik somit in der Frage, wann die Gewinnbeteiligung eines an einer Werkspedition beteiligten Versenders als eine Tarifumgehung nach §§ 5 Nr. 1 AO PR 146/48, 20 Abs. 2 Satz 1 GüKG iVm. § 22 Abs. 2 Satz 2 GüKG zu werten ist. Eine sachgerechte Lösung ist auch hier nur möglich, wenn man sich zunächst Sinn und Zweck der §§ 5 Nr. 1 AO PR 146/48, 20 Abs. 2 Satz 1 GüKG vergegenwärtigt.

Nach einhelliger Auffassung in Rechtsprechung und Lehre will § 5 AO PR 146/48 verhindern, daß durch eine Weiterleitung der Werbe- und Abfertigungsvergütung der Auftraggeber oder ein sonstiger wirtschaftlich an der Höhe der Fracht interessierter Dritter weniger Fracht zahlt, als der Tarif vorsieht[79]. Damit ist aber noch nicht beantwortet, *warum* es dem Auftraggeber untersagt sein soll, ein niedrigeres Entgelt als im Tarif angeordnet zu zahlen. Denn nicht er, sondern der Abfertigungsspediteur schließt den Beförderungsvertrag ab und entscheidet normalerweise, ob die Güter im gewerblichen Güterkraftverkehr oder mit der Eisenbahn transportiert werden[80]. Der Abfertigungsspediteur ist es auch, der die Abfertigungsleistungen erbringt, die vom Güterfernverkehrsunternehmer aus der Fracht abgegolten werden müssen. Scheidet zwischen dem Abfertigungsspediteur und dem Transportunternehmer eine Tarifverletzung aus, könnte man daher meinen, daß in einem derartigen Fall die Vergünstigungen, die dem Auftraggeber vom Abfertigungsspediteur eingeräumt werden, die Tarifordnung nicht berühren.

Eine solche Betrachtungsweise würde jedoch den eigentlichen Schutzzweck des § 5 AO PR 146/48 verkennen. Es soll nicht eine zwischen dem Abfertigungsspediteur und dem Transportunternehmer bereits begangene Tarifverletzung beseitigt, sondern einer möglichen Tarifverletzung vorgebeugt werden. § 5 AO PR 146/48 steht in einem engen Zusammenhang mit § 20 Abs. 2 Satz 1 GüKG, der es dem Spediteur ver-

---

[79] Vgl. BGH, Urt. v. 10. 12. 1969 in NJW 1970 S. 563 (564); *Gerlach-Hallbauer*, Anm. zu § 5 AO PR 146/48.

[80] Vgl. *Schlegelberger-Schröder*, § 407 Anm. 13.

bietet, dem Auftraggeber ein niedrigeres Entgelt als im Tarif vorgesehen in Rechnung zu stellen. § 20 Abs. 2 Satz 1 GüKG will verhindern, daß ein Spediteur dem Preisdruck des Versenders nachgibt und seinerseits dem Unternehmer zu wenig Tarifentgelt zahlt[81]. Deshalb muß das Entgelt in vollem Umfang „auf den Auftraggeber weiter abgewälzt werden“[82]. Trifft das nicht zu, ist gemäß § 23 GüKG ein Tarifausgleichsverfahren herbeizuführen[83].

Dieselbe Überlegung gilt auch bei der Tarifsicherungsvorschrift des § 5 AO PR 146/48. Hier besteht ebenfalls die Gefahr, daß der Abfertigungsspediteur dem Preisdruck des Versenders nachgibt und zum Ausgleich der dem Versender gewährten Zuwendungen von dem Güterfernverkehrsunternehmer eine höhere Werbe- und Abfertigungsvergütung als gesetzlich zugelassen fordert. Zahlt der Güterfernverkehrsunternehmer diese höhere Werbe- und Abfertigungsvergütung, führt das gleichfalls zu einer unzulässigen Tarifermäßigung.

Sowohl § 20 Abs. 2 Satz 1 GüKG als auch § 5 Nr. 1 AO PR 146/48 zielen somit letztlich auf den Auftraggeber, dessen Überlegungen und Handeln sie beeinflussen wollen. „Seine Entscheidung darüber, ob er das Gut mit der Eisenbahn oder mit Kraftwagen befördern lassen will, soll nicht durch die Möglichkeit der Tarifunterbietung bei der Beförderung durch Kraftwagen bestimmt werden[84].“ Obliegt dem Abfertigungsspediteur die Wahl des Verkehrsmittels, ist zu befürchten, daß er aus preislichen Überlegungen einen Güterfernverkehrsunternehmer mit der Beförderung betraut. Denn nur einen Güterfernverkehrsunternehmer und nicht die Bundesbahn vermag er zu veranlassen, zum Ausgleich der dem Auftraggeber gewährten Vergünstigung auch mit ihm eine tarifwidrige Vereinbarung zu treffen. Andererseits ist nicht auszuschließen, daß schon der Auftraggeber aus preislichen Überlegungen dem Abfertigungsspediteur eine Beförderung im gewerblichen Güterfernverkehr vorschreibt. Er weiß nämlich, daß der Spediteur wegen der Möglichkeit einer tarifwidrigen Vereinbarung mit dem Güterfern-

---

[81] So BGH, Urt. v. 15. 4. 1957 in VRS 13/103 f.; Urt. v. 11. 6. 1959 in VRS 17/111 ff.; *H-E-P-K*, Anm. 12 zu § 20 GüKG; *Ruwe*, Anm. 2 zu § 21 GüKG; *Balfanz-v. Tegelen*, Anm. 3 zu § 20 GüKG.

[82] BGH, Urt. v. 28. 4. 1967 in MDR 1967 S. 735.

[83] *H-E-P-K*, Anm. 20 zu § 20 GüKG unter Hinweis auf den nichtveröffentlichten Teil des BGH-Urteils vom 28. 4. 1967 —Ib ZR 12/65— in MDR 1967 S. 735. Nach *Schlegelberger-Schröder* (§ 408 Anm. 32 c, § 409 Anm. 15 b) ist im Speditionsverhältnis jedoch nur dann ein Tarifausgleichsverfahren herbeizuführen, wenn der Spediteur selbst die tarifgerechte Fracht gezahlt hat oder auf diese Zahlung in Anspruch genommen worden ist; hiergegen überzeugend BGH, Urt. v. 15. 4. 1957 in VRS 13/103 (104 f.). Andere Autoren lehnen es sogar generell ab, gemäß § 23 GüKG einen Tarifausgleich zwischen dem Spediteur und dem Versender herbeizuführen, vgl. *Stabenow* S. 31; *Bauer* S. 111.

[84] BGH, Urt. v. 15. 4. 1957 in VRS 13/103 (104) für § 20 Abs. 2 Satz 1 GüKG.

verkehrsunternehmer eher geneigt sein wird, ihm niedrigere Frachtkosten in Rechnung zu stellen oder ihm die Werbe- und Abfertigungsvergütung ganz oder teilweise weiterzuleiten.

2. Die bloße Beteiligung eines Versenders an einer Werkspedition als Tarifumgehung

Der aufgezeigte Schutzzweck der §§ 5 Nr. 1 AO PR 146/48, 20 Abs. 2 Satz 1 GüKG verdeutlicht, daß auch bei einer Werkspedition die bloße Beteiligung eines Versenders nur dann zu einer unzulässigen Weitergabe der Werbe- und Abfertigungsvergütung und somit zu einer Tarifumgehung im Sinne des § 22 Abs. 2 Satz 2 GüKG führen kann, wenn die vereinbarte Gewinnquote nicht im richtigen, der Leistung oder den Leistungen der Mitgesellschafter entsprechenden Verhältnis zur Eigenleistung steht[85]. Nur wenn ein Gesellschafter überhöhte Gewinnansprüche erhält, kann seine Entscheidung hinsichtlich der Wahl des Verkehrsmittels durch die Möglichkeit einer Tarifunterbietung bei der Beförderung durch Kraftwagen beeinflußt werden. Denn da die Leistungen der Mitgesellschafter nicht angemessen abgegolten sind, besteht die Gefahr, daß diese Gesellschafter ihrerseits zum Ausgleich ihrer vermögensmäßigen Einbußen darauf hinwirken, dem Güterfernverkehrsunternehmer zu wenig Tarifentgelt zu zahlen oder eine höhere Werbe- und Abfertigungsvergütung als gesetzlich zugelassen zu fordern. Der Gesellschafter, dem ein überhöhter Gewinnanspruch eingeräumt worden ist, wird sich diesem Drängen wahrscheinlich nicht widersetzen, um den Bestand der Gesellschaft und damit zusammenhängend seinen die eigenen Leistungen übersteigenden Gewinnanspruch nicht zu gefährden. Dem wollen aber die §§ 5 Nr. 1 AO PR 146/48, 20 Abs. 2 Satz 1 GüKG vorbeugen.

Wann im konkreten Fall die vereinbarte Gewinnquote unangemessen hoch ist, bestimmt sich nach den beim Werkunternehmen entwickelten Grundsätzen. Im GüKG läßt es sich nämlich nur einheitlich beantworten, ob und in welchem Umfange eine verbotene Frachtverbilligung vorliegt. Ansatzpunkt der Prüfung darf daher niemals die Frage sein, ob eine Gewinnausschüttung — generell gesehen — nach den Verhältnissen des Kapitalmarkts unangemessen hoch erscheint[86], zumal gerade bei einer Werkspedition die Gewinne zum Teil aus nicht tarifgebundenen Entgelten (Provisionen) stammen. Vor allem ist es keineswegs selten, daß das beteiligte Versenderunternehmen aus steuerlichen oder

---

[85] So sinngemäß vor allem *v. Tegelen*, BB 1967 S. 483; *Balfanz-v. Tegelen*, Anm. 1 zu § 34 GüKG.

[86] So zutreffend *v. Tegelen*, BB 1967 S. 482; a. A. die Bundesanstalt und *Zippel* (DGV 1964 S. 32), die dem Versender nur eine 8 %ige Verzinsung seines eingebrachten Kapitals zubilligen.

organisatorischen Gründen der Werkspedition überhöhte Provisionen für die Verrichtung speditioneller Tätigkeiten zahlt, die dann später wieder teilweise zum Ausgleich als Gewinn zurückfließen sollen[87]. Eine derartige „Verrechnungsart" kann zwar den Anschein einer unangemessenen Gewinnvereinbarung erwecken. Sie darf aber als ein die Tariffordnung nicht berührender Vorgang bei der Gesamtabwägung nicht zu Lasten des Versenders mitbewertet werden. Eine Umgehung ist nur gegeben, wenn die konkret vereinbarte Gewinnquote selbst unter Berücksichtigung der von den Parteien angelegten Wertungsmaßstäbe und wirtschaftlich verfolgten Ziele im Verhältnis zu der dem Mitgesellschafter eingeräumten Gewinnquote wirtschaftlich unvernünftig erscheint und somit eine mißbräuchliche Ausnutzung der gesellschaftsrechtlichen Gestaltungsfreiheit darstellt.

3. Die enge Verflechtung zwischen Versenderunternehmen und Werkspeditionen als Tarifumgehung

Wie beim Werkunternehmen macht es nun auch bei der Werkspedition keinen Unterschied, ob es sich nur um eine bloße Beteiligung des Versenders oder um eine enge Verflechtung zwischen dem Versenderunternehmen und der Werkspedition handelt. Hier ist lediglich zu beachten, daß für Transporte des beteiligten Versenders keine Werbevergütung erhoben werden darf. Verbleibt der Werkspedition, die aus der Vergütung zunächst ihren Geschäftsaufwand zu decken hat, ein Gewinn, kann die Gewinnausschüttung als solche niemals eine unzulässige Weitergabe der Abfertigungsvergütung beinhalten. Denn da die in § 4 AO PR 146/48 festgesetzte Abfertigungsvergütung als Bestandteil der Tarifordnung ebenso wie der Tarif selbst wirtschaftlichen Grundsätzen entsprechen muß und auf keinen Fall so bemessen sein darf, daß über Gebühr hohe Gewinne erzielt werden[88], kann die Ausschüttung dieses erarbeiteten und vom Gesetzgeber als angemessen angesehenen Gewinns nicht als unangemessen hoch gewertet werden. Andernfalls würde man ähnlich der Überlegung beim Werkunternehmen zu der unzutreffenden Schlußfolgerung gelangen, daß jedem Abfertigungsspediteur durch die Abfertigungsgebühr ein unangemessen hoher Gewinn sichergestellt wird.

Die abweichende Auffassung des BVerwG und des LG Lüneburg verkennt zunächst, daß es sich bei der Werbe- und Abfertigungsvergütung um keine einheitliche Vergütung handelt, die nur gemeinsam verdient werden könnte. Da nicht zu bezweifeln ist, daß die zu beurteilen-

---

[87] Vgl. *v. Tegelen,* BB 1967 S. 482.

[88] So schon *Linden,* VZ 1936 S. 433; *v. Beck,* VZ 1936 S. 343; *v. Schoenebeck* S. 113.

den Werkspeditionen wegen der besonders engen Verflechtung für Transporte des beteiligten Versenders keine Werbevergütung erheben durften, können die angeführten Gegenargumente somit nur daraufhin untersucht werden, ob sie die Annahme einer unzulässigen Weitergabe der zu erhebenden oder bereits erhobenen Abfertigungsvergütung rechtfertigen. Würde man jedoch bei einer engen Verflechtung stets eine Verletzung der §§ 5 Nr. 1 AO PR 146/48, 20 Abs. 2 Satz 1 GüKG iVm. § 22 Abs. 2 Satz 2 GüKG befürworten, liefe das letztlich auf ein dem GüKG nicht zu entnehmendes Verbot der Beteiligung eines Versenders an einer Abfertigungsspedition hinaus. Vor allem könnte die Werkspedition, die gesellschaftsrechtlich zu der Gewinnausschüttung verpflichtet ist, eine Umgehung nur vermeiden, wenn sie den Abfertigungsdienst unentgeltlich verrichtet.

Ein Abfertigungsspediteur *muß* aber die gesetzlich festgelegte Vergütung fordern, wenn er den Güterferverkehrsunternehmer entlastet. Es wurde bereits aufgezeigt, daß die Erhebung der Abfertigungsvergütung bei ausreichenden Gegenleistungen des Abfertigungsspediteurs niemals eine Tarifumgehung indiziert und daß es der Tarifordnung gleichgültig ist, ob die Leistungen von einem Abfertigungsspediteur mit oder ohne Fremdbeteiligung erbracht werden. Es muß daher auch unerheblich sein, ob es sich bei der Werkspedition nur um die rechtlich verselbständigte frühere Versandabteilung des Auftraggebers handelt. Entscheidend ist lediglich, ob die Werkspedition jetzt ausreichende Abfertigungsaufgaben verrichtet.

Erkennt man aber an, daß der Werkspediteur selbst bei einer engen Verflechtung die ihm zustehende Vergütung fordern darf und sogar muß, kann die durch die erhobene Abfertigungsvergütung bedingte und nach allgemeinem Gesellschaftsrecht unvermeidliche Gewinnausschüttung als solche schon aus diesem Grund nicht beanstandet werden.

Dem steht nicht entgegen, daß eine enge Verflechtung zwischen einem Versenderunternehmen und einer Abfertigungsspedition nicht häufig anzutreffen ist. Denn die ungewöhnliche oder unübliche Gestaltung führt noch nicht zwingend zu einer Umgehung der Tarifbindung. Wenn das BVerwG dennoch dieses Kriterium für maßgebend erachtet, hätte zumindest mitberücksichtigt werden müssen, daß eine engere Verbindung zwischen der Verladerschaft und Speditionsunternehmen sowohl aus der Sicht des Verladers als auch aus der Sicht des Abfertigungsspediteurs wirtschaftlich gerechtfertigt erscheint und schon deshalb nach der im Verkehrsgewerberecht überwiegend vertretene Meinung ein Gestaltungsmißbrauch im Sinne des § 5 GüKG entfallen dürfte. Ausführungen hierzu fehlen aber in den sich mit der Problematik der Werkspedition befassenden Entscheidungen gänzlich.

Schließlich läßt sich eine Tarifumgehung auch nicht mit der vom OVG Lüneburg verwandten inhaltsleeren Floskel begründen, der Umstand einer Gewinnerzielung aus der Abfertigungsvergütung beeinflusse entscheidend die Gewichte in der ausbalancierten Interessenwaagschale der Großverkehrsträger. Zwar mag durchaus die Feststellung zutreffend sein, daß sich ein Versender, der aus den Vertragsabschlüssen der Werkspedition mit dem Güterfernverkehrsunternehmer Gewinn zieht, nach ökonomischer Vernunft dem freien Verkehrsgewerbe zuwendet. Da es jedoch einem Abfertigungsspediteur, dem grundsätzlich die Wahl des Verkehrsmittels überlassen bleibt, nicht untersagt ist, allein im Hinblick auf die zu verdienende Werbe- und Abfertigungsvergütung die Transporte einem Unternehmer des gewerblichen Güterfernverkehrs anzuvertrauen, dürfen dem Versender derartige Überlegungen ebenfalls nicht verwehrt sein. Seine Entscheidung soll lediglich nicht durch die Möglichkeit einer *Tarifunterbietung* bei der Beförderung durch Kraftwagen bestimmt werden. Eine solche Tarifverletzung zwischen dem Werkspediteur und dem Güterfernverkehrsunternehmer scheidet aber unabhängig von dem Grad der Verflechtung aus, wenn die Gewinnbeteiligung des Versenders angemessen ist. Wird im Einzelfall trotzdem eine höhere Abfertigungsvergütung gefordert, kann diese Tarifverletzung nicht auf einen durch die Gewinnbeteiligung hervorgerufenen Preisdruck des beteiligten Versenders zurückgeführt werden.

Die Argumentation des OVG Lüneburg läuft somit letztlich auf die dem Gesetz zuwiderlaufende Forderung hinaus, die Werbe- und Abfertigungsvergütung gänzlich zu beseitigen. Denn nicht die Beteiligung des Versenders, sondern schon der Umstand, daß überhaupt eine Werbe- und Abfertigungsvergütung erhoben werden darf, bewirkt, daß Güter dem gewerblichen Güterfernverkehr zugeführt werden[89]. Vor allem ist nicht einzusehen, warum der Umstand einer Gewinnerzielung nur bei einer engen Verflechtung zu einer Tarifumgehung führen soll, da bei jeder Form der Beteiligung der Versender geneigt sein wird, seine Güter der Werkspedition und über diese dann einem Güterfernverkehrsunternehmer anzudienen. Es werden Unterschiede geschaffen, für die eine überzeugende Begründung nicht gefunden werden kann. Unabhängig von dem Grad der Verflechtung liegt somit eine unzulässige Weitergabe der Abfertigungsvergütung nur vor, wenn die vereinbarte Gewinnquote nicht im richtigen, der Leistung oder den Leistungen der Mitgesellschafter entsprechenden Verhältnis zur Eigenleistung steht.

---

[89] Vgl. vor allem *Andreas* S. 39 f., nach dem eine Verkehrspolitik des „gesunden Verhältnisses" solange nicht möglich sein soll, bis die AO PR 146/48 wegfällt.

IX. Zusammenfassung

1. Bei einer engen Verflechtung zwischen einer Abfertigungsspedition und einem Versenderunternehmen liegt in der Erhebung der Abfertigungsvergütung keine Tarifumgehung im Sinne des § 22 Abs. 2 Satz 2 GüKG.

Aus dem GüKG läßt sich kein Anhaltspunkt dafür gewinnen, selbst in engsten Verflechtungsfällen die bürgerlich-rechtliche Selbständigkeit natürlicher oder juristischer Personen zu mißachten. Die §§ 35 GüKG, 2, 4 AO PR 146/48 verdeutlichen, daß es dem Gesetzgeber für die Frage der Tarifverletzung weniger auf die Person desjenigen, welcher die Abfertigungsdienste verrichtet, sondern vordringlich auf das Verhältnis von Leistung und Gegenleistung ankommt. Für die Tarifordnung ist es gleichgültig, ob die Abfertigungsleistungen von einem Abfertigungsspediteur mit oder ohne Fremdbeteiligung getätigt werden. Es besteht kein Anlaß, mittels einer konstruierten wirtschaftlichen Unternehmenseinheit diese Grundvorstellung des Gesetzes beiseitezuschieben. Entscheidend für den Vergütungsanspruch ist nur, ob für den Güterfernverkehrsunternehmer ausreichende Abfertigungsleistungen erbracht werden. Bei einer engen Verflechtung ist es dem Werkspediteur jedoch verwehrt, für Transporte des beteiligten Versenderunternehmens eine Werbevergütung zu fordern.

2. Wie beim Werkunternehmen liegt auch bei der Werkspedition eine unzulässige Weitergabe der Werbe- und Abfertigungsvergütung gemäß §§ 5 Nr. 1 AO PR 146/48, 20 Abs. 2 Satz 1 GüKG iVm. § 22 Abs. 2 Satz 2 GüKG nur vor, wenn die vereinbarte Gewinnquote nicht im richtigen, der Leistung oder den Leistungen der Mitgesellschafter entsprechenden Verhältnis zu Eigenleistung steht. Wann im konkreten Fall die vereinbarte Gewinnquote unangemessen hoch ist, bestimmt sich nach den beim Werkunternehmen entwickelten Grundsätzen. Vor allem ist es auch hier unerheblich, ob es sich um eine bloße Beteiligung des Versenders oder um eine enge Verflechtung zwischen dem Versenderunternehmen und der Werkspedition handelt.

H. Die Ergebnisse der Arbeit

Die gewonnenen Ergebnisse lassen sich wie folgt zusammenfassen:

1. Als „Werkunternehmen“ und „Werkspeditionen“ bezeichnet man diejenigen Transport- und Speditionsunternehmen, die in irgendeiner Form mit dem Frachtzahler oder einem sonstigen an der Kostengestaltung des Beförderungsvertrages wirtschaftlich interessierten Dritten vermögensmäßig verbunden sind. Die Unternehmer heißen „Werkfrachtführer“ und „Werkspediteure“.

2. Bei der im GüKG befürworteten wirtschaftlichen Betrachtungsweise handelt es sich um ein in sämtlichen Rechtsgebieten zu beachtendes teleologisches Auslegungskriterium, das die übrigen Auslegungsgrundsätze weder verdrängt noch sie beeinflußt.

3. § 5 GüKG erfaßt den Mißbrauch von Formen und Gestaltungsmöglichkeiten des bürgerlichen Rechts oder des Handelsrechts. Ein Gestaltungsmißbrauch liegt vor, wenn die Beteiligten einen verkehrswirtschaftlichen Erfolg erreichen, der von der umgangenen Norm mißbilligt wird. Die Untersuchung, ob ein Mißbrauch gegeben ist, hat an dieselben Gedankengänge anzuknüpfen, die ohne das spezielle Umgehungsverbot eine analoge Anwendung oder teleologische Reduktion der umgangenen Norm und eine nachträgliche Kennzeichnung des zur Umgehung eingesetzten Mittels als rechtsmißbräuchlich rechtfertigen würden.

4. Handelt der „Fuhrunternehmer“ nicht für eigene Rechnung und unter eigener Verantwortung, entfällt seine Unternehmereigenschaft. Die juristische Person als solche ist jedoch immer Unternehmer.

5. Trotz einer engen finanziellen, organisatorischen, räumlichen und personellen Verflechtung zwischen einem Verladerbetrieb und einem Fuhrunternehmen ist der Absender stets ein *anderer* im Sinne des § 3 Abs. 1 GüKG, wenn die Unternehmen rechtlich selbständig sind. Dem Verkehrsgewerberecht ist eine wirtschaftliche Unternehmenseinheit fremd. Auch stellt sich in engen Verflechtungfällen die Beförderung durch Werkfrachtführer nicht als ein Umgehungstatbestand gemäß § 5 GüKG dar.

6. Die Gewinnbeteiligung eines Absenders an einem Güterfernverkehrsunternehmen kann nur dann als eine Tarifumgehung im Sinne des § 22 Abs. 2 Satz 2 GüKG gewertet werden, wenn die vereinbarte Gewinnquote nicht im richtigen, der Leistung oder den Leistungen der

Mitgesellschafter entsprechenden Verhältnis zur Eigenleistung steht. Die gewährte Vergütung muß „üblich und angemessen" sein. Läßt sich ein Mißverhältnis feststellen, ist der Teil der Gewinnausschüttung, der das angemessene Maß übersteigt, als eine unzulässige Ermäßigung oder Rückvergütung des Beförderungsentgelts anzusehen. Diese Grundsätze gelten unabhängig davon, ob es sich um eine „bloße Beteiligung" oder um einen engen Verflechtungsfall zwischen der Verladerschaft und Fuhrunternehmen handelt. Betreibt eine Einmann-Gesellschaft ein Güterfernverkehrsunternehmen, scheidet eine Tarifumgehung stets aus.

7. Eine Spedition im Rechtssinne (§ 407 HGB) ist schon gegeben, wenn gewerbsmäßig für Rechnung *eines* Versenders Beförderungsverträge mit Frachtführern abgeschlossen werden.

8. Wird ein Spediteur nur für einen bestimmten beteiligten Versender tätig, kann ihm bei fehlender allgemeinen individuellen Werbung nicht die Eigenschaft als *Abfertigungs*spediteur abgesprochen werden. Denn bei der in § 4 AO PR 146/48 festgesetzten Werbe- und Abfertigungsvergütung handelt es sich um keine einheitliche Vergütung, die nur gemeinsam verdient werden könnte. Betreibt ein Spediteur keine allgemeine und individuelle Werbung, ist es ihm lediglich untersagt, vom Güterfernverkehrsunternehmer eine Werbevergütung zu fordern.

9. Bei einer engen Verflechtung zwischen einer Abfertigungsspedition und einem Versenderunternehmen liegt in der Erhebung der Abfertigungsvergütung keine Tarifumgehung im Sinne des § 22 Abs. 2 Satz 2 GüKG. Eine wirtschaftliche Unternehmenseinheit ist auch hier abzulehnen. Bei einer engen Verflechtung ist es dem Werkspediteur jedoch verwehrt, für Transporte des beteiligten Versenders eine Werbevergütung zu fordern.

10. Wie beim Werkunternehmen liegt auch bei der Werkspedition eine unzulässige Weitergabe der Werbe- und Abfertigungsvergütung gemäß §§ 5 Nr. 1 AO PR 146/48, 20 Abs. 2 Satz 1 GüKG iVm. § 22 Abs. 2 Satz 2 GüKG nur vor, wenn die vereinbarte Gewinnquote nicht im richtigen, der Leistung oder den Leistungen der Mitgesellschafter entsprechenden Verhältnis zur Eigenleistung steht.

Literaturverzeichnis

Aengenendt: Ordnung ohne Wettbewerb? Kritische Betrachtung zum „Leber-Plan", in: WuW 1969 S. 230 ff.

Andreas: Die Rechtsfolgen tarifwidrigen Verhaltens im Güterkraftverkehr. Diss. Köln 1952

Bärmann: Typisierte Zivilrechtsordnung der Daseinsvorsorge. Eigenständigkeit und Überstaatlichkeit am Beispiel des Verkehrs. Karlsruhe 1948

Bäte: Leistungsvergütung-Abfertigungsgebühr, in: DVN 1936 A Nr. 9

Balfanz: Die zur Ordnung der Beförderung von Gütern mit Kraftfahrzeugen getroffene öffentlich-rechtliche Regelung unter besonderer Berücksichtigung des Fernverkehrs (Güterkraftverkehrsgesetz vom 17. Oktober 1952). Diss. Hamburg 1952

— Zum Güterkraftverkehrsgesetz in seiner neuesten Fassung, in: NJW 1961 S. 2239 ff.

Balfanz-v. Tegelen: Güterkraftverkehrsgesetz. Kommentar. Frankfurt/M. (Stand: August 1970)

Ball: Steuerrecht und Privatrecht (Theorie des selbständigen Steuerrechtssystems). Mannheim—Berlin—Leipzig 1924

Ballerstedt: Der gemeinsame Zweck als Grundbegriff des Rechts der Personengesellschaften, in: JuS 1963 S. 253 ff.

Bartholomeyczik: Die Kunst der Gesetzesauslegung. 4. Auflage, Frankfurt am Main 1971

— Die subjektiven Merkmale der Willenserklärung, in: Festschrift für Hans G. Ficker, Frankfurt/Berlin 1967

— Vermietung von Lastkraftwagen zur Beförderung eigener Güter, in: BB 1964 S. 1029 ff.

— Die gewerbliche Vermietung von Last- und Nutzkraftwagen zum Selbstfahren und das Güterkraftverkehrsgesetz, in: ZfVerkW 1964 S. 151 ff.

Bauer: Die Tarifeinhaltung im gewerblichen Güterfernverkehr. (Unter besonderer Berücksichtigung des § 23 GüGK.). Diss. Würzburg 1959

Baumbach-Duden: Handelsgesetzbuch mit Nebengesetzen ohne Seerecht. 19. Auflage, München 1971

v. Beck: Die Durchführung des neuen Gesetzes über den Güterfernverkehr mit Kraftfahrzeugen, in: VZ 1936 S. 337 ff., 348 ff.

Becker: Die Reichsabgabenordnung. 7. Auflage, Berlin 1930

Becker-Riewald-Koch: Reichsabgabenordnung mit Nebengesetzen. Kommentar. Band I, 9. Auflage, Köln—Berlin—Bonn—München 1963

Benz: Leistungsvergütung-Abfertigungsgebühr. Die Stellung des Kraftwagenspediteurs zum Reichs-Kraftwagen-Betriebsverband, in: DVN 1936 A Nr. 11

Bertram: Gesetzesumgehung im IPR (in fraudem legis domesticae agere). Diss. Bonn 1928

Bidinger: Personenbeförderungsrecht. Kommentar zum Personenbeförderungsgesetz nebst sonstigen einschlägigen Vorschriften. 2. Auflage, Berlin 1971

— Anm. zu Bayer.VGH, Urt. v. 24. 1. 1957 —174 IV 55—, in: DGV 1958 S. 67 f.

Bing: Die Verordnung des Reichspräsidenten vom 6. Oktober 1931 5. Teil 5. Kap. nebst Durchführungsbestimmungen vom 9. Oktober 1931 (RGBl. I, 572), in: JW 1931 S. 3297 ff.

Blencke: Gestaltungsfreiheit im Steuerrecht und ihre Grenzen. Annäherung des Steuerrechts an das Zivilrecht. Erlaubtes und Nichterlaubtes. Herne—Berlin 1963

Blümich-Boyens-Steinbring-Klein-Hübl: Gewerbesteuergesetz nebst Durchführungsverordnung, Einführungsgesetz (auszugsweise) und Verwaltungsanweisungen. 8. Auflage, Berlin und Frankfurt a. M. 1968

Böhmer: Erfüllung und Umgehung des Steuertatbestandes. Düsseldorf 1958

Booß: Die Neuordnung des Wettbewerbs zwischen Schiene und Straße durch das Gesetz über den Güterfernverkehr mit Kraftfahrzeugen vom 26. Juni 1935, in: Verkehrsrechtliche Rundschau 1936 (XV. Band) Gruppe 4 a Blatt 2 f.

Bopp: Scheingeschäfte, mißbräuchliche Steuerumgehung und wirtschaftliche Betrachtungsweise, in: Felix, Von der Auslegung und Anwendung der Steuergesetze, Stuttgart 1958, S. 132 ff.

Brandt: Die „Beurteilung von Tatbeständen" im Steuerrecht nach § 1 Abs. 3 des Steueranpassungsgesetzes. Diss. Hamburg 1967

Buchwald: Zivilrechtliche Gestaltung in steuerrechtlicher Beurteilung, in: GmbHRdsch 1955 S. 104 ff.

Bühler-Strickrodt: Steuerrecht. Grundriß in zwei Bänden. Band I, Allgemeines Steuerrecht, 3. Auflage, Wiesbaden 1960

Dalcke-Fuhrmann-Schäfer: Strafrecht und Strafverfahren. Eine Sammlung der wichtigsten Gesetze des Straf- und Ordnungsrechts und des Straf- und Bußgeldverfahrens mit Erläuterungen. 37. Auflage, Berlin 1961

Drobnig: Haftungsdurchgriff bei Kapitalgesellschaften. Frankfurt/M.—Berlin 1959

Dziadkowski: Besteht eine Aktivierungspflicht für Güterfernverkehrsgenehmigungen?, in: BB 1971 S. 473 ff.

Ebert: Mißbrauchstatbestand und wirtschaftliche Betrachtungsweise im Steuerrecht. Gutachten in: BB 1957 S. 673 f.

Eckhardt: Die Maßgeblichkeit der Handelsbilanz für die Steuerbilanz, in: BB 1960 S. 1213 ff.

Eichhoff: Die Überwachung des Güterfernverkehrs in der neuen verkehrspolitischen Situation, in: DGV 1965 S. 65

Engisch: Die Idee der Konkretisierung in Recht und Rechtswissenschaft unserer Zeit. 2. Auflage, Heidelberg 1968

Enneccerus-Nipperdey: Allgemeiner Teil des Bürgerlichen Rechts. Ein Lehrbuch

1. Band, 1. Halbband: Allgemeine Lehren, Personen, Rechtsobjekte, 15. Auflage, Tübingen 1959

1. Band, 2. Halbband: Entstehung, Untergang und Veränderung der Rechte, Ansprüche und Einreden, Ausübung und Sicherung der Rechte, 15. Auflage, Tübingen 1960

Erbs-Kohlhaas: Strafrechtliche Nebengesetze. I. Band, München 1970 (Stand: Oktober 1970)

Erlinghagen: Der Organschaftsvertrag mit Ergebnisausschluß-Klausel im Aktienrecht. Marburg 1960

Erman: Handkommentar zum Bürgerlichen Gesetzbuch. 1. Band, 4. Auflage, Münster Westf. 1967; 2. Band, 4. Auflage, Münster Westf. 1967

Esser: Schuldrecht. Band I: Allgemeiner Teil, 4. Auflage, Karlsruhe 1970

Fielitz-Meier-Montigel: Personenbeförderungsgesetz. Frankfurt/Main 1967

Flume: Steuerwesen und Rechtsordnung, in: Rechtsprobleme in Staat und Kirche, Festschrift für Rudolf Smend, Göttingen 1952 S. 59 ff.

— Die Steuerklausel und die steuerliche Kautelarjurisprudenz, in: Betr. 1970 S. 77 ff.

Friauf: Sondersteuer als verfassungsgerechtes Mittel zur Eindämmung des Straßengüterverkehrs?, in: BB 1967 S. 1345 ff.

Fuhr: Kommentar zur Gewerbeordnung. Gewerberechtlicher Teil: Band I, Neuwied 1960 (Stand: April 1971)

Gall: Probleme der Güterfernverkehr betreibenden Offenen Handelsgesellschaft und Kommanditgesellschaft, in: DGV 1960 S. 62 ff.

v. Gamm: Die Gesetzesumgehung, in: WRP 1961 S. 259 f.

Gerlach-Hallbauer: Das Recht des Güterfernverkehrs. Bielefeld 1949

Gernhuber: Formnichtigkeit und Treu und Glauben, in: Festschrift für Walter Schmidt-Rimpler, Karlsruhe 1957 S. 151 ff.

Göller: Der genehmigte Güterfernverkehr mit Kraftfahrzeugen nach der Notverordnung vom 6. Okt. 1931. Diss. Frankfurt/M.—Würzburg 1934

Greif: Personenbeförderungsgesetz. München u. Berlin 1961

Gülde: Das neue Recht des gewerblichen Landverkehrs. Gesetz über die Beförderung von Personen zu Lande vom 4. Dezember 1934 und Gesetz über den Güterfernverkehr mit Kraftfahrzeugen vom 26. Juni 1935 unter Berücksichtigung aller einschlägigen Ausführungs- und Durchführungsbestimmungen und Ministerialerlasse, Berlin 1936

Hachenburg: Kommentar zum Gesetz betreffend die Gesellschaften mit beschränkter Haftung, von Dr. Max Hachenburg (früher Staub-Hachenburg) 1. Band (§§ 1—34), 6. Auflage, Berlin 1956

Hallbauer: Das Güterkraftverkehrsgesetz. München 1952

Hamm: Preise als verkehrspolitisches Ordnungsinstrument. Heidelberg 1964

Hannich: Struktur und Entwicklung des Werkfernverkehrs, in: DGV 1970 S. 116 ff.

Hartz: Die Auslegung von Steuergesetzen. Inhalt und Grenzen der wirtschaftlichen Betrachtungsweise. Herne 1957

Haselau: Zur Auslegung des § 32 GüKG unter besonderer Berücksichtigung der Rechtsprechung. Bad Godesberg 1965

Heimes: Die Tarifkontrolle im gewerblichen Güterfernverkehr mit Kraftfahrzeugen, unter besonderer Berücksichtigung der Frachtabrechnung durch den Reichs-Kraftwagen-Betriebsverband. Diss. Frankfurt 1938

Hein: Der Überlandverkehr mit Kraftfahrzeugen gemäß der Verordnung vom 6. Oktober 1931, Teil 5 Kapitel V. Dresden 1932

— Gesetz über den Güterfernverkehr mit Kraftfahrzeugen vom 26. Juni 1935. Berlin 1936

Hein: Die gesetzliche Neuregelung des Überlandverkehrs mit Kraftfahrzeugen, in: Verkehrstechnik 1931 S. 511 ff.

Hein-Eichhoff-Pukall-Krien: Güterkraftverkehrsrecht. Systematische Sammlung der Gesetze, Verordnungen, Verwaltungsvorschriften und Erlasse für den Güterkraftverkehr sowie Kommentar zum Güterkraftverkehrsgesetz (GüKG) und ergänzenden Vorschriften. 2. Band, 3. Auflage, Berlin 1963 (Stand: Juni 1972)

Henning: Sechstes Gesetz zur Änderung des Güterkraftverkehrsgesetzes (GüKG), in: Betr. 1969 S. 1445 ff.

Hensel: Steuerrecht. 3. Auflage, Berlin 1933

Heymann-Kötter: Handelsgesetzbuch (ohne Seerecht) mit Erläuterungen. 4. Auflage (21. Gesamtauflage), Berlin—New York 1971

Hofmann: Zum „Durchgriffs"-Problem bei der unterkapitalisierten GmbH, in: NJW 1966 S. 1941 ff.

Holtmeier: Die Organtheorie im System des Rechts und ihre aktuellen Probleme. Köln 1959

Honig: Gewerbeabmeldung einzelner Gesellschafter, in: BB 1967 S. 601 f.

Huber: Über die Notwendigkeit der §§ 5 und 6 StAnpG, in: StW 1966 Sp. 393 ff.

Huber-Krebs: Kritische Betrachtung der Entwicklung einer „wirtschaftlichen Betrachtungsweise" im Steuerrecht, in: StW 1966 Sp. 619 ff.

Hubmann: Grundsätze der Interessenabwägung, in: AcP 155 S. 85 ff.

Hübschmann-Hepp-Spitaler: Kommentar zur Reichsabgabenordnung, Finanzgerichtsordnung und den Nebengesetzen. Band IV, 1.—5. Auflage, Köln 1951/68

Hueck: Gesellschaftsrecht. Ein Studienbuch. 15. Auflage, München 1970

— Kettenverträge, in: RdA 1953 S. 85 ff.

Isaac: Überlandverkehr mit Kraftfahrzeugen. Kommentar zur Verordnung vom 6. Oktober 1931 und den Durchführungsbestimmungen vom 9. Oktober 1931, zugleich Nachtrag zu Isaac-Sieburg, Kommentar zum Automobilgesetz. Berlin 1932

— Der Leidensweg des Autogüterverkehrs, in: RdK 1933 S. 38 ff.

Kanow: Wettbewerb auf Umwegen — Tariffreie Nebengeschäfte der Beförderungsunternehmen, in: WRP 1970 S. 419 ff.

— Probleme der Tarifbindung im Güterkraftverkehr, in: Betr. 1970 S. 2109 ff.

Kienzle: Zur Auslegung des § 35 GewO, in: GewArch 1965 S. 97 ff.

Köpfler: Die Rechtsnatur der großen Verkehrstarife. Bundesbahn-, Bundespost-, Binnenschiffahrts- und Güterkraftverkehrstarife. Diss. Heidelberg 1967

Koffka: Die Güterfernverkehrsgenehmigung. Ein Versuch des Gesetzgebers, das Verhältnis Schiene — Straße zu gestalten. Diss. Berlin 1969

Kottke: Steuereinsparung, Steuerumgehung, Steuerhinterziehung. 3. Auflage, Freiburg i. Br. 1963

Kraft: Die Führung mehrerer Firmen. München u. Berlin 1966

Kruse: Was kann im Steuerrecht unter „folgerichtiger Entscheidung" verstanden werden?, in: StW 1958 Sp. 145 ff.

— Steuerdruck und Steuergerichte, in: NJW 1970 S. 2185 ff.

Kühn: Abgabenordnung, Steueranpassungsgesetz, Finanzverwaltungsgesetze, Nebengesetze. 6. Auflage, Stuttgart 1961

— Abgabenordnung, Finanzgerichtsordnung, Steueranpassungsgesetz, Finanzverwaltungsgesetze, Nebengesetze. 9. Auflage, Stuttgart 1968

Kuhn: Strohmanngründung bei Kapitalgesellschaften. Tübingen 1964

Landmann-Rohmer: Gewerbeordnung. Kommentar. 1. Band (§§ 1—80), 12. Auflage, München (Stand: Anfang 1969)

Lange: BGB. Allgemeiner Teil. Ein Studienbuch. 13. Auflage, München 1970

Langhorst: Steuerumgehungen durch gesellschaftsrechtliche Vereinbarungen. Diss. Köln 1961

Larenz: Allgemeiner Teil des deutschen bürgerlichen Rechts. München 1967 (zitiert: A.T.)

— Methodenlehre der Rechtswissenschaft. 2. Auflage, Berlin—Heidelberg—New York 1969

— Richterliche Rechtsfortbildung als methodisches Problem, in: NJW 1965 S. 1 ff.

Lehmann-Hübner: Allgemeiner Teil des Bürgerlichen Gesetzbuches. 16. Auflage, Berlin 1966

Liebisch: Steuerrecht und Privatrecht. Ein Beitrag zur Förderung der Rechtseinheit. Köln 1933

Ligeropoulo: Le problème de la fraude à la loi. Thèse Marseille 1928

Linden: Der Werkverkehr mit Lastkraftwagen. Seine Entwicklung und Bedeutung für die gewerbliche Wirtschaft. Berlin 1936 (zitiert: Der Werkverkehr mit Lastkraftwagen)

— Der Werkverkehr mit Kraftfahrzeugen in der Verkehrspolitik unserer Zeit. Tatsachen und Probleme um die Individualisierung des Güterverkehrs. Essen 1949 (als Manuskript gedruckt)

— Das Problem der Leistungsvergütung im Güterfernverkehr, in: VZ 1936 S. 427 ff.

— Leistungsvergütung, Abfertigungsgebühr, in: DVN 1936 A Nr. 7

Littmann: Das Einkommensteuerrecht. Kommentar zum Einkommensteuergesetz. 8. Auflage, Stuttgart 1966

— Die wirtschaftliche Betrachtungsweise im Steuerrecht. Eine Betrachtung zur steuerlichen Rechtsanwendung, in: Die Wirtschaftsprüfung 1951 S. 78 ff.

Löhlein: Der Mißbrauch von Formen und Gestaltungsmöglichkeiten, in: StW 1948 Sp. 681 ff.

Lütkes-Meier-Wagner: Strassenverkehr. Kommentar. Loseblattsammlung Band 6 Teil III, Frankfurt/Main 1967 (Stand: August 1971)

Lukas: Steuereinsparung und Steuerumgehung. Ein Beitrag zur Abgrenzung beider Erscheinungsformen auf dem Gebiete des Steuerrechts. Diss. Mannheim 1962

Maday: Die sogenannte Gesetzesumgehung, insbesondere im Schweizerischen Obligationenrecht. Diss. Bern 1941

Mattern: Standort und Scheinsachverhalt bei der Beförderungsteuer. Die neueste Rechtsprechung des Bundesfinanzhofes, in: BB 1965 S. 622 ff.

Mattern-Meßmer: Reichsabgabenordnung. Mit Nebengesetzen einschließlich Steuerberatungsrecht (ohne Beitreibung und Steuerstrafrecht). Grundgesetz Art. 105 ff. Bonn 1964

Mette: Die Aufgaben des Abfertigungsspediteurs im gewerblichen Güterfernverkehr in seinem Verhältnis zum Versender, in: DGV 1962 S. 37 f.

Müller: Automobilgesetz. 8. Auflage, Berlin 1932 (zitiert: NotVO)

— Straßenverkehrsrecht. 21. Auflage, Berlin 1959 (zitiert: GüKG) Band II, 22. Auflage, Berlin 1969 (zitiert: PBefG)

Müller-Freienfels: Zur Lehre vom sogenannten „Durchgriff" bei juristischen Personen im Privatrecht, in: AcP 156 S. 322 ff.

Münz-Haselau-Herrmann-Liebert: Güterkraftverkehrsgesetz (GüKG) in der Fassung der Bekanntmachung vom 22. Dezember 1969 (BGBl. 1970 I S. 1), zuletzt geändert durch das Zweite Gesetz zur Änderung des Güterkraftverkehrsgesetzes vom 24. Dezember 1971 (BGBl. I S. 2149). Textausgabe mit Erläuterungen. Bonn—Bad Godesberg 1972

Niehüsener: Sinn und Inhalt der neuen Änderungen des Güterkraftverkehrsgesetzes, in: DGV 1972 S. 31 ff.

Oppelt: Das Personenbeförderungsrecht. 5. Auflage, Bielefeld 1958

Oppenheimer: Überlandverkehr mit Kraftfahrzeugen nebst Reichskraftwagentarif. Berlin 1932

Oswald: Die Mißbrauchsvorschrift des § 6 StAnpG in der Sicht der Rechtsprechung des BFH, in: Deutsches Steuerrecht 1966 S. 464 ff.

Ott: Zu den allgemeinen steuerrechtlichen Vorschriften des Steueranpassungsgesetzes, in: StW 1935 Sp. 1133 ff.

Otte: Wesen, Verkehrsanschauung, wirtschaftliche Betrachtungsweise — ein Problem der §§ 93, 119 II, 459 und insbesondere 950 BGB, in: JuS 1970 S. 154 ff.

Palandt: Bürgerliches Gesetzbuch mit Einführungsgesetz, materiellem Verschollenheitsrecht, Beurkundungsgesetz, Abzahlungsgesetz, Wohnungseigentumsgesetz, Ehegesetz, Jugendwohlfahrtsgesetz, Truppenschäden-Regelung. 30. Auflage, München 1971

Paulick: Auslegung und Rechtsfortbildung im Steuerrecht, in: Die Auslegung der Steuergesetze in Wissenschaft und Praxis. Eine Sammlung von Beiträgen zum Andenken von Armin Spitaler, Gedenkschrift für A. Spitaler, Köln 1965 S. 165 ff.

— Steuereinsparung und Steuerumgehung, in: StbJb 1963/64 S. 371 ff.

— Von der wirtschaftlichen zur rechtlichen Betrachtungsweise in der höchstrichterlichen Steuerrechtsprechung, in: Betr. 1968 S. 1867 ff.

Petersen: Der Güterfernverkehr mit Kraftfahrzeugen, in: Eger EE 58 S. 113 ff.

Plückebaum-Malitzky: Umsatzsteuergesetz. Band I, 9. Auflage, Köln—Berlin —Bonn—München 1965

Pukall: Die Sechste Novelle zur Änderung des Güterkraftverkehrsgesetzes, in: DGV 1969 S. 139 ff.

Raupach: Der Durchgriff im Steuerrecht. Zugleich ein Beitrag zum Verhältnis des Deutschen und Internationalen Steuerrechts zum Zivil-, Verfassungs- und Völkerrecht. München 1968

— Das Durchgriffsproblem, die wirtschaftliche Betrachtungsweise und die Rechtsprechung des Bundesverfassungsgerichts, in: Deutsches Steuerrecht 1962/63 S. 352 ff.

Rehbinder: Konzernaußenrecht und allgemeines Privatrecht. Eine rechtsvergleichende Untersuchung nach deutschem und amerikanischem Recht. Bad Homburg v. d. H.—Berlin—Zürich 1969

Reuter: Die Regelung des privaten Güterfernverkehrs mit Kraftfahrzeugen (Gesetz vom 26. Juni 1935, Durchführungsverordnung vom 27. März 1936 und die wichtigsten Erlasse). Diss. Jena 1937

Rewolle: Kann der Abfertigungsspediteur auch im Güternahverkehr gegen Entgelt tätig werden, in: Betr. 1969 S. 161

RGRK zum BGB: Das Bürgerliche Gesetzbuch mit besonderer Berücksichtigung der Rechtsprechung des Reichsgerichts und des Bundesgerichtshofes. Kommentar, herausgegeben von Reichsgerichtsräten und Bundesrichtern.
II. Band, 1. Teil (§§ 433—704), 11. Auflage, Berlin 1959 (zitiert: BGB-RGRK)
IV. Band, 2. Teil (§§ 1589—1921), 10. und 11. Auflage, Berlin 1964 (zitiert: BGB-RGRK)

RGRK zum HGB: Kommentar zum Handelsgesetzbuch. Früher herausgegeben von Mitgliedern des Reichsgerichts
II. Band (§§ 105—177, §§ 335—342), 2. Auflage, Berlin 1950 (zitiert: RGRKomm. z. HGB)

— Handelsgesetzbuch. Großkommentar, begründet von Hermann Staub, weitergeführt von Mitgliedern des Reichsgerichts
I. Band (§§ 1—104), 3. Auflage, Berlin 1967 (zitiert: GroßKomm. HGB)
II. Band, Lieferung 1 (§§ 105—127), 3. Auflage, Berlin 1967 (zitiert: GroßKomm. HGB)
II. Band, 2. Halbband (§§ 145—177; 335—342), 3. Auflage, Berlin 1970 (zitiert: GroßKomm. HGB)

Rick: Das Gesetz über die Besteuerung des Straßengüterverkehrs, in: Betr. 1968 S. 2233 ff.

Riedel: Die Steuerumgehung. Diss. Münster 1968

Rittner: Handelsrecht und Zugewinngemeinschaft (I): Die Bedeutung des § 1365 BGB im Handelsrecht, in: FamRZ 1961 S. 1 ff.

Römer: Gesetzesumgehung im deutschen Internationalen Privatrecht. Berlin 1955

Ruwe: Güterkraftverkehrsgesetz. Das neue Recht des Güternah-, Güterfern-, Möbelfern- und des Werkverkehrs sowie der Abfertigungsspediteure. Kommentar. Dortmund 1953

— Der Spediteur im Straßengüterverkehr. Augsburg 1957

Sandrock: Die Einheit der Wirtschaftsordnung. Über Macht und Ohnmacht von Gesetzgeber und Richter im Wirtschaftsrecht. Bemerkungen auch aus Anlaß des Farbenhersteller-Beschlusses des BGH vom 17. 12. 1970. Frankfurt a. M. 1971

Schlegelberger: Handelsgesetzbuch in der seit dem 1. Oktober 1937 geltenden Fassung (ohne Seerecht)
1. Band, 4. Auflage, Berlin und Frankfurt a. M. 1960
2. Band, 4. Auflage, Berlin und Frankfurt a. M. 1963
4. Band, 4. Auflage, Berlin und Frankfurt a. M. 1966

Schmidt-Bleibtreu: Maßnahmen zur Eindämmung des Straßengüterverkehrs. Zum verkehrspolitischen Programm für die Jahre 1968 bis 1972, in: BB 1968 S. 261 ff.

v. Schoenebeck: Die öffentlichrechtliche Regelung des Wettbewerbs von Eisenbahnen und Kraftfahrzeugen im Güterfernverkehr (Reichsgesetz über den Güterfernverkehr mit Kraftfahrzeugen vom 26. 6. 1935). Diss. Bonn 1940

Schuhmann: Vertragsgestaltung — Gestaltungsmißbrauch, in: BB 1970, S. 1493 ff.

Serick: Durchgriffsprobleme bei Vertragsstörungen unter Berücksichtigung von Organschafts- und Konzernverhältnissen. Karlsruhe 1959

— Rechtsform und Realität juristischer Personen. Ein rechtsvergleichender Beitrag zur Frage des Durchgriffs auf die Personen oder Gegenstände hinter der juristischen Person. Berlin—Tübingen 1955

Sigl: Personenbeförderungsgesetz vom 21. 3. 1961. Handkommentar. Berlin 1962

Sigloch: Die Gesamthand in der Grunderwerbsteuer, in: BB 1971 S. 211 ff.

Soergel-Siebert: Bürgerliches Gesetzbuch mit Einführungsgesetz und Nebengesetzen

Band 1, Einleitung, Allgemeiner Teil (§§ 1—240), 10. Auflage, Stuttgart—Berlin—Köln—Mainz 1967

Band 2, Schuldrecht I (§§ 241—610), 10. Auflage, Stuttgart—Berlin—Köln—Mainz 1967

Band 3, Schuldrecht II (§§ 611—853), 10. Auflage, Stuttgart—Berlin—Köln—Mainz 1969

IV. Band, Familienrecht (§§ 1297 bis 1921, Ehegesetz), 9. Auflage, Stuttgart—Berlin—Köln—Mainz 1963

Sonnenberger: Das Darlehen des GmbH-Gesellschafters als Mittel der Gesellschaftsfinanzierung, in: NJW 1969 S. 2033 ff.

Speckmann: Aushöhlung von Erbverträgen und gemeinschaftlichen Testamenten, in: NJW 1971 S. 176 ff.

Sperling: Beförderungssteuer-Kommentar. Herne—Berlin 1962

Spitaler: Die Auslegungsregeln des Steuerrechts, in: StbJb 1949 S. 267 ff.

— Die Einschränkung der wirtschaftlichen Betrachtungsweise, in: StbJb 1962/63 S. 405 ff.

Stabenow: Die Sicherung des Tarifzwanges für den Güterfernverkehr mit Kraftfahrzeugen. Bielefeld 1959

v. Staudinger: I. v. Staudingers Kommentar zum Bürgerlichen Gesetzbuch mit Einführungsgesetz und Nebengesetzen

I. Band, Allgemeiner Teil, 11. Auflage, Berlin 1957

II. Band, Recht der Schuldverhältnisse, Teil 1 b, § 242, 11. Auflage, Berlin 1961

III. Band, Recht der Schuldverhältnisse, 2. Teil (§§ 433—610), 11. Auflage, Berlin 1955

IV. Band, Familienrecht, Teil 3 b (§§ 1705—1921), 10./11. Auflage, Berlin 1969

Steinberg: Zur Problematik der sog. wirtschaftlichen Betrachtungsweise im Steuerrecht, in: StBp. 1961 S. 181 ff.

Stoll: Straßenverkehrsrecht. Straßenverkehrsgesetz, Straßenverkehrs-Zulassungs-Ordnung, Straßenverkehrs-Ordnung, Personenbeförderungsgesetz, Güterkraftverkehrsgesetz, Internationales Abkommen, Gebührenordnung, Bußgeldkatalog und andere Bestimmungen. Vorschriftensammlung mit Erläuterungen, Anmerkungen, Mustern, farbigen Abbildungen der Verkehrszeichen und einem Stichwortverzeichnis. München 1971 (Stand: 1. März 1971)

Storsberg: Die Bedeutung der „Kleinen Verkehrsreform" für die Preis- und Tarifbildung im Güterfernverkehr. Brüssel 1963

Streit: Vermietung von Lastkraftwagen zur Beförderung eigener Güter, in: BB 1964 S. 1027 ff.

Teichmann: Die Gesetzesumgehung. Göttingen 1962

v. Tegelen: Werkspeditionen und Güterkraftverkehr, in: BB 1967 S. 480 ff.

Thoma: Grundsätzliches zur Frage des Mißbrauchs von Formen und Gestaltungsmöglichkeiten im Steuerrecht, in: Probleme des Finanz- und Steuerrechts, Festschrift für Ottmar Bühler, Köln 1954, S. 233 ff.

Tipke: Steuerrecht und bürgerliches Recht, in: JuS 1970, S. 149 ff.

Tipke-Kruse: Reichsabgabenordnung (ohne Steuerstrafrecht). Steueranpassungsgesetz / Finanzverwaltungsgesetze / Steuersäumnisgesetz / Verwaltungszustellungsgesetz / Finanzgerichtsordnung. Kommentar. Band II, 2.—4. Auflage, Köln 1965/69

Trinkaus: Anm. zu BGH, Urt. v. 29. 10. 1962 (DGV 1965 S. 192), in: DGV 1965 S. 195

Ulmer: Überlegungen zur wirtschaftlichen Betrachtungsweise im Kartellrecht, in: WuW 1971 S. 878 ff.

Vetsch: Die Umgehung des Gesetzes (in fraudem legis agere). Theorie, Rechtsprechung und Gesetzgebung. Ein Beitrag zur allgemeinen Rechtslehre. Zürich 1917

Viesel: Das Verhältnis des § 1 StAnpG zu § 6 StAnpG. Ein Versuch der Abgrenzung beider Vorschriften. Diss. Mannheim 1962

Wacke: Gesetzmäßigkeit und Gleichmäßigkeit. Die drei Arten der Gleichmäßigkeit als Auflösung des gesetzlichen Tatbestandes, in: StW 1947 Sp. 21 ff.

v. Wallis: Die wirtschaftliche Betrachtungsweise im Steuerrecht, in: Probleme des Finanz- und Steuerrechts, Festschrift für Ottmar Bühler, Köln 1954 S. 249 ff.

— Steuerumgehung, in: FR 1960 S. 9

Walz: Zur Bekämpfung der Gesetzesumgehung. Diss. Köln 1938

Wegemer: „Dem Unternehmer gehörende Kraftfahrzeuge" im Güterkraftverkehrsrecht. Zur Auslegung der Begriffe „gehören" und „Unternehmer", insbesondere für das Beispiel einer Betriebsführungsgesellschaft, in: BB 1972 S. 793 ff.

Weigelt: Kraftverkehrsrecht von A — Z. Handlexikon in Lose-Blatt-Form. Berlin 1948 (Stand: September 1971)

Wieacker: Zur rechtstheoretischen Präzisierung des § 242 BGB. Tübingen 1956

Wölte: Die Neuordnung des Marktzugangs im gewerblichen Güterfernverkehr. Göttingen 1969

Wolgast: Zur künftigen „Abfertigungsordnung" für Abfertigungsspediteure, in: BB 1955 S. 54

Woltereck: Zur Zulässigkeit der Doppelstellung als Verkäufer und Frachtenvermittler im Bereich des GüKG, in: JR 1964 S. 139 ff.

Zeiss: Die arglistige Prozeßpartei. Beitrag zur rechtstheoretischen Präzisierung eines Verbotes arglistigen Verhaltens im Erkenntnisverfahren des Zivilprozesses. Berlin 1967

Zippel: Neueste höchstrichterliche Rechtsprechung auf dem Arbeitsgebiet der Bundesanstalt und ihre Auswirkungen, in: DGV 1963 S. 347 ff.

— Einwirkung der Rechtsprechung auf die Tarifsicherung im Güterkraftverkehr, in: DGV 1964 S. 27 ff.

Entscheidungsverzeichnis

1. Bundesverfassungsgericht

BVerfG	Urt. v. 24. 1. 1962	BStBl. 1962 I S. 500
BVerfG	Urt. v. 22. 5. 1963	BVerfGE 16/147

2. Reichsgericht

RG	Urt. v. 23. 5. 1917	RGZ 90/273
RG	Urt. v. 16. 3. 1920	RGZ 98/289
RG	Urt. v. 30. 3. 1926	RGZ 113/213
RG	Urt. v. 29. 11. 1927	RGZ 118/295
RG	Urt. v. 9. 3. 1928	RGZ 120/283
RG	Urt. v. 11. 5. 1929	HRR 1929 Nr. 1666
RG	Urt. v. 2. 10. 1931	RGZ 133/290
RG	Urt. v. 5. 1. 1935	JW 1935 S. 947
RG	Urt. v. 15. 5. 1936	RGZ 151/321
RG	Urt. v. 19. 4. 1937	RGSt 71/190

3. Bundesgerichtshof

BGH	Urt. v. 19. 10. 1952	VRS 5/105
BGH	Urt. v. 21. 4. 1955	BGHZ 17/130
BGH	Urt. v. 18. 5. 1955	BGHZ 17/266
BGH	Urt. v. 24. 6. 1955	BGHZ 18/44
BGH	Urt. v. 30. 1. 1956	BGHZ 20/4
BGH	Urt. v. 22. 3. 1956	WM 1956 S. 1062
BGH	Urt. v. 22. 6. 1956	BGHZ 21/102
BGH	Beschl. v. 9. 10. 1956	BGHZ 21/378
BGH	Urt. v. 19. 11. 1956	BGHZ 22/226
BGH	Urt. v. 18. 12. 1956	WM 1957 S. 245
BGH	Urt. v. 28. 1. 1957	NJW 1957 S. 672
BGH	Urt. v. 15. 4. 1957	VRS 13/103
BGH	Urt. v. 2. 12. 1958	NJW 1959 S. 332
BGH	Urt. v. 16. 2. 1959	NJW 1959 S. 934
BGH	Urt. v. 11. 6. 1959	VRS 17/111
BGH	Urt. v. 22. 10. 1959	NJW 1960 S. 335
BGH	Urt. v. 3. 11. 1959	NJW 1960 S. 284
BGH	Urt. v. 17. 11. 1959	NJW 1960 S. 524
BGH	Urt. v. 14. 12. 1959	BGHZ 31/258
BGH	Urt. v. 21. 12. 1959	BB 1960 S. 154
BGH	Urt. v. 3. 3. 1960	NJW 1960 S. 1057
BGH	Urt. v. 29. 10. 1962	NJW 1963 S. 102
BGH	Urt. v. 22. 11. 1962	—II ZR 43/61—
BGH	Urt. v. 30. 1. 1964	VersR 1964 S. 479
BGH	Urt. v. 1. 12. 1965	VersR 1966 S. 134
BGH	Urt. v. 15. 12. 1965	VersR 1966 S. 157
BGH	Urt. v. 17. 3. 1966	NJW 1966 S. 1309
BGH	Urt. v. 2. 5. 1966	NJW 1966 S. 1311

BGH	Urt. v. 2. 6. 1966	NJW 1966 S. 1960
BGH	Urt. v. 19. 12. 1966	VRS 32/253
BGH	Urt. v. 15. 3. 1967	NJW 1967 S. 1323
BGH	Urt. v. 16. 3. 1967	BB 1967 S. 478
BGH	Urt. v. 28. 4. 1967	MDR 1967 S. 735
BGH	Urt. v. 5. 6. 1968	VersR 1968 S. 763
BGH	Urt. v. 16. 4. 1969	NJW 1969 S. 1046
BGH	Urt. v. 9. 7. 1969	—I ZR 103/67—
BGH	Urt. v. 9. 7. 1969	MDR 1969 S. 827
BGH	Urt. v. 10. 12. 1969	NJW 1970 S. 563
BGH	Urt. v. 11. 3. 1970	NJW 1970 S. 1124
BGH	Urt. v. 20. 4. 1970	NJW 1971 S. 188
BGH	Urt. v. 15. 6. 1970	BB 1970 S. 1069
BGH	Urt. v. 8. 7. 1970	NJW 1970 S. 2015
BGH	Urt. v. 19. 4. 1971	NJW 1971 S. 1355
BGH	Urt. v. 12. 5. 1971	NJW 1971 S. 1839
BGH	Urt. v. 26. 11. 1971	NJW 1972 S. 390

4. Bayerisches Oberstes Landesgericht

Bayer. ObLG	Urt. v. 18. 11. 1952	VRS 5/157
Bayer. ObLG	Beschl. v. 31. 10. 1957	VRS 15/75
Bayer. ObLG	Beschl. v. 22. 7. 1965	—BWReg 4a St 19/1965—
Bayer. ObLG	Beschl. v. 30. 4. 1969	—BWReg 4a St 31/1968—

5. Oberlandesgerichte

OLG Oldenburg	Beschl. v. 26. 10. 1953	—Ws (B) 179/53—
KG	Urt. v. 21. 10. 1955	NJW 1956 S. 713
OLG Hamm	Beschl. v. 7. 2. 1957	VRS 13/153
OLG Hamm	Urt. v. 11. 11. 1957	—3 Ws 367/57—
OLG Hamburg	Beschl. v. 13. 12. 1957	VRS 15/77
OLG Hamburg	Urt. v. 23. 9. 1960	BB 1961 S. 16
OLG München	Urt. v. 19. 11. 1961	DGV 1963 S. 368
OLG Hamm	Beschl. v. 8. 2. 1962	VRS 23/474
OLG Stuttgart	Beschl. v. 23. 2. 1962	VRS 23/470
OLG Hamburg	Beschl. v. 4. 3. 1963	JR 1963 S. 309
OLG Braunschweig	Beschl. v. 30. 3. 1963	—Ws (B) 246/62—
KG	Urt. v. 22. 5. 1964	—5 U 1580/63—
OLG Stuttgart	Beschl. v. 20. 6. 1964	VRS 28/69
OLG Düsseldorf	Urt. v. 20. 1. 1966	—18 U 254/65—
OLG Braunschweig	Urt. v. 3. 10. 1967	—3 U 47/67—
OLG Hamburg	Urt. v. 13. 12. 1967	DGV 1968 S. 206
OLG Saarbrücken	Beschl. v. 26. 3. 1970	BB 1970 S. 1588
OLG Hamm	Beschl. v. 8. 9. 1971	DAR 1972 S. 54

6. Landgerichte

LG Hamburg	Urt. v. 12. 3. 1953	—25 O 184/52—
LG Berlin	Urt. v. 26. 4. 1955	—15 S 34/55—
LG Bielefeld	Urt. v. 25. 2. 1960	—9 S 24/59—
LG Hamburg	Urt. v. 22. 4. 1960	—3 O 20/66—
LG Bremen	Urt. v. 14. 12. 1962	BB 1963 S. 414
LG Berlin	Urt. v. 13. 5. 1963	—7 O 22/63—
LG Ravensburg	Urt. v. 16. 6. 1963	—IV O 59/62—
LG Hamburg	Urt. v. 4. 7. 1963	—21 O 84/62—

LG Lüneburg	Urt. v. 19. 11. 1964	—1 S 269/64—
LG Hamburg	Urt. v. 1. 2. 1965	—21 S 4/64—
LG Saarbrücken	Urt. v. 5. 12. 1969	VersR 1970 S. 1004

7. Amtsgerichte

AG Rosenheim	Schiedsurt. v. 16. 9. 1963	—C 819/61—

8. Bundesverwaltungsgericht

BVerwG	Urt. v. 4. 7. 1957	Buchholz BVerwG 442.03, Nr. 1 zu § 23 GüKG
BVerwG	Urt. v. 13. 4. 1962	DÖV 1963 S. 33
BVerwG	Urt. v. 21. 12. 1962	Buchholz BVerwG 442.03, Nr. 1 zu § 34 GüKG
BVerwG	Urt. v. 28. 6. 1963	Buchholz BVerwG 442.03, Nr. 1 zu § 5 GüKG
BVerwG	Urt. v. 18. 10. 1963	VRS 26/157
BVerwG	Urt. v. 21. 7. 1964	GewArch 1965 S. 7
BVerwG	Urt. v. 13. 11. 1964	—VII C 104.63—
BVerwG	Urt. v. 5. 8. 1965	BVerwGE 22/16
BVerwG	Urt. v. 14. 10. 1965	VRS 30/157
BVerwG	Beschl. v. 28. 2. 1969	—VII B 39.66—
BVerwG	Urt. v. 22. 1. 1971	BB 1971 S. 632

9. Oberverwaltungsgerichte und Oberverwaltungsgerichtshöfe

PrOVG	Urt. v. 12. 6. 1917	PrOVGE 73/169
PrOVG	Urt. v. 13. 6. 1929	PrOVGE 84/381
PrOVG	Urt. v. 7. 12. 1933	PrOVGE 92/201
Bayer. VGH	Urt. v. 24. 1. 1957	DGV 1958 S. 67
OVG Lüneburg	Urt. v. 8. 11. 1960	—II OVG A 113/59—
OVG Münster	Urt. v. 5. 7. 1961	GewArch 1962 S. 84
OVG Lüneburg	Urt. v. 22. 10. 1965	—III OVG A 213/63—

10. Verwaltungsgerichte

VG Köln	Urt. v. 10. 7. 1962	—2 K 994/62—
VG Köln	Urt. v. 14. 3. 1969	—4 K 1997/68—

11. Bundesarbeitsgericht

BAG GS	Urt. v. 12. 10. 1960	NJW 1960 S. 798
BAG GS	Beschl. v. 16. 3. 1962	Betr. 1962 S. 911

12. Reichsfinanzhof

RFH	Urt. v. 30. 1. 1930	RStBl. 1930 S. 148
RFH	Urt. v. 19. 9. 1933	RFHE 34/194
RFH	Urt. v. 2. 2. 1934	RStBl. 1934 S. 918
RFH	Urt. v. 22. 5. 1935	RStBl. 1935 S. 899
RFH	Urt. v. 29. 5. 1935	RStBl. 1935 S. 282
RFH	Urt. v. 30. 9. 1936	RFHE 40/131
RFH	Urt. v. 11. 8. 1937	RFHE 42/29
RFH	Urt. v. 26. 8. 1943	RStBl. 1943 S. 814

13. Bundesfinanzhof

BFH	Urt. v. 7. 11. 1950	BStBl. 1951 III S. 12
BFH	Urt. v. 22. 8. 1951	BFHE 55/449
BFH	Urt. v. 17. 7. 1952	BStBl. 1952 III S. 234

BFH	Urt. v. 12. 8. 1953	BStBl. 1953 III S. 284
BFH	Urt. v. 20. 8. 1954	BStBl. 1954 III S. 336
BFH	Urt. v. 11. 10. 1955	BStBl. 1956 III S. 11
BFH	Urt. v. 11. 11. 1955	BStBl. 1955 III S. 395
BFH	Urt. v. 30. 11. 1955	BStBl. 1956 III S. 28
BFH	Urt. v. 20. 3. 1956	BStBl. 1956 III S. 179
BFH	Urt. v. 23. 7. 1957	BStBl. 1957 III S. 306
BFH	Urt. v. 3. 12. 1957	BFHE 66/66
BFH	Urt. v. 8. 1. 1958	BStBl. 1958 III S. 97
BFH	Urt. v. 13. 1. 1959	BStBl. 1959 III S. 197
BFH	Urt. v. 26. 5. 1959	BFHE 69/157
BFH	Urt. v. 9. 12. 1959	HFR 61/34
BFH	Urt. v. 22. 1. 1960	BStBl. 1960 III S. 111
BFH	Urt. v. 19. 2. 1960	BFHE 70/422
BFH	Urt. v. 26. 10. 1960	HFR 61/228
BFH	Urt. v. 8. 11. 1960	BFHE 71/706
BFH	Urt. v. 30. 11. 1960	BStBl. 1961 III S. 30
BFH	Urt. v. 31. 1. 1961	BFHE 72/571
BFH	Urt. v. 24. 2. 1961	BStBl. 1961 III S. 188
BFH	Urt. v. 11. 4. 1961	BFHE 73/231
BFH	Urt. v. 10. 1. 1962	BStBl. 1962 III S. 133
BFH	Urt. v. 14. 3. 1962	BStBl. 1962 III S. 206
BFH	Urt. v. 12. 3. 1964	HFR 64/266
BFH	Urt. v. 14. 10. 1964	BStBl. 1964 III S. 667
BFH	Urt. v. 1. 9. 1965	HFR 66/15
BFH	Urt. v. 20. 10. 1965	BStBl. 1965 III S. 697
BFH	Urt. v. 8. 12. 1965	BStBl. 1966 III S. 148
BFH	Urt. v. 2. 3. 1966	BStBl. 1966 III S. 509
BFH	Urt. v. 16. 3. 1966	BStBl. 1966 III S. 254
BFH	Urt. v. 9. 5. 1967	BStBl. 1967 III S. 507
BFH	Urt. v. 30. 1. 1968	BB 1968 S. 736
BFH	Urt. v. 27. 5. 1970	BB 1970 S. 1288
BFH	Urt. v. 7. 5. 1962	BB 1971 S. 465

14. Landesfinanzgerichte

FG Hamburg	Urt. v. 18. 12. 1970	EFG 1963 S. 95

FSC
www.fsc.org
MIX
Papier | Fördert
gute Waldnutzung
FSC® C083411

Kolibri 360 GmbH
Ferdinand-Jühlke-Straße 7
99095 Erfurt, Deutschland
produktsicherheit@kolibri360.de

Druck:
CPI Druckdienstleistungen GmbH
im Auftrag der
Kolibri 360 GmbH
Ferdinand-Jühlke-Str. 7
99095 Erfurt